U0865953

“十三五”国家重点出版物出版规划项目

中国科学技术名词规范化理论建设书系

总主编/白春礼　副总主编/裴亚军

汉语术语学引论

张　晖　著

科学出版社

北　京

内 容 简 介

古代中国有没有术语？近代汉语术语是如何形成的？古今汉语术语理论逻辑是否一致？汉语术语学的定位与体系如何？本书基于术语的二维属性论和汉语的名辩逻辑传统，通过梳理古今汉语术语的创制史、融会中西术语理论发展史，提出了中国的术语学研究应该坚持“汉语纲领”，发挥汉语意合的潜力和张力，在世界科技话语权竞争中发挥独特作用。

本书适合高等院校术语学、词汇学与词典学等相关专业教学、研究者使用，也可作为科技规划、语言规划、科技翻译与词典编纂工作的参考读物。

图书在版编目（CIP）数据

汉语术语学引论/张晖著. —北京：科学出版社，2021.11

中国科学技术名词规范化理论建设书系 / 白春礼总主编

“十三五”国家重点出版物出版规划项目

ISBN 978-7-03-070114-5

Ⅰ. ①汉…　Ⅱ. ①张…　Ⅲ. ①汉语－术语学　Ⅳ. ①H1

中国版本图书馆 CIP 数据核字（2021）第 212087 号

责任编辑：冯丽萍　张翠霞/责任校对：贾伟娟

责任印制：李　彤/封面设计：蓝正设计

科学出版社 出版

北京东黄城根北街 16 号

邮政编码：100717

http://www.sciencep.com

北京凌奇印刷有限责任公司 印刷

科学出版社发行　各地新华书店经销

*

2021 年 11 月第　一　版　开本：720×1000　1/16

2021 年 11 月第二次印刷　印张：12 1/4

字数：246 000

定价：98.00 元

（如有印装质量问题，我社负责调换）

总　序

科学技术名词规范化事业是建设创新型国家和世界科技强国战略的重要组成部分。科学技术的交流与传播、知识的协同与管理、信息的传输与共享，都需要一个基于科学的规范统一的科学技术名词体系作为基础的支撑。

科学技术名词规范化事业包括实践和理论研究两部分。编纂、审定、公布科学技术名词，推广规范科学技术名词等工作，是科学技术名词规范化实践。

中国官方有组织的科学技术名词规范化实践最迟在近代就已经出现。伴随着西学东渐，西方科学技术大规模传入中国，出现一大批科学技术新名词。为保证科学技术交流与传播的顺畅，官方有组织的科学技术名词规范化实践应运而生。1909 年，清政府学部设立编订名词馆，编订名词馆编纂了《植物名词中英对照表》《数学名词对照表》《心理学名词对照表》《伦理学名词对照表》《辨学名词对照表》等。

进入民国后，科学技术名词编纂规模扩大，同时，开始重视科学技术名词编纂之后由专家集体审查或审定的工作。民国时期，官方科学技术名词规范化实践相继由医学名词审查会、科学名词审查会、国立编译馆等机构负责。医学名词审查会成立于 1916 年。1918 年，医学名词审查会更名为科学名词审查会。医学名词审查会和科学名词审查会编纂、审查了一批科学技术名词。截至 1928 年，编纂、审查并经教育部审定的科学技术名词有医学解剖学名词、化学名词、物理学名词、动物学名词、植物学名词、算学名词等 19 种；已审查但未经教育部审定的科学技术名词有病理学名词、寄生物学寄生虫学名词、药理学名词、外科学名词、内科学名词等 22 种；已经起草好，但未来得及审查的科学技术名词有妇科名词等 5 种。

1932 年，国立编译馆成立。截至 1949 年，国立编译馆编纂、审查通过了一批科学技术名词。据有关部门统计，在国立编译馆的组织下，已经审查并由教育部公布的科学技术名词（不含医学、社会科学）有天文学名词、数学名词、物理学名词、化学命名原则等 18 种。还有一批虽然没有公布但在审查中的科学技术名词（不含医学、社会科学）29 种。

中华人民共和国成立后，1950 年，中央人民政府政务院文化教育委员会成立了学术名词统一工作委员会，下设自然科学、社会科学、医药卫生、艺术科学和时事名词五组，分别由中国科学院、中央人民政府出版总署、中央人民政府卫生部、中央人民政府文化部、中央人民政府新闻总署负责。随后，中国科学院在中国科学院编译局成立名词编订室，主持自然科学名词的编纂、审查工作。各学科名词编纂、审查完成后，由学术名词统一工作委员会统一公布。截至 1955 年，仅自然科学组就完成了 29 种科学技术名词的编纂、审查。

1956 年，学术名词统一工作委员会随着文化教育委员会的撤销而消失。

1978 年，全国科学大会胜利召开，中国迎来了科学的春天。中国科学院和国家科学技术委员会根据形势，联名上报国务院，请求成立全国自然科学名词审定委员会，得到了批准。1985 年，全国自然科学名词审定委员会正式成立，负责科学技术名词的编纂、审定工作。1996 年，全国自然科学名词审定委员会更名为全国科学技术名词审定委员会。

为更好推广规范科学技术名词，《国务院关于公布天文学名词问题的批复》（国函〔1987〕142 号）规定："经其（全国自然科学名词审定委员会）审定的自然科学名词具有权威性和约束力，全国各科研、教学、生产、经营、新闻出版等单位应遵照使用。"

可以说，时至今日，中国科学技术名词规范化实践取得了重大成就，全国科学技术名词审定委员会已审定、公布了天文学名词、物理学名词、生物化学名词、电子学名词、语言学名词、教育学名词等 130 多种科学技术名词，内容覆盖基础科学、工程与技术科学、农业科学、医学、人文社会科学、军事科学等各个领域，对中国科研、教学和学术交流的发展起到了很好的推动作用。

科学名词规范化实践的健康发展，离不开科学技术名词规范化理论的指导。因此，科学技术名词规范化理论研究不可缺少。

科学技术名词规范化理论研究包含这些内容：对科学技术名词规范化的基本概念和基本原理进行研究、对科学技术名词审定原则及方法进行研究、对科学技术名词规范化政策与战略进行研究、对科学技术名词规范化历史进行总结和研究，以及对科学技术名词规范化理论与实践中遇到的其他课题进行研究，等等。

与中国官方有组织的科学技术名词规范化实践一样，中国科学技术名词规范化理论研究最迟在近代就已出现。在西学东渐过程中，为解决汉语译名统一问题，很多专家学者对此进行了研究。民国时期，不少报纸杂志组织专家学者讨论科学技术名词规范化问题，如《科学》杂志于 1916 年发起了名词论坛，至中华人民共和国成立前夕，参与讨论的文章达六七十篇。

1985 年，全国自然科学名词审定委员会成立后，高度重视理论研究，创办了专业刊物《自然科学术语研究》，连续召开了"中国术语学建设研讨会"和

“面向翻译的术语研究学术研讨会”，组织出版了“中国术语学建设书系”。《自然科学术语研究》刊行到现在，影响越来越大，现已更名为《中国科技术语》；“中国术语学建设研讨会”迄今已经召开了七届（从第四届开始，改名为“中国术语学建设暨术语规范化”研讨会），“面向翻译的术语研究学术研讨会”迄今已经召开了三届；“中国术语学建设书系”的出版于 2017 年圆满结束，共出版著作 12 部。

从 1985 年全国自然科学名词审定委员会成立至今，中国科学技术名词规范化理论研究成果喜人，仅《自然科学术语研究》（现名为《中国科技术语》）就刊载了大量相关论文。尤其可喜的是，已有多部中国科学技术名词规范化理论研究著作问世，包括纳入了“中国术语学建设书系”的由全国科学技术名词审定委员会组织专家编撰的《中国术语学概论》等著作。

需要特别指出的是，由全国科学技术名词审定委员会起草、征求了广大专家意见的《全国科学技术名词审定委员会科学技术名词审定原则及方法》，也是重要的科学技术名词规范化理论研究成果，为指导中国科学技术名词规范化实践发挥着重要作用。

当前，科技发展日新月异，新一轮科技革命和产业革命孕育兴起，颠覆性技术层出不穷，“互联网+”快速发展，前沿基础研究向宏观拓展、微观深入和极端条件方向交叉融合发展，一些基本科学问题正在孕育重大突破，新的科技概念不断产生，科技创新活动愈加社会化、大众化、网络化。作为支撑服务科技创新、科技传播的基础性工作和系统性工程，中国科学技术名词规范化实践面临许多新情况、新要求、新任务，迫切需要科学技术名词规范化理论的支持。但是，当前中国科学技术名词规范化理论滞后于实践，不能满足实践的需要，中国科学技术名词规范化理论有待于进一步发展。

2017 年 7 月 26 日，习近平总书记在省部级主要领导干部“学习习近平总书记重要讲话精神，迎接党的十九大”专题研讨班开班式上发表重要讲话，指出：“我们坚持和发展中国特色社会主义，必须高度重视理论的作用，增强理论自信和战略定力。”[①]为在中国科学技术名词规范化事业中更好地贯彻习近平总书记这一重要论述，全国科学技术名词审定委员会隆重推出“中国科学技术名词规范化理论建设书系”。希望该书系的出版，能极大地促进中国科学技术名词规范化理

---

① 新华网：《习近平在省部级主要领导干部“学习习近平总书记重要讲话精神，迎接党的十九大”专题研讨班开班式上发表重要讲话》，中华人民共和国中央人民政府，http://www.gov.cn/xinwen/2017-07/27/content_5213859.htm，2017 年 7 月 27 日。

论研究的进步，并更好地服务于中国科学技术名词规范化实践。

希望学术界能进一步总结中国科学技术名词规范化实践历史和现实经验，进一步引进国外先进理论成果，进一步运用其他学科的理论，进一步开展理论探讨，来建设中国科学技术名词规范化理论，为推进中国科学技术名词规范化事业、为把中国建设成创新型国家和世界科技强国做贡献。

2018 年 6 月 10 日

序　一

术语学产生于 20 世纪中叶，是一门综合性学科，涉及语言学、本体论、逻辑学等多个学科，以及科学技术各个领域，具有明显的跨学科特点。我国在此领域的研究起步较晚，从 20 世纪 80 年代开始，陆续有一些学者开始对国际术语学各流派和国内汉语术语学问题进行了研究，至今已形成一定规模。但是，从汉语术语学史研究方面看还不够全面和深入。迄今，有些学者研究了民国时期的术语史、中华人民共和国成立初期的术语史，但对中国古代至近代的术语史尚无深入研究，特别是将古代术语现象同术语学及语言学理论紧密联系不够充分。张晖同志的书作《汉语术语学引论》在此方面做出了有益的尝试与探索。

首先，该书较系统地研究了古代术语形成和演变的若干现象，以中国古代科技发展走在当时世界前沿的天文学、算学等为学科背景，从历史文献中抽取术语形成了研究样本，进行了有说服力的科学分析，并归纳、演绎出其共同特征，弥补了术语学研究方向上的某些空缺。其次，该书将术语学理论与实践相结合，研究了西学东渐、明末清初以来术语翻译、词典编纂等实际术语工作，以及对现代汉语术语学形成发展做出的重要贡献，并给予恰如其分的历史定位。再次，该书将中国术语学现象同西方术语学进行了比较研究，简要介绍了西方社会以拼音文字为主要特色的术语学研究方向，并对以意音文字为特点的汉语术语学研究方向进行了比较研究，论述了各自的优势、内在逻辑联系及发展趋势，提出“基于二维属性论的汉语纲领”的论点，也是比较新颖的学术认知，可以引起学界的兴趣和进一步研究论证。最后，提炼出一些规律性认识，例如术语知识提取、比类取象等，并提出四个方面的汉语术语学研究内容，以及继承汉语术语“描写、历时、博物”的传统，承接印欧术语“规定、共时、概念”的理念，实现术语学领域的“中学为体，西学为用”，弘扬汉语术语的“中国味”，以创建中国特色的术语学体系。

汉语在世界范围内是硕果仅存的表意文字，在国际术语学界独树一帜，有其鲜明的特色。汉语术语学运用直观表达概念的特点创建和应用名词术语，体现了汉语术语学的特点，该书对此着墨浓重，做了较多的研究。

张晖同志是汉语术语学研究领域的年轻学者，也是此研究领域的后起之秀。自 2006 年加入到科技名词工作事业中来，一直表现出对术语学研究的浓厚志趣，并毫不犹豫地投入到这一研究工作，特别是近些年来，陆续在报刊上发表了不少论文，逐步形成自己的研究风格和学术方向。该书的出版对张晖同志的术语学研究工作具有“里程碑”意义，也是在中国传统文化术语研究方向上的一项新尝试。或许可以这样说，该书的出版，是汉语术语学研究工作进展的一个表现，也是张晖同志对汉语术语学研究的一份贡献。

我同张晖同志在同一个单位工作，在术语学研究上多有交流。多年来，他对此研究情有独钟，非常执着，其“甘坐十年冷板凳”的刻苦精神，对于当前社会氛围下的年轻人是难能可贵的，也是我颇为欣赏的。屈子云，“路漫漫其修远兮，吾将上下而求索”，盼该书的出版能预示其研究工作渐入佳境，唯望其多出成果，对汉语术语学研究工作多有贡献。

祝贺《汉语术语学引论》的问世，是为序。

刘青

2021 年 9 月 22 日

序　二

近日弟子张晖寄来他的《汉语术语学引论》书稿，请我作序。我很欣慰，因为这本书稿的主题和观点我都十分熟悉，与他的博士学位论文《从术语词语的创制到术语学的创立——汉语术语学的历史、现状及趋势》一脉相承。培养博士生，我在学生入学前关注其学术积累、学术取向；学生在校期间关注其以何种方法展开研究，如何获取能够满足研究所需的海量语料，最终是否能够顺利完成学位论文撰写；学生毕业后我更要瞻望其未来的学术发展前景，关心他一生的学术志向。当时张晖的博士学位论文是撰写、打磨五年半之后才提交答辩的，答辩委员会专家一致认为这是汉语术语学领域一篇颇具开拓意义的优秀博士学位论文。近日他取博士学位论文精华所撰之书稿又将付梓，这是学界对张晖数年来在术语研究领域不懈努力的认可，也是对他的鞭策。

作为他的导师，我的思绪也一下子被拉回到八九年前，彼时他尚未入学。在全国科学技术名词审定委员会刘青先生、中国社会科学院语言研究所李志江先生的鼎力推荐下，我开始注意到这位本科拿过管理学和科技英语双学位，硕士从北京航空航天大学管理学专业毕业，为人和处理复杂局面的工作能力赢得大家交口称赞的年轻人。但当他真的提出希望随我攻读博士的想法之后，我对他边工作边跨学科开展博士研究表示隐忧。初次面谈时我也未掩饰这一点。令我印象深刻的是，他并未退缩，反倒说出了他读博的初衷在于希望能解决多年术语规范实践工作中遇到的现实难题，并执着地认为需要用术语学、词汇学的理论研究才能加以解决。当时他坚毅的表情让我知道了眼前的这个年轻人是块好材料，于是为考验他的真实决心和态度，我给他列了一份长长的书单，内容从古代小学的文字、音韵、训诂到现代语言学知识，约定一年多后在南开大学博士考场见真章，不合格我决不开绿灯。令人没想到的是，当时还在全国科学技术名词审定委员会全负荷工作的他在我的激励下，硬是在接下来一年多的时间里利用所有闲暇时光，读完了满满一书架、40 余本语言学经典教材和名家著作，并做了大量笔记。临考前，他又请假三月有余在南开大学附近租住备考，我请他向刚入学的刘静静同学请教补习语言学基础知识，进行语言科学研究基础训练，以更快更好地补上短板。张晖十分聪明，他后来参加南开大学的博士生入学笔试以及之后的复试，果然没让我和刘青、志江二位失望，以绝对优势走进南开园，走上了跨学科攻读博士的道路。

张晖入学后的博士选题，他在入学前就已有了主意，那就是这本书稿的主题——“汉语术语学”。我在他报考前的第一次面谈就问起他一旦从我游将以什么题目展开研究，他便谈起他的“汉语术语学”，从古至今，由外到中，气定神闲，如数家珍，一切似都在他掌握之中。只是当我就他所说的“汉语术语学”何时才真的发生提出我的看法，再以“术语实践”和“术语学”的关系探问他时，他彼时已不能对答如流。我告诉张晖，他矢志研究、心仪的“汉语术语学”并不如他想象的那样很早就建立起来。中国人当然很古就有了术语创造的实践活动，但那并不意味着“汉语术语学”在当时就已产生。研究一门学科，搞清楚该学科发生、发展的历史，是题中应有之义。近现代以来，在中国学术土壤上搞得风生水起的一些学科，大多有过类似的经历，即它们在很早就有了实践活动，而学科真正建立起来却是较晚的事。例如“训诂”和“训诂学”就是两个不同的概念。殷孟伦先生在《训诂学的回顾与前瞻》（《文史哲》1982 年第 3 期）一文中提出：“训诂学是一门历史悠久的科学，从它的萌芽状态算起，少说也有两千五百年以上的发展历史了。”训诂学真有那么长的历史吗？这一观点的提出似乎是需要有支持它的可靠依据的。训诂是中国传统小学中的训释实践，训诂学是从大量的训诂实践中概括形成的关于中国传统训释的理论认识。前者是零散的，后者是系统的。训诂在我国有悠久的历史，它能不能成“学”，何时才成其为“学”，不能随口一说而定，得有一定的科学标准。关于科学的标准，刘世俊先生在《论黄侃的训诂学定义》（《宁夏大学学报（社会科学版）》1994 年第 2 期）一文中指出：“科学作为社会的意识形态之一，应该提供关于自然界、社会和思维发展规律的知识体系。”他认为早期的训诂实践不能称为“训诂学”，有两个原因：“第一，它不能是个别的、零散的知识，而应当是综合整理过的、带上条理性和系统性的知识……第二，它不能是一般的感性材料，也不只是就个别问题归纳出的零散的理论，而应是历史上训诂实践及其成果的科学的总结，如实地揭示训诂领域的客观规律。”何九盈先生也在《中国古代语言学史》（广东教育出版社 1995 年）中指出：“古代训诂学几乎没有理论可言，所以也很难称之为‘学’。”可见，将训诂学的起点定得很早，有人甚至定到先秦，未必十分妥适。最近一些年的研究表明，多数学者倾向于认定 20 世纪才是训诂学正式产生并逐步走向成熟的时期，那之前都是训诂实践，至多是训诂学产生的准备期。汉语词汇学也一样。“汉语词汇学”这个术语在中国语言学界提出得并不太晚，到今天应该也有大几十年的历史了。但是这个术语提出后却在很长一段时间里遭到冷遇，“词汇学”更是被一些汉语学者置于“语法学”中，如现在台湾的一些学者，词汇的内容就放在

“文法”里谈。有的语言学教材，设“语音学”“语法学”“语义学”章节，词汇学的相关内容就出现在“语义学”中；有的著作提“语汇”“语汇学”，不提“词汇”“词汇学”。作为学科门类的“词汇学”在不同的学者那里有不同的认知，有的著作不提“词汇学”，如何九盈先生的《中国现代语言学史》（广东教育出版社 1995 年），有的著作承认“词汇学”的存在，如蒋绍愚先生的《汉语历史词汇学概要》（商务印书馆 2015 年）。这些问题的出现，或都与词汇学理论建设不足或严重不足有极大的关系。凡一门学问，称为“学”，就必须有自己较悠久的研究史和宏大的理论建树，否则它至多是一种“研究”。从根本上看，汉语词汇学究竟是何时才开始有的，是不能回避的问题。我个人认为，汉语词汇学是 20 世纪初才萌芽，20 世纪上半叶进行学术准备，20 世纪中叶才正式宣告成立的一门学问。断言汉语词汇学在东汉甚至先秦就已成立，也是没有任何事实根据的。

一种语言发展到一定历史阶段，必有术语出现。一种语言的学科发展到一定学术层面，术语学的问世似乎也是题中应有之义。然而，前者是一种必然，后者仅是一种可能。术语学在一种语言的学科发展到怎样的阶段产生出来，以何种样貌呈现，以什么样的研究路径深入并取得佳绩，更因语而异，而无定规。从历史的宏大视角看，古代中国有无科学是存在争议的，但汉语术语却是真实且海量存在着的，近代术语洪流中印欧语席卷全球但汉语在民族语言中独树一帜即是不争的事实。就汉语而言，术语的创制很早就已展开，术语学的创立却步履蹒跚，始终未呈现出科学、系统、完整的样貌，更鲜少史的勾勒和理论的描述。张晖是勤奋的，他的这部书稿《汉语术语学引论》，从古代天学、算学、农学、中医四科经典科学文献人工抽取术语，还原了中国古代本土原生科学的汉语术语样貌，发现古代汉语术语的创制经历了长周期历时演变、注重描写叙述和充满博物特色的词汇演进过程。研究还通过搜寻清末民初近代天文学、数学、农学、医学科学文献中保留的若干珍贵术语词表，回溯近代以来双语词典术语的词汇演变与定型过程，发现近代汉语术语创制始于明末清初和清末民初的两次西学东渐，集中诞生在传教士与中土士人的翻译实践并大量留存于双语词典，最终汇入自日本东来的汉字西学术语引进大潮，其后自清末民初起逐步走上术语规范之路，在新中国的建立和改革开放之中迎来大发展、大繁荣。近代汉语术语创制主要是基于双语词典的翻译与定名，体现出规定、共时和概念的特征。研究认为，意合型的汉语在术语领域具有潜力和张力，汉语术语具有天然和复杂属性的具象事物的表征，是对知识复杂性的原始记录。汉语是带着万千的术语和术语之间深藏的描写性语义联系进入近代的，汉语术语能运用字符描写的传统来表达概念的规定性，通过术语来链接现有对知识的认知和物象表达，这从根本上决定了汉语对近代术语“洪流”的极强适应性。汉语术语学在正式产生前的数百年间，从中国传统的语言文字之学中汲取了学术滋养，又受到潮水般涌来的西学的学术启迪，到 20 世纪中叶逐步建立起来。一个学科终于成立，经历了数千年历史的丰厚积淀；下一步就是如何使身躯强健起来，以更稳健的步伐阔步向前的问题了。当前，随着科学中心的逐渐东移和汉语地位的日渐提升，汉语术语和汉语术语学面临“时”与“势”的重大机遇期。汉语术语学研究要更加注重挖掘中华传统哲学与科学文化，为世界科技贡献中国智慧。汉语术语学要继承中国语言文字之学的优良传统，注重中外交流和沟通，开创汉语术语学的美好未来，为普通术语学提供一个生动的理论与实践样本。

张晖的这部书稿不仅以大量数据从实践上回答了汉语术语创制的一些重要问题，也首次从中西语言学理论的高度描画出汉语术语学的大致样貌，对后续研究有导夫先路的重要功用。他所在的全国科学技术名词审定委员会，其前身可追溯到 1909 年清政府成立的编订名词馆，历史不可谓不长。全国科学技术名词审定委员会成立后，为国家的术语研制、术语翻译等做了大量的实际工作，所从事的多是工作层面的内容，对学术层面上的内容之前似乎着墨不多。汉语术语学未来究竟如何进一步加强自身建设，在继承传统、中西交融中进一步健康成长？汉语术语学未来如何进一步为普通术语学的完善提供理论样本，从而为丰赡普通术语学贡献力量？汉语术语研究如何才能将中国术语研究的话语权牢牢掌握在我们的手里，为其他国家走出本民族术语研究之路提供榜样和借鉴？这些或都是张晖未来进一步研究所应关注的重点问题，我也希望全国科学技术名词审定委员会未来在考虑学术项目设立时对上述问题加强支持的力度。

张晖不仅聪明、勤奋，而且坐得冷板凳。学术之路艰辛且漫长。艰辛的滋味，相信张晖已经品尝；漫长的感觉，尚需未来时间的印证。“不待扬鞭自奋蹄”，是老诗人臧克家在《老黄牛》一诗中写下的诗句。张晖在学术事业上显然还不能说是“老黄牛”，但我希望他发扬老黄牛的精神，在他自己认定的征途上，以此为新的起点，再扬征帆，踏实苦干，奋勇直前，谱写出更加绚丽的人生篇章。

对张晖仁棣，我有厚望焉。

是为序。

周荐

2021 年国庆节前日于北师珠高研院

目　　录

导 言

术语是专业领域中科学技术概念的语言指称，是科学技术概念在语言中的名称。现代意义上的普通术语学是一门十分年轻的学科，如果从术语学之父——欧根·维斯特（Eugen Wüster）1972 年在第三届国际语言学家大会上正式提出“普通术语学”算起，至今也不过半个世纪，术语学被介绍到中国更是 20 世纪 80 年代的事情。虽然现代术语学理论并不发端于中国，但中国以术语规范为取向，以术语统一为目标的术语实践工作则源远流长，从清末编订名词馆算起，至今已有 110 余年的历史，如今更是走在了世界的前列。截至目前，中国已初步建立起覆盖基础科学、工程技术、农林医学、社会科学、军事科学的汉语术语体系①。除了发端于近代的诸科以外，以中医药学为代表的中国传统科学也逐步完成了术语体系的构建，并逐步融入世界主流话语体系②。中国正朝着中华民族伟大复兴迈进，在一些科技领域已经从“跟跑”发展到“并跑”“领跑”，掌握科技话语权势必成为国之要事。科技术语的命名权是科技话语权的核心表征，是科技竞争的前沿阵地，不可等闲视之。如果西学东渐时代的术语课题是我们在“跟跑”的开始阶段遇到的，那么现如今要开始思考“并跑”和“领跑”阶段可能会出现的术语课题。显而易见，无论是“跟跑”还是“并跑”“领跑”，中国术语学的研究对象并没有变化，那就是“汉语的术语”。顾名思义，汉语术语学就是研究汉语术语的学问。因此，汉语术语研究能为普通术语学提供什么理论样本？这既有丰富普通术语学研究的学理考虑，也有攸关中国科技话语权的现实考虑。

研究中国的术语学，仅研究“术语学在中国”是远远不够的。普通术语学认为，术语是科技概念的表征。普通术语学从诞生伊始，就强调以“概念”为中心，以“规范”术语为使命。但科技无国界，语言却有国界，而术语毕竟有科技和语言的双重属性（张晖，2016）。起源于古希腊文明的近代西方科技，其载体是印欧语，而发端于中华大地的传统科技以及西学东渐容受后的近代科技，其载

① 截至 2020 年，全国科学技术名词审定委员会已审定公布学科规范名词术语超过 140 种 60 余万条。国际标准化组织术语及其他语言和内容资源技术委员会（ISO/TC 37）于 2014 年将秘书处由奥地利迁往北京。

② 2019 年 5 月，世界卫生组织（World Health Organization，WHO）发布《国际疾病分类第十一次修订本》（ICD-11），增设“传统医学病症——模块 1”，将中国、日本、韩国等普遍使用的传统医学病症（源于中国中医）纳入其中，旨在规范、分类，已于 2021 年 1 月 1 日起实施。

体是汉语。汉字是一种区别于表音文字的独立书写符号系统，无论是在一般语词还是在术语词上，都呈现了与众不同的特点。因此，中国的术语学研究要想对普通术语学贡献中国智慧[①]，需要密切围绕与印欧语显著不同的汉语，研究属于孤立语的汉语在接纳印欧语体系科技概念时所发生的“化学”反应，建立“汉语术语学”。从这个角度来看，向历史要答案，研究中国古代技术一度“领跑”的历史，以及近代在术语领域一度“跟跑”的历史，从中汲取养分，总结汉语在概念形成与容受时的规律性认识，大有裨益。而纵观汉语术语的发展史，有两个谜题待解：古代中国有无科学存争议，但汉语术语为何真实且海量存在？近代术语洪流中印欧语席卷全球，民族语言中为何汉语术语独树一帜？

谜题：古代中国有无科学存争议，但汉语术语为何真实且海量存在？尽管近代科学早已在中国落地生根、开花结果，但至今学界有关古代中国与“科学”的种种争论未曾间断。民国时期的学者们讨论的主题是“中国古代为什么没有科学”；20 世纪 50 年代，英国的生物化学家李约瑟（Joseph Terence Montgomery Needham，1900—1995）则发出了“中国古代有发达的科学技术，为什么近代科学没有在中国诞生”的疑问，指明中国古代有发达的科学技术；20 世纪 90 年代，新一代科技史学家则又开始质疑李约瑟问题，追问“中国古代究竟有没有科学”。究其根源，学界对“科学”这一术语本身就缺乏一以贯之的界定。其实，科学的传统从古希腊的理知传统而来，发展到近代的数理实验科学、精确科学传统（吴国盛，2016a）。西方对“自由”的认同和追求，奠定了西方科学的文化根基，这一点有别于中国传统的“仁爱”和学以致用的文化。中西文化所倡导的科学类型不同，也决定了选取“科学”的何种定义会直接影响古代中国有无科学的终极答案。近代科学的确不是在中国产生的，但这并不意味着中国古代就没有科学。尽管中国没能产生近代科学，中国古代有没有科学也见仁见智，但是“中国古代有术语”这一点，恐怕不容否认，有很多经典术语还沿用至今。远到先秦的《考工记》，近到宋代的《营造法式》和明代的四大科学著作《农政全书》《天工开物》《徐霞客游记》《本草纲目》，如果没有大量的术语做文本支撑，我们很难想象这些著作能问世。从体系上看，中国古代术语与西方近代术语并不具有源头上显著的一致性。中国古代术语的面貌究竟如何？数量和体系如何？学界虽偶有涉及，但缺乏贯穿多学科的宏观把握，这不利于厘清汉语术语的历史源流。

谜题：近代术语洪流中印欧语席卷全球，民族语言中为何汉语术语独树一

① 中国术语学界的多位代表性人物（参见第三章第三节），都在各种场合表达过建设“汉语术语学”、“中国特色的术语学”、术语学的“中国学派”等的迫切愿望。

帜？由于近代科技发端于印欧语国家，印欧语自然成为源术语的最大输出语言。科学学认为，每过 25 年，当代科学的学科数量就要翻一番。普通词汇的数量尚且可以十万计，专业词汇的数量则多以百万计，有的学科（如化学）的专业词汇就多达三百万（郑述谱，2004）。术语词数量之惊人可见一斑。回顾历史，术语对民族语言的冲击是巨大的。我们用“洪流”来形容这种冲击，一方面体现出新术语的数量，另一方面也体现出术语的瞬时传播速度。以近代汉语术语的创制为例，如果将清中期的禁教历史排除在外，从利玛窦（Matteo Ricci，1552—1610）以传教为目的引介西学开始，到五四运动中“德先生”（民主）和“赛先生”（科学）落地生根，总共也不过 300 多年的历史，汉语术语显然充当了汉语现代化进程的急先锋。王力认为，鸦片战争以后“现代汉语新词的产生，比任何时期都多得多。佛教词汇的输入中国，在历史上算是一件大事，但是比起西洋词汇的输入，那就要差千百倍。……现在在一篇政治论文或学术论文里[①]，新词往往达到百分之七十以上。从词汇的角度看，最近六十多年来汉语发展的速度超过以前的几千年”（王力，2003）。印欧语术语在传入数量和速度上的双重压力，使非印欧语国家接纳近代术语面临相当严苛的挑战，许多国家纷纷在科技领域放弃了本民族语言文字，以致能在科技领域坚守本民族语言文字的已很少见。[②]周有光曾提到：“很多人可能还没有注意到：在‘汉字文化圈’中，不仅日本走了术语国际化的道路，而且朝鲜和越南也走了术语国际化的道路，用他们各自的字母音译科技术语。在全世界所有国家中，中国是惟一的‘术语民族化’的国家了。”（周有光，1991）诚如周老所言，民族语言在印欧语术语“洪流”中被迫改弦易辙的现象，不单单发生在非印欧语国家（如日本），甚至还不同程度地发生在印欧语的不同语族之间（如印度）。从这个意义上讲，汉语术语在印欧语术语洪流中可谓“独树一帜”，那么汉语是怎么做到的呢？“术语”这类词汇单位究竟有何特殊之处，竟能迫使世界科技语言格局发生重大改变？这一点值得我们深入研究。而我们身在汉语的国度，汉语术语就是最具典型性的研究样本。

为了更好地解答上述谜题，本书以史实为起点，梳理汉语术语发展的基本脉络，并从哲学的维度提出汉语术语学的研究对象、基础理论和研究范式，形成逻辑自洽、符合认知的汉语术语学理论体系和学科框架。在具体的章节安排上，第

① 其实，王力所提到的当时政治论文中的新词（如民主、科学、政治、法律、经济、社会等）还只是人文社会科学领域的术语，在近代科学体系中并不是主流，多自日本而来。体量更大的自然科学术语则在明末清初就已出现，是由西方传教士与中国士大夫合作创制的，是近代汉语术语的最早来源。当然，自然科学术语中有不少术语也传入日本，后又回流中土（沈国威，2008a）。

② 当然，历史上也有过汉字落后，要求废除汉字的论调，然而时至今日已苍白无力。

一、第二章是汉语术语概述章节，分别从古代、近代两个时期，通过还原历史的方式介绍汉语术语的基本面貌和术语演变历程，作为对前述两个“谜题”的概要性解答。第三、第四章是汉语术语学的理论章节，回顾历史上的汉语术语理论，并确定汉语术语学的主旨立意。这两章作为全书的核心章节，重在从古、今、中、外四个角度，归纳史实背后的理论线索，从汉语术语所蕴含的语言文字和科学技术二维属性出发，尊重汉语术语学的自身传统和理论逻辑，形成汉语术语学理论体系的初步架构。第五章围绕汉语术语研究的理论初心和时代使命，展望汉语术语学的未来发展。需要指出的是，本书作为学科引论和入门读物，在理论章节不求丰满、但求会通，希望能引起研究者的兴趣，起到抛砖引玉的作用。

第一章　古代汉语术语的创制：基于原生科学的词汇演化

国内学者并没有将古代术语词作为术语学的专门研究对象，因此古代术语研究成果大多散落在古代辞书研究和学科专门史研究之中，缺乏归纳，难以反映古代汉语术语的全貌。本章试从古代资料出发，做一简要梳理。“编录史事，首重资料。”（李俨和钱宝琮，1998）一般而言，资料分为文献、实物和音响资料。文献资料是以文字形式记载的史料，包括甲骨文、金文（钟鼎文）、简牍、帛书、石刻文字和在纸上书写的文字或印刷文字等。以数学著作为例，据 1957 年的统计，已有 800 余种（丁福保和周云青，1957）；据 1998 年的统计，已超过 1000 种（吴文俊和李迪，1998）。由于古代科学学科界限并不十分明晰，在单一学科著作（如“二十四史”等历史著作）、天文历法著作、笔记、日记中也存在不少研究资料。实物资料，以数学为例，包括计数实物（如结绳、刻契等）、算具（如算筹、算袋、算子筒、珠算盘、手摇计算器、计算尺等）、与数字有关的测绘器具（如规矩、直尺、圆规、比例规、量角器、分厘尺等）、几何形象（如早期器物的几何形状、某些器物上的几何图形、特制的几何模型等）以及其他实物（如历史上绘画中所表现的几何图形、岩画上的数字内容、录像等）。音响资料也称口头资料或有声资料，如谈话录音等，数量最少。本章所选取的主要是存于当世的代表性文献资料（包括简牍等部分出土文献）。

第一节　古代汉语原生术语：古之四科

中国古代的学科并不像近代学科分类严格，往往彼此交融，以实用为本。天、算、农、医是学界比较公认的中国古代科学领域，它们以解决“认识和顺应自然，与自然和谐共生”为核心的人类认知和实践问题为目的。古之天学用于宣扬君权天授以及指导农耕生产，用算学解释并形成合天象的历法，是历算学的重中之重。古之算学除了用于天象、历法，更为重要的是用于《九章算术》所列之方田、粟米、衰分等与农业生产相关的实际问题。古之中医专注人之疾病及其治疗，其研究对象——人及人体为其他各科提供了丰富的实物具象——喻体，如五脏（心肝脾肺肾）、气、血等。总体上，古之天、算、农、医四科彼此观照、彼此借鉴，虽各有特色但可归为一统。也许正因为中医在古代学科体系中与人的关系最为密切，所以在近代天、算、农等三科急剧变化之时，中医能保持其原创性与完整性，并历久不衰。

中国古代科技受到外来影响的程度低，古代人们在交流科学技术概念时，使用的术语基本都是原生的汉语词汇。因此，研究古代汉语术语的面貌，是分析汉语术语理论传统的必由之路。术语是科学技术知识在自然语言里的结晶（冯志伟，2011），下面将在天学、算学、农学、医学四个领域中选若干经典著作，从中提取术语，以还原汉语术语的原生面貌及其自然演化规律。

一、古代天学术语：从《三统历谱》到《授时历经》

历法在中国的历史上具有举足轻重的作用。无论是农业生产的需要，还是历代君王宣扬政权合法性的需要，历法都不可或缺。早在先秦时期，就产生了所谓的“古六历”（黄帝历、颛顼历、夏历、殷历、周历、鲁历），它们是相近时期各诸侯国的不同历法。可惜先秦历书的文本尽已久佚，后人只能从《史记》《后汉书》《唐书》《宋书》推知大概。其中颛顼历为秦、汉两代所承用，使用时间最长。此后，从汉代开始，中国曾经经历了无数次历法的变化，比较大的历法改革就有四五次。其中，最早的一次是西汉年间的太初改历。汉武帝采纳司马迁等的建议，由落下闳、唐都、邓平等依据浑仪实测天象并制定新历——太初历［太初元年（公元前 104 年）颁行］。太初历采用八十一分法，施行 189 年，至东汉章帝元和二年（公元 85 年）被四分历取代。因太初历文本亦失传，后世多依据《史记·历书》和《汉书·律历志》加以研究。西汉绥和二年（公元前 7 年），刘歆在太初历的基础上进行整理并有所创新，作《三统历》及《三统历谱》。依据《汉书·律历志》记载的历法要素（包括回归年、朔望月、推步算法、上元积年、置闰规则等）来看，太初历与三统历一脉相承，是中国史书上第一部记载完整的历法，是研究中国古代早期成熟历法的可靠材料①。刘歆所撰《三统历谱》，系统阐述了太初历的八十一分法，补充了简略的天文知识和上古以来天文文献的考证。三统历的内容包括：“统母”记述历法参数；“纪母”记述木、金、土、火、水五星参数；“五步”记述五星行度；“统术”记述推步术；“纪术”记述推

① 历史上多将《三统历》与《太初历》相提并论，事实的确如此，但根据薄树人在《试探三统历和太初历的不同点》一文中的研究，三统历不是简单地抄袭太初历，而是有改造、有发展、有新发现的，如岁星超次算法、新的朔望月和回归年值等（薄树人，1983）。

五星术；“岁术”记述十二次初、中、终宿度，节、中二十四气所在，夏、商、周十二月不同所在，周天二十八宿度等。

在西方传教士主导钦天监等官办机构及日心说传入中国之前，中土士人天文制历的最后一次高峰是由许衡、郭守敬等主导的授时历[①]。元至元十三年（1276年）元世祖命许衡领太史院事，以王恂、郭守敬为副，共同研制新历法。郭守敬等向朝廷建议组织 14 名天文学家到国内 26 处地点进行了一次历时近 4 年（至元十三—十七年）在全国范围进行的大规模实地天文观测，史称“四海测验”，获得了包括夏至日表影长度和昼夜时间长度等一大批精确数据。以此为基础，破除了古代上元积年的做法（曲安京，2005），实现了截取近世任意年份为历元（如该历法颁行的至元十八年），实得 365.2425 日为一岁（距近代观测值 365.2422 日仅差 25.92 秒），29.530593 日为一月，两者的精度均与 301 年后才诞生的现行公历（1582 年教皇格里高利十三世施行的格里高利历）相当，代表着中国古代乃至当时全世界天文历法的杰出成就，仍影响当今的农业生产。若将明初《大统历》[②]计算在内，《授时历》实际施行了近 400 年，是中国历史上施行最久的一版历法。记载授时历的原著及史书，均称其为《授时历经》[③]。《授时历经》分上、下两卷，共七章：第一章“步气朔”介绍了推气、朔、弦、望所在时刻的方法；第二章“步发敛”，先列土王策、月闰学五个基本数据，再进行推演；第三章“步日躔”介绍了太阳黄道、赤道经度的互推，求出太阳每日在黄道上运行的速度和位置；第四章“步月离”，求月亮的运行和月道与赤道的交点；第五章“步中星”，求昼夜长短时刻、影长和昏旦中星的度数；第六章“步交会”，即推算日、月食的方法；第七章“步五星”，推算五大行星的运动和位置。

我们分别从《三统历谱》的“统母”“纪母”“五步”“统术”“纪术”“岁术”中勾选了 150 个术语，从《授时历经》“步气朔”“步发敛”“步日躔”“步月离”“步中星”“步交会”“步五星”中勾选了 299 个术语，详见附录 A，以期窥得古代天学术语面貌。以下以词长为依据，对两书中的术语进行了统计，并列举部分术语如表 1.1 所示。

---

① 在两者改历之间，尚有多次影响较大的历法改革，这里不详述。

② 《大统历》的天文数据和推步方法都依照授时历，唯不计算斗分差（不考虑回归年古长今短）。

③ 历法名为元世祖赐，依据是“敬授民时”的古语。元朝的《元朝名臣事略》《元文类》，清魏源撰《元史新编・历志》，以及其他诸多史书中均记载许衡为《授时历》主编，特别是许衡遗著《许文正公遗书》卷十二有《授时历》全文——《授时历经》。

表 1.1　古代天学术语举例

词长	《三统历谱》	《授时历经》	举例
一字格	11	1	（三）辰、晨、夕、弦、望、法、实； （授）望
二字格	91	109	（三）夕见、月食、赢缩、策余、次余、月余、大余、中余、小余； （授）积差、前合、疾历、迟历、初限、中星、泛积
三字格	28	52	（三）合晨度、晨闰分、夕闰分、晨中分、夕中分、见中分； （授）行积度、加减差、初末限、带食差、距中度、距中分
四字格	12	51	（三）太极上元、二十四气、回合周期、日月元统、朔望之会； （授）弦望次朔、诸段入历、入盈缩历、平合入历
五字格	5	28	（三）大终见复数、入中次度数、合晨所在星； （授）半交后积度、中交后积度、正交后积度
六字格	3	22	（三）日夜半所在星、月夜半所在星、入中次日度数； （授）定朔弦望日辰、食甚入盈缩率、定见定伏日辰
七字格	0	11	（授）定弦望加时日度、定见定伏定积日、定见伏定定积日
八字格	0	13	（授）四正后赤道宿积度、定弦望月行定积度、定朔望加时入交日
九字格	0	6	（授）诸段初日晨前夜半星、每日月离白道去极度
十字格	0	5	（授）五星平和见伏入盈缩历、正交加时月离黄道宿度
十二字格	0	2	（授）天正冬至加时日躔赤道宿度、定朔弦望加时月离白道宿度
十六字格	0	1	（授）月离赤道后半交白道出入赤道内外度

二、古代算学术语：从《数》《算数书》到刘徽注《九章算术》

《九章算术》是中国传统数学公认的、现存最经典的传世文献，奠定了中国传统数学的基本框架，被尊为算经之首，深刻地影响了中国此后两千年间的数学发展。关于《九章算术》的成书情况，按照 3 世纪刘徽在《九章算术注》中的记述，结合东汉郑玄引郑众《周礼注》，“六艺”之一的“九数”（方田、粟米、差分、少广、商功、均输、方程、赢不足、旁要）在先秦时期发展成《九章算术》，但毁于秦火，西汉北平侯张苍（前 256—前 152）、大司农中丞耿寿昌收集删补为《九章算术》。后世学者刘徽、祖冲之、祖暅、李淳风、贾宪、杨辉、李潢、戴震等皆有注述。20 世纪以来，李俨、钱宝琮也进行过深入研究。经过魏刘徽注及唐初李淳风等注释，《九章算术》成为流传至今、集经注于一体的一部不朽算学典籍。

《九章算术》全书有 246 个问题，分方田、粟米、衰分、少广、商功、均输、盈不足、方程和句股九类，列为九章。第一章“方田”（共 38 题），论述不同形状的田地面积计算，并详细介绍分数理论。第二章“粟米”（共 46 题）、第三章“衰分”（共 20 题），主要介绍今有术，即西方所谓三率法，以处理农业、手工业和商业中提出的问题。第四章“少广”（共 24 题），主要介绍单分数加法、开平方和开立方法及其在有关圆及球计算方面的应用，还引进了无理根的某些性质。第五章“商功”（共 28 题），给出各种形状的土方、粮仓体积公式。第六章“均输”（共 28 题），主要解决交纳赋税、服役等国家任务中的合理负担等问题。第七章“盈不足”（共 20 题），介绍双假设法，通过将两次假设数据分别与题设条件相比较，得到盈亏，进而带入公式求得正解。第八章“方程”（共 18 题），讨论线性方程解法。第九章“句股”（共 24 题），论述直角三角形的解法，还讨论相似直角三角形和勾股数。

吴文俊主编的《〈九章算术〉与刘徽》书末附有“《九章算术》与刘徽所用名词今译”，搜集词条 202 条（吴文俊，1982），简单注释了音义。以下仅列举部分不同词长的术语，根据刘徽注并参考“《九章算术》与刘徽所用名词今译”，将典型的术语、近代注解、《九章算术》所在章节列表如表 1.2 所示。

表 1.2　刘徽注《九章算术》术语举例

《九章算术》及刘徽注术语	近代注解	章节
算	古代算筹，理解为数	方程
术	计算法则。古代公理、定理、推论、算法、公式的统称	方田
合	加	方田
并	加	方田
除	减	少广
减	减	方田
全	整数	方田
分	分数	方田
幂	面积	方田
正从	高。“方田”章里指等腰三角形底边上的高	方田
相并	相加	方田
景差	影差。两表日影之差	原序
表间	两表之间的距离。两表与两表延长线上某处距离之差	原序
报除	除。报之以除	方田
相与	相除	方田
合分	分数加法	方田
减分	分数减法	方田
课分	比较分数的大小	方田

续表

《九章算术》及刘徽注术语	近代注解	章节
平分	求几个已知分数的算术平均数	方田
大广田	乘法。既包括整数乘法，又包括分数乘法，还适用于带分数乘法	方田
立圆径	球的直径。也称丸径	少广
上下径	正圆台的上、下底面直径	商功
日去地	太阳至地面的距离	原序
日去人	太阳与人的距离	原序
正面邪	正四棱锥的斜高	方田
锥行衰	锥形以 5、4、3、2、1 为列衰，下多上少，如立锥之形	均输
反其率	求一钱能买多少物品，而不是求贵贱物品每一单位值几钱。与“其率”相反。若按已知数据而论，“其率”与“反其率”是大、小相反；若按钱、物而论，则是法、实相反	粟米
所求率	成比例的四项之一。所求数=所求率×所有数/所有率	粟米
句幂之矩	磬折形。也称股幂之矩	句股
大股之勾	以“大股”为长直角边的直角三角形的短直角边	原序
更相减损	两数辗转相减或辗转相除	方田
以盈补虚	等积变形。以有余补充不足。“盈”是有余，“虚”乃不足	方田
粟米之法	各种粮食的兑换比率表。因以粟米为标准得名	粟米
牟合方盖	合在一起的上、下两个全同的方伞的立体形状。“牟”与“侔”通，相同的意思。“盖”就是伞，“方盖”就是方形的伞。简称“合盖”	少广
损广益狭	以盈补虚	商功
中平之广	等腰梯形的中位线，或等腰梯形两底的平均值	商功
冬程人功	冬季每人一日的工作量	商功
相当之率	用消去常数项法解线性方程组时，将求得不含常数项的二元一次方程，如 $ax=by$，其中 a、b 即是未知数 x、y 的“相当之率”	方程
不足适足术	关于不足适足问题的算法	盈不足
周三径一为率	圆周率 π 的近似值 3，圆周三与直径一的比率。此为古率	方田
不盈不朒之正数	每人应出钱数。指正确答数	盈不足

随着数学史文献资料的完善，《九章算术》中某些题解中的内容及其术语的创制，其实可以上溯到先秦时代。在已公布的较系统的材料中，当属张家山二四七号汉墓竹简《算数书》和岳麓书院藏秦简《数》的出土最引人瞩目。2007 年湖南大学岳麓书院收购一批珍贵的秦代竹简，其中包含《数》书。《数》书年代不迟于秦始皇三十五年（公元前 212 年），是目前所知最早的数学文献资料。在岳麓秦简面世之前，1983 年张家山汉墓出土的《算数书》一度被认为是最早的

系统性数学文献，其成书不晚于吕后二年（公元前 186 年）。我们选取《数》《算数书》《九章算术》作为研究中国古代早期术语创制与演变的可靠材料。

张家山汉简《算数书》有 69 个算题，大多数算题由题文、答案、术三部分组成。算题内容包括分数的性质和四则运算、比例问题、盈不足问题、体积问题、面积问题和勾股定理，内容除“方程”外，涵盖《九章算术》的“方田”“粟米”等其余八章。部分算题亦见于《九章算术》，这说明两者关系十分密切。岳麓秦简《数》中所收材料涉及租税、面积、营军、合分与乘分、衡制、赀马甲、谷物换算、衰分、少广、体积、赢不足、句股等十二类算题（谢坤，2014），累计算题 82 题，术文 19 例。经考古界和数学界研究，发现《数》与汉简《算数书》有部分呼应，题目类型、内容、表述方式和解题思路跟汉代传世文献《九章算术》联系密切，另外还出现了其他早期数学文献中未见的驻扎营军（“营军之术”算题）等问题。

针对《算数书》和《九章算术》的关系问题，邹大海提出了“经典和非经典两个系统”的概念：经典系统可以简要表示为“西周初年‘九数’—调整和发展中的‘九数’—调整和发展中的《九章算术》祖本—《九章算术》，它代表着当时算法式数学的发展水平和基本框架”；非经典系统包括“各种受经典文献直接或间接影响的数学著作，它又可大致分为专业型和应用型两类”。“两个系统的文献互相影响，而以前者影响后者居多。后者对前者的影响中，又以专业型文献的影响力为大。”（邹大海，2004）在邹大海看来，《九章算术》无疑属于经典系统，而《算数书》则属于非经典系统。循着这一思路，周霄汉研究认为，《算数书》和岳麓书院所藏《数》都可归于非经典系统下，经典系统与非经典系统分别表现出官方“管理数学”和民间“日用算法”的特征（周霄汉，2014）。

根据郭书春（2003）、赵修（2004）对《算数书》数学表达式和数学用语的研究，谢坤（2014）对《数》术语进行分类（运算用语、单位用语和专门用语），对比《九章算术》，将其中提到的古代算学术语进行归纳（参见附录 B），以期窥得古代算学术语面貌。

三、古代农学术语：从《王祯农书》到《农政全书》

中国是世界栽培植物起源的中心，是农业大国，在 17 世纪以前，中国农业长期居于世界前列。总体而言，从先秦到近代西学东渐，农业自始至终都是中国古代科技中体量最大、从业人数最多、发展水平最高的产业形态。先秦诸书即有许多农学篇章，如《吕氏春秋》之《上农》《任地》《辩土》（先秦有关农业政策、用地、整地和农时），《诗经》之《七月》（农业技术以及农时等）；汉代有

《氾胜之书》（北方农业，只残存3000余字）、《四民月令》；后魏贾思勰的《齐民要术》（北方农业，包括粮食作物、蔬果栽培、畜牧兽医、农产品加工烹饪等）是流传至今最早的综合性农书；宋代出现了较全面论述农具的专书《农器谱》（曾之瑾撰，已亡佚）；元代汉族农耕文化不但没受影响，反而诞生了《农桑辑要》、《王祯农书》和《农桑衣食撮要》等三大农书；明清时期则出现了《农政全书》《授时通考》《保生月录》等农学著作。

这里选择元代与清代两个时期的代表性文献进行回顾。元代《王祯农书》对农业技术与农具的归纳总结达到了相当高的水准。清代的前期与末期虽然受到两次西学东渐的影响（如《农政全书》附有《泰西水法》），但中国古代农业仍然维持了原有体系，系统成熟。

《王祯农书》与《农桑辑要》《农桑衣食撮要》并称元代三大农书，其中以《王祯农书》影响最大。《王祯农书》在前人著作基础上，兼论中国北方农业技术和中国南方农业技术，第一次对所谓的广义农业生产知识做了较全面系统的论述，提出中国农学的传统体系，在中国古代农学遗产中占有重要地位。《王祯农书》完成于1313年，全书正文分“农桑通诀”“百谷谱”“农器图谱”三大部分，共37集371目。“农桑通诀”则相当于农业总论，首先对农业、牛耕、养蚕的历史渊源做了概述，其次以“授时”“地利”两篇来论述农业生产根本关键所在的时宜、地宜问题，以“垦耕”到“收获”等七篇论述开垦、粪壤、耕种、施肥、水利灌溉、田间管理和收获等农业操作的共同基本原则和措施；“百谷谱”类似栽培各论，先将农作物分成若干属（类），然后一一列举各属（类）的具体作物，已具有农作物分类学的雏形（莫鹏燕，2016）；“农器图谱”将农具列为综合性整体农书的重要组成部分，是该书的一大特色，所涉100多种农具种类齐全、形制多样、数量空前，远多于《氾胜之书》（10余种）、《齐民要术》（30余种），分为20门261目，还配有插图306幅（包含部分古代已失传农具的经考订复原图）。

《农政全书》是明后期杰出科学家徐光启创作的农书，书成于万历年间。该书分为农政措施和农业技术两部分，由于贯穿“农政”思想，所以并非纯粹的技术性农书。全书共12目60卷，包括农本、田制、农事、水利、农器、树艺、蚕桑、蚕桑广类、种植、牧养、制造、荒政。该书考证扎实，印证丰富，如：全书目录上记有栽培植物159种，皆详核可据；“水利”目除引述《王祯农书》水利图谱以外，主要是熊三拔口述、徐光启笔记的《泰西水法》六卷；“田制”之目还收录玄扈作《井田考》一卷。该书不仅记载了中国古代有关农业的理论和科学方法，还介绍了西方的科学知识，堪称古代农学集大成之作，是一部农业百科全书，在农学史上的地位十分重要。

对于农耕词的划分，郭沫若（2008）从作物、耕作用具和耕作方法三方面展开叙述；贺友龄（2001）从社稷、五谷、耒耜、井田、水利、水井等六方面划分；刘志成（2003）从农业发生和作物种类、农业工具和种植技术、谷物储藏、田界等四方面划分。我们综合考虑不同时期术语对照研究的可行性，依据农业生产流程环节进行编排，分井田、五谷、起土、种植、中耕、灌溉、收获、脱粒、收储等九个方面，对《王祯农书》和《农政全书》所涉的农耕词加以分类整理。其中多义词以农耕义归类，按照术语字数多少，先技术后农具，最终从《王祯农书》为代表的元代农书中勾选农耕词 440 个，从《农政全书》中勾选农耕词 717 个（参见附录 C），以期窥得古代农学术语面貌。以下仅根据词长将文献中的部分术语列举如表 1.3 所示。

表 1.3　古代农学术语举例

类别	术语举例
井田	（《王祯农书》）土、地、田、垄、田畴、土壤、畦畛、高田、良田； （《农政全书》）白地、白土、废地、脯田、黑地、黑土、碱地、下田、脂田、灶地
五谷	（《王祯农书》）麻、禾、稷、谷、大麻、麻子、胡麻、油麻、脂麻； （《农政全书》）禾、麻、大豆、小豆、白胡麻、春大麦、黑格雀粟
起土	（《王祯农书》）耕、灾、开荒、垦辟、耒、耜、砺 砰、耕盘； （《农政全书》）锄、起、耕莳、耦耕、钁、耒、牛犁、耧锄
种植	（《王祯农书》）播、种、淘汰、溲种、挞、劐、耧车、瓠种； （《农政全书》）择、簸、导择、区种、劐、莜、耧车、种莳
中耕	（《王祯农书》）薅、耘、培根、平垄、钱、镈、耰锄、耧锄； （《农政全书》）沃、粪、壅、培、芟夷、浇灌、遥润、遥肥、粪种
灌溉	（《王祯农书》）灌、溉、灌注、浇灌、缶、连筒、龙骨车、牛转翻车； （《农政全书》）浇、灌、灌溉、浇水、陂、水栅、玉衡车、水转筒车
收获	（《王祯农书》）穑、铚、采摘、割刈、杷、推镰、秧马； （《农政全书》）收、刈、收割、采掇、铚、艾、锚镰、粟鉴、拾麦刀
脱粒	（《王祯农书》）箕、碓、杵臼、堈碓、掼稻簟、水转连磨、水转大纺车； （《农政全书》）梃、砻、碌碡、碌轴、杵臼、石木礌、礌谷器
收储	（《王祯农书》）窖、窨、收贮、委积、仓、庾、谷盅、谷匣； （《农政全书》）窖藏、筐、篑、气笼、牛筐、注箕、筛谷箣、概谷盅

四、古代中医术语：以《秘传眼科龙木论》到《目经大成》

中医眼科在殷代（前 1324—前 1266 年）时就有眼科病症记载。汉《神农本草经》中有眼药 40 余种，晋有《陶氏疗目方》，隋代巢元方著《诸病源候论》列眼科病症 46 种，宋元有《原机启微》问世，至明代王肯堂著《证治准绳》将眼科病症增至 179 种，几乎包括了肉眼能看到和主诉能反映的所有眼科病症。这些眼科病症的名称足可窥见中国古代医学术语的命名之妙。我们选取了在中医眼科历史上比较著名的《秘传眼科龙木论》《银海精微》《审视瑶函》《目经大成》等四部著作进行术语勾选。

《秘传眼科龙木论》是中国现存最早的眼科专著（杨鸿，2010），被认为是在唐代《龙树菩萨眼论》的基础上，经宋元医家补充或辑录其他医著内容后，形成于明万历三年（1575 年）前后，由黄毅所刊行，书名为《秘传眼科龙木论》，至此流传于世。该书记录了唐代《龙树菩萨眼论》《刘皓眼论准的歌》等书籍的内容，系统地记述了眼科常见的内外障眼科病症 72 种，介绍了多种眼科外治法，特别是有关白内障的分类、检查、手术适应证与禁忌证以及手术前后中医辨证论治等内容，是一部承前启后的重要中医眼科著作。

《银海精微》出现于明代，托称唐代孙思邈撰。道家以目为银海，故书名有眼科理法方药精华微妙的含义。该书汲取前朝历代眼科成就，增加了大量眼科病症诊治的内容，将理论和药物、手术治疗结合。全书两卷列眼科病症 82 种，其中 80 种有配图，标示病变部位或病态，图文并茂。该书还被西方学者译成英文，对外传播广泛。

《审视瑶函》，又名《眼科大全》《傅氏眼科审视瑶函》。明代傅仁宇撰，刊于 1644 年。按照先总论后方论，论述眼科病症 110 种①及其治法方剂，并述眼科手术方法，附有医案、图说、歌括。前两卷主要阐述眼与脏腑经络的关系，以及眼科病症的病因等。后四卷以眼科各病症分节，细述各类眼科病症的病因、症状、内外治法和方药，同时也阐述了眼科针灸、眼药选制、针拨白内障的适应证、方法、手术及护理等。

《目经大成》是一部眼科总结性著作，分三卷，清代黄庭镜撰于 1774 年。书中列五轮八廓、阴阳五行、脏腑经络等理论及治疗技术，续以眼科病症之 12 病因以及 81 病症，后详列证候，阐释病机，最后指明治法或附案例。全书纲目分明，由博返约。书中并收外治方 19 首，包括点、洗、擦、涂、熏诸法。

《秘传眼科龙木论》共收 72 种眼科病症，其中内障 23 种，外障 49 种。内障如圆翳内障、冰翳内障、滑翳内障、涩翳内障、散翳内障，外障如肝虚积热外障、伤寒热病后患目外障、混睛外障、肉侵睛外障、两睑粘睛外障。

① 该书传为 108 种眼科病症，经实际整理、核对，应为 110 种，本书按 110 种计，参见附录 D。

《银海精微》所收 82 种眼科病症，如大赤脉传睛、小赤脉传睛、肉攀睛、鸡冠蚬肉、两睑粘睛、眵泪粘浓、眵泪净明、蝇翅黑花、目暗生花、热极眵睛。《审视瑶函》所列 110 种眼科病症，如天行赤热症、暴风客热症、火胀大头症、怕日羞明症、睑硬睛疼症、赤痛如邪症、痛如针刺症、大小雷头风症、左右偏头风症、阴邪风症、阳邪风症。《目经大成》所列 81 种眼科病症，如天行气运、暴风客热、火胀大头、大小雷头风、左右偏头风、阴阳邪风、辘轳自转、瞳神反背、春水扬波、鱼睛不夜。四本眼科专著中的全部眼科病症术语参见附录 D。

本节通过梳理古代有关文献，摘录了附录 A—D 中的大量术语，可窥见在中国古代，大量术语已在本土诞生。这一事实并不因“科学”的概念存有争议而被抹煞。

第二节　古代汉语术语创制的特色：描写、历时与博物

一、古代汉语术语的描写叙述

从本章所列古代四科术语的总体情况来看，自汉代开始，科学专著中术语的复音趋势就已十分明显①，到中国古代科学昌荣的元、明代，二字格术语甚至占到全部术语的二分之一强，三字格及以上的术语占比也很大。而中医术语的形制更长：单字术语不多，二字格也较其他学科少，三、四字格术语较多，尤以四字格居多②（表 1.4）。

表 1.4　古代中医眼科病症术语词长

著作名	二字格	三字格	四字格	五字格	六字格	七字格	八字格	九字格
《秘传眼科龙木论》	0	0	16	5	39	7	3	2
《银海精微》	0	3	68	5	2	2	1	0
《审视瑶函》	0	20	23	64	2	0	0	0
《目经大成》	27	12	39	2	0	0	0	0

① 随着时间的推移，因为表达概念的复杂化，术语的形制也越来越长。古代复音术语因为其复呈性并不高，无法知晓其是否凝固，因而有时也可以分解为多个单音词。这也反映了研究古代术语的困难，那就是要尽量避免站在近代术语的角度来定性术语。

② 需要指出的是，《审视瑶函》病症名后均有“症”字，如果不把该字计算在内，其四字格比例将进一步提高。

仍以中医眼科病症术语为例，与形制长短相关，多数中医术语有动词性语素[①]参与构词，这些动词性语素与名词性语素结合而成的术语，普遍具有描述的性质。以《目经大成》所列 81 个中医病症为例，就至少涉及“行”“运”“风”“转”“反”“扬”“夜”“变”“蚀”“陷”“出”“贯”“捧”“灌”“障”“蔽”“殇”“冲”“漏”“烂”“悬”“覆”“合”“攀”“倒”“急”“黡”“倾”“禁”“枯”“通”“胀”“包”“夺”“凌”“落”“散”“缩”“视”“变”“瘁”“复”“混”“浮”“损”“斜”“凸”“旋”“呈”“横”“伤”等 51 个动词性语素，占比 63%。它们与具有比喻义的名词性语素结合构词，描述症状的表征，也就是病变的实际形态，如“（胬）肉攀睛”[②]一词取“多余的肉攀爬到眼睛上”，“浮萍障”取“像浮萍一样，眼障时而发散、时而聚集”，形象感很强。这与近代以来西医病症多以病变部位、致病原因为命名理据的情况（如结膜炎以“结膜+炎”来命名）存在明显差异。这一点与中医强调的“天人合一”是紧密相关的。在体现疾病与人体关系时，一般理解为外界因素作用于人体，因此动词性语素多用来表达致病这一过程，至于用什么样的动词则取决于用什么样的喻体。如“鱎螺出壳”取“黑睛凹凸不平，宛如煮熟田螺之状”，“彩云捧日”取“丝脉纵横，白睛亦红紫相映”。究其原因，中医是四科中与人体直接关联的学科，中医术语尤重与人体发生关系，造成其病症命名与西医病症名[③]差异明显。

古代算学算题的语言表达，如起首辞、发问辞、答题辞、解析辞、运算辞（如运算或分数等）（郭书春，2003；赵修，2004），也体现了汉语术语的描述性特点，如表 1.5 所示。中国古代算学时至今日，虽有些“辞”有变化，但表中所列的“辞”（术语）始终是表达术语知识所必须用到的。古代对算学中的运算概念，首选文字表达法，用“分”“有”“如”，配合“之”或“而”等使用，这是古代汉语面对形式逻辑符号时的本能选择，即符合汉语叙事方式的模式表达。以分数为例，张家山汉简《算数书》中出现的“b 分之 a”的表达法沿用至今。

---

① 包括名词、形容词、副词活用为动词。

② 《目经大成》作“肉攀睛”，其他著作多作“胬肉攀睛”，而且“胬肉”一词还被借入了西医命名。1844 年卫三畏的《英华韵府历阶》收录 pterygium，译为“老肉扳睛”；1866 年罗存德《英华字典》、1884 年井上哲次郎《订增英华字典》均译为“努肉扳睛”；1895 年聂会东的《眼科证治》译为“胬肉扳睛”；1908 年颜惠庆《英华大辞典》译为“翼状睟瘀”；1926 年高似兰《医学辞汇增订》第五版译为“翼状胬肉”；1931 年科学名词审查会《医学名词汇编》译为“翼状胬肉”，延续至今。以上词典的详细介绍请参见第二章第三节。

③ 西医眼科病症名参见第二章第一节。

表 1.5 《数》《算数书》《九章算术》算题用辞

类别	近代用辞	《数》	《算数书》	《九章算术》
起首辞	—	今（有）、藉、欲	（无）、（取）程、（今）有	今有
发问辞	—	问（或得，或当，或为，或今）……几何	（欲）（求）、几何	问……几何、问几何……
答题辞	—	（其）（得）曰	（得）（曰）	答曰
解析辞	—	（其，或为之，或一）述（或术）（曰）	术（術，述）曰	术曰
运算辞	$\div$	如法成（或得）一、N 而（或成）一、M 分 N	如（或令）……而一（或得一）	实如法而一、实如法得一（尺）
	$\frac{a}{b}$	—	b 分（之）a	b 分之 a
	$3\frac{a}{b}$	—	有（通“又”）	—
	$m\frac{a}{b}$	—	m 尺（有，通“又”）b 分（尺）（之）a	m 尺 b 分尺之 a

注：①表内的括号表示可以省略。
②括号内的逗号表示多选一的选择关系。
③“—”表示无相应内容，全书此类余同。

关于算题用辞，因为关系到“术语”一词的最初来源，我们重点分析一下解析辞“述”和“術”。二字于古书及简帛中常见通用（高亨和董治安，1989；白于蓝，2008）。在古代数学术语里，“術”即法则、算法或定理的通称（吴文俊和沈康身，1998）。据许道胜和李薇（2010）的研究，岳麓秦简《数》中共出现“述”“術”55 例，其中作“述”者有 48 例，作“術”者有 7 例。[①]略晚于《数》的张家山汉简《算数书》，在包括“術”在内的专用语用字的统一方面就要好得多，多作“术”，也有作“術”，但极少作“述”（张家山二四七号汉墓竹简整理小组，2006）。刘徽注《九章算术》中只有“术”一种，用作“术曰”。我们隐约可以看到古代早期算学从“述”到“術”（术）的术语定型路径。

然而，“述”从何而来呢？许慎《说文解字》“述”：“循也。从辵术声。”清代段玉裁《说文解字注》：“循也。述循迭韵……谓今人用述，古人用遹也，凡言古今字者视此。”也就是说，“述”意思是“循”，“遹”与“述”为古今字。许慎《说文解字》“遹”：“回避也。从辵矞声。”段玉裁《说文解字注》：“回辟也……

① 该文详列了 60 例，这里没有将作“方”“法”“即”的 3 例和省略“述”或“术”的 2 例计算在内。许道胜、李薇据此认为，《数》并不是一部所谓严谨的数学著作，而只是一部有着两种主要来源的早期抄本。

辟僻古今字……遹古多假为述字。释言云。遹，述也。言假借也。释诂云。遹遵率循。释训云。不遹，不迹也。皆谓遹即述字也。言转注也。”即认为“遹”与“述”为转注。因此，述源于“遹”“述”转注的“循”义。而许慎《说文解字》：“邑中道也。从行术声。”段玉裁《说文解字注》：“邑中道也。邑，国也。引申为技术。”也就是说，“术”本专指“邑中道”，引申为“技术”的“术”。结合之前由“述”到“术”的过程，可以认为“技术”的“术”的引申源自“术”的“道”义，与“述”的“循”义有关联。只是引申为技术后，直接用在算学术语中成了解析辞，意义为“计算的方法或原理”。①用作解析词，则表示对计算方法展开说解，颇有陈述的意味。

二、古代汉语术语的历时规范

我们从表 1.5 中可以看出，即使是在秦汉很短的一段时期内，算学术语也经历了一个发展演变过程。以四则运算的减法为例，岳麓秦简《数》中有“减”“除”“余”“不足”“少”等五种表达法，到了张家山汉简《算数书》和《九章算术》中，“除”和“余”的减法义淡化，“除法”义和“余数”义逐步特指化，“减”则逐步成为表达减法的主要术语。与此同时，某些术语也随着时间的推进而消失了，如“互乘”“各乘”“遍乘”“壹乘”“分乘”等概念的价值不再凸显，有的改变了名称，如“自乘”改称“平方”，“遍乘”“壹乘”“分乘”不再作为核心术语存在，这体现了不同时期的术语在当时所具有的不同价值。但总体来看，算数术语具有传承性，并逐步走向规范，这一点是主流。

一个时期的术语所表达的概念相对稳定，术语的规范往往通过释义来进行。但包括《九章算术》在内的算学术语则大都缺少明确定义（在刘徽注中明确了很多），这可能是源于荀子“约定俗成”的影响（钱宝琮，1983）。《荀子·正名》曰：“名无固宜，约以命之。约定俗成谓之宜，异于约则谓之不宜。”从《算数书》《数》《九章算术》的术语对比可以窥见一斑。但是这也绝不是一成不变的，任何词汇都可能在历史长河中变化与发展，只是有些变化比较激烈，有些变化则不易察觉。以古代天学术语为例，虽然历次改历的历算方法变化较大，但其部分核心术语，如“朔”“弦”“望”“统”“纪”等不曾改变，部分术语虽然词汇外壳没有变化，计算方法也相近，但实则其内涵（如历算中常数的具体数值）一直在发生着变化，如表 1.6 中的闰余、周天等。

① 这极有可能是术语一词近代以来被用作 term 译词的重要来源。

表 1.6　古今天学术语演变

《三统历》（公元前 7 年）	《授时历》（1281 年）	《天文学名词》（1998 年）
—	复圆	复圆（last contact）
—	食甚	食甚（middle of eclipse）
—	食既	食既（second contact）
策余	策余	—
—	初亏	初亏（first contact）
闰余	闰余	闰余（epact）
—	生光	生光（third contact）
—	时差	时差（equation of time）
—	岁实	—
周天	周天	—
—	象限	—
—	岁差	岁差（precession）
—	上弦	上弦（first quarter）
望	望	望（full moon）
—	下弦	下弦（last quarter）
—	交终	—

附录 D 的中医眼科病症，在各个时期看起来差别比较大，一是数量不同，二是称谓不同。但仔细分析后可以发现其变化中的不变，如“暴风客热症”“血灌瞳人[①]”“偃月障症”等。复呈性高的术语，说明其业界认可度高，定名恰当，后世流传的可能性自然也更大。同样的情况也体现在农学术语的有序传承中，随着数量的逐步增加，术语的精确性也在逐步提高。因此，古代术语的规范，更多地靠时间这把尺子，靠定名本身的经典性。

三、古代汉语术语的比类取象

比类取象是中国古代人们所秉承的重要思维方式。人们从具体的“物”中提炼“象”，然后“援物比类”（徐通锵，1997）。中国古代天学中类似的术语例证比比皆是。古代将所见之天空划分为“紫薇、太微、天市”三桓，其方位甚至比照皇帝、臣工、市井居住地而设定，据此观各区星体之变化、显隐来推测流年运势。

中国古代算学也广泛运用具象类事物表达近代以来的形式逻辑概念。如借用

① “人”通“仁”。

实物“幂”（方巾）来表示相对抽象的“面积”；用“勾、股、弦”来表示直角三角形的短直角边、长直角边和斜边；周田、方田、箕田分别代表长方形（或正方形）、正方形、等腰梯形，援物比类来直接命名术语，以名举实，循名责实（周霄汉，2014），甚至是用作表达几何形状。根据谢坤（2014）的分类，岳麓秦简《数》的单位用语和专门用语，都是具体物象，这也使得学界对《九章算术》几何图形命名的解释莫衷一是，如“圭田”“箕田”等（王荣彬，1998）。表 1.7 是算学文献中被用于算学术语的部分物象。

表 1.7 岳麓秦简《数》中的部分物象

一级分类	二级分类	三级分类	《数》
单位用语	自然单位	个体单位	人、室、乡
		集体单位	束、钱、围
	度量衡	长度单位	寸、尺、步、丈、里
		面积单位	步、亩、里、顷
		体积单位	尺、升、斗、石、甬（桶）、般（鞶）
		重量单位	垂、朱（铢）、两、斤、钧、石
专门用语	日常用语		牛、羊、田、人
	专指用语		爵、走马、钱、赎耐、赀一甲、提封
	算题用语		周田、方田、里田、箕田（舌、踵）、陲宇、城止

中国古代农学术语，以收储类术语为例，按照形旁可分从“穴”、从“入”、从“竹”等。其中所从之“穴”“广”取之收储室之形，从“食”取之所储事物之属性（食物），从“入”取收储之义，从“竹”取收储器物之材质。无论是哪一种，均与日常所见的物品（如洞穴、竹子）、人的动作行为（如吃、入）相关联。

中国古代医学术语，以附录 D《秘传眼科龙木论》所收之内障 23 种为例。属概念“内障”之“障”，辗转源自日常所见之坡，取阻隔之义[①]。这种概念（包括圆翳内障、冰翳内障、滑翳内障、涩翳内障、散翳内障、浮翳内障、沉翳内障、横翳内障、偃月翳内障、枣花翳内障、白翳黄心内障、黑花凝翳内障、胎患内障、风变内障、雷头风内障、惊振内障、绿风内障、乌风内障、黑风内障、青风内障、肝虚雀目内障、高风雀目内障、肝风目暗内障等），基本与“翳”（《说

① 《说文解字》曰“隔也”。段玉裁《说文解字注》曰：“隔，塞也……与土部塞隔也为转注……西京赋曰。陇坻之隘。隔阂华戎。”而“陇坻之隘”之“陇坻”，段玉裁《说文解字注》曰：“陇，天水大阪也。地理志。天水郡有陇县……陇县有大阪名陇坻。”《说文解字》曰：“阪，坡者曰阪。”

文解字》"华盖也")、"风"(与中医五脏之"肝"相关)、"枣花"(象病症之形)、"偃月"(象病症之形)等有关，无不比类于古人日常所见之物。以附录 D《目经大成》所列 81 症为例，构词中具有比喻义的名词性语素就达到 43 个，包括"风""热""火""雷""辘轳""神""春""水""波""鱼""星""月""花""蟹""虹""日""帘""帏""球""杯""蚌""鸡冠""鱼子""石榴""椒""粟""核""地""金""木""天""气""浮萍""偃月""阴""阳""冰壶""虚潭""醢螺""壳""剑""秋水""玛瑙"。在病症的描述上，用类比、比喻方式的占大多数，所用的喻体主要就是上面所说的，源自自然或人体的名词性语素。

此外，中国古代对物象的重视，还有一个重要的表现，那就是专名。在古代各科中，专名都占有重要地位。例如，岁星纪年法将天干地支相配而形成纪年年份，其中与十天干对应的"岁阳"专名依次为阏逢、旃蒙、柔兆、强圉、著雍、屠维、上章、重光、玄黓、昭阳，与十二地支对应的"岁阴"专名依次为困敦、赤奋若、摄提格、单阏、执徐、大荒落、敦牂、协洽、涒滩、作噩、阉茂、大渊献。如甲寅年写为"阏逢摄提格"，《尔雅・释天》已载有这种写法。另外，天学将岁星周天两侧分为十二星次，又分别命名为星纪、玄枵、诹訾、降娄、大梁、实沈、鹑首、鹑火、鹑尾、寿星、大火、析木。古代农学术语中也是如此，以农学术语中的粮食作物为例，其中包含了不少粮食品种名及部分方言称谓，如磊碨黄、刘沙白、憎延黄、赤粱谷、灵忽黄、獭尾青、续得黄、得客青、孙延黄、猪矢青、烟熏黄、乐婢青、平寿黄、鹿橛白等(参见附录 C)。

可以说，中国原生科学认知中的"天人合一""援物比类"的观念，深深地渗入每一个术语的语义深处，直观地表现在术语的表象化，依赖于对自然事物或人身体验的形象描述。

四、古代汉语术语的层级系统

在关注到术语逐步走向规范的同时，也很容易发现古代术语的另一个特点，那就是自成系统。对于基础概念，各家著述都相差不大。对于二级、三级等下级概念，各家著述在其内部维持自洽的系统性。在天学术语中，基础概念有两两成对的，如晨、夕，法、实，闰、余；有三个为一组的，如朔、弦、望，日、月、年，元、统、章，大、中、小；也有多个为一组的，如入、见、会、合、交，数、度、至、盈、正、定、半。医学也是如此，如《秘传眼科龙木论》中的 23 种内障，"浮"与"沉"、"黑"与"白"、"冰"与"滑"、"圆"与"横"、"绿"与"青"等构词语素往往成对出现。

在算学术语中，成系统的术语有：径、半径、圆径；周、外周、中周、上周、半周等。此外，《数术记遗》最早记录中国古代关于大数的记法："黄帝为法，数有十等。及其用也乃有三焉。十等者，亿、兆、京、垓、秭、壤、沟、涧、正、载。三等者谓上、中、下也。其下数者十十变之，若言十万曰亿，十亿曰兆，十兆曰京也。中数者万万变之，若言万万曰亿，万万亿曰兆，万万兆曰京也。上数者数穷则变，若言万万曰亿，亿亿曰兆，兆兆曰京也。"刘徽注《九章算术》使用了成系统的小数，依次是丈、尺、寸、分、厘、毫、秒、忽等。在天学历算中，《授时历谱》表示四分之一、二分之一、四分之三、六分之五的术语依次是"少、半、强、太强"。中医术语如附录 D 所列《秘传眼科龙木论》内障和外障的种属关系命名体系，十分严整。

我们仅以农学术语中的土壤术语为例，做一详细说解。元代的《王祯农书》表示土质较好的有高田、良田、上地、中地、熟地、熟田、美田、熟泥、白背、阳地、实地；土质偏差的有薄田、下地、阴地、白地、废地、闲地、白土、轻土、弱土、宿土、油土、荒地、沙田等。到了明代的《农政全书》，记录了土壤种类：粟土（宜于种植谷物的土壤）、沃土、位土（无论在高处或低下处，都能经常保持水分的土壤）、蘟土（疏松、肥沃的上等黑色土）、壤土（土壤黏粒、粉粒、砂粒含量适中的土壤）、中土、忞土（细密的土壤）、垆土（黑色坚实的土）、坚土、剽土、沙土、下土、犹土、弘土、觳土（瘠薄之土）、凫土、白地、白土、废地、碱地、黑地、黑土、脯田、下田、脂田、灶地、涂田、淤田、沙田等。另外，对土壤特点的描述也趋于细致：坚、燥、沃、埴垆（稍黏而较疏松）、黑坟（肥土）、白壤（《晋书·文苑传·成公绥》："青冀白壤，荆衡涂泥，海岱赤埴，华梁青黎."）、涂泥（湿润的泥土）、赤埴（红色黏土）、青黎（青黑色土壤）。

其实，《农政全书》中有关土壤分类的术语就源于中国最早的土地分类专篇、春秋战国时期的《管子·地员》。《管子·地员》谓："九州之土，为九十物。每州有常，而物有次。"根据生产能力将土壤分为"上土""中土""下土"3 等，每等各包括 6 种不同的土壤，共分 18 类，严谨有序。下面仅以"中土"为例：

> 中土曰五忞。五忞之状，廪焉如壏，润湿以处。其种，大稷、细稷，赨茎黄秀以慈。忍水旱，细粟如麻。蓄殖果木，不若三土以十分之三。忞土之次，曰五垆。五垆之状，强力刚坚。其种，大邯郸、细邯郸，茎叶如扶檀，其粟大。蓄殖果木，不若三土以十分之三。垆土之次，曰五壏。五壏之状，芬焉若糠以肥。其种，大荔、细荔，青茎黄秀。蓄殖果木，不若三土以十分之三。壏土之次，曰五剽。五剽之状，华然如芬以

脆。其种，大秬、细秬，黑茎青秀。蓄殖果木，不若三土以十分之四。剽土之次，曰五沙。五沙之状，粟焉如屑尘厉。其种，大萯、细萯，白茎青秀以蔓。蓄殖果木，不如三土以十分之四。沙土之次，曰五塥。五塥之状，累然如仆累，不忍水旱。其种，大樛杞、细樛杞，黑茎黑秀。蓄殖果木，不若三土以十分之四。凡中土三十物，种十二物。

可见在先秦时期，古代人们就已对分类标准、土壤性状、种植品种、土壤肥力等进行了详细的描述，这一时期的术语系统性不仅仅体现在术语的命名上，而且还体现在对术语的描述上，用的是骈文，语义精当，言简意赅。[①]当然，随着汉语的发展演化，农学著作中对土壤的精细化文字描述也并不要求像《管子·地员》一样工整，言文逐步趋向一致。此外，自春秋战国以来，术语的复音化趋势日趋稳固，如以“土”为属、以“田”为属、以“地”为属的术语，到后期日渐丰富，这种明确的种属关系是古代汉语术语系统性的一个外在表征。

五、古代汉语术语的言语元素

古代有一类词汇单位很有特色，那就是谚语。中国古代的农业生产十分依赖天时，很多生产规律的发现都源于日常生活中的直观经验总结，这也使得农谚成为古代农学汉语术语的成员，成为整个汉语术语言语元素的缩影。

古农谚的种类丰富，涉及农业、气象、蚕桑、林业、畜牧、人生道理等方面。同时形式也很多样，分为单段、双段、多段。在农书中，谚语多有言语标记。以《农政全书》为例，具有明显标记的是包含“谚”字的“谚云”“谚谓”“谚曰”“俗谚”，如“种植”（第 39 卷）：“谚曰：‘一人种竹十年盛，十人种竹一年盛。’”也有能通过如“农语云”“古语云”“传曰”“语曰”“俗云”等加以分辨的，如“农事”（第 11 卷）：“古语云：‘一年之计在于春，一日之计在于寅。’”

以蕴含科学知识为依据，我们摘录了《王祯农书》和《农政全书》中涉及的科学农谚。《王祯农书》中的农谚至少有 14 条，包括：葱三韭四；箕星好风；触露不掐葵；欲得谷，马耳镞；粪田胜如买田；木奴千，无凶年；锄头自有三寸泽；斧头自有一倍叶；耕而不劳，不如作暴；不剥不沐，十年成毂；虽有镃基，不如待时；去家千里，勿食萝摩、枸杞；栽竹无时，雨下便移，多留宿土，记取南枝。《农政全书》的农谚至少有 68 条，包括：瘠田欲稠；明正暗至；葱三韭四；走马贩蜡；务广地者荒；顷不比亩善；粪田胜如买田；收麦如救火；种田先

① 李约瑟在《中国科学技术史》的末卷谈到中国科学语言的特点，举的是《耒耜经》的内容，他感叹于汉语做科学表述时还能如此简要且形式上整洁（参见 Needham，1994）。

做岸；与他作豆田；无灰不种麦；种瓜黄台头；堤岸欲高厚；春寒多雨水；耕欲廉，劳欲再；谷锄八遍饿杀狗；秋霹雳，损晚谷；晴干冬至湿蒙年；闹热冬至冷淡年；风雨来，春水少；若要麦，见三白；水利通，民力松；水行百丈过墙头；木奴千，无凶年；麻耘地，豆耘花；湖猪肉，郑稀熟；社后种麦争回牛；冬无雪，麦不结；鲁桑百，丰锦帛；桑发黍，黍发桑；斧头自有一倍叶；萎蕤葵，日干酱；一夜起雷三日雨；东鬻晴，西鬻雨；以时及泽为上策也；不剥不沐，十年成毂；一季蚕可抵半年粮；善沟水者，水啮之；智如禹汤，不如常耕；耕而不劳，不如作暴；三日三石，四日四石；十月雷，人死用耙推；冬至前后，鸿水不走；干冬湿年，坐了种田；一日折过十月内三日；今夜东北，明年大熟；回车倒马，掷衣不下；移树无时，莫令树知；生泥好，棉花甘国老；旦起骑谷，日中骑水；日暖夜寒，东海也干；冬耕宜早，春耕宜迟；东州之官莫问西州之利；触露不掐葵，日中不剪韭；群雌间一雄，结实饱蓬蓬；白露前是雨，白露后是鬼；日落云里走，雨在半夜后；树生花即无子，生子即无花；春耕，随手劳，秋耕，待白背劳；一年之计在于春，一日之计在于寅；七月七，无洗车；八月八，无蓼花；锄花要趁黄梅信，锄头落地长三寸；一人种竹十年盛，十年种竹一年盛；一人种竹十年盛，十人种竹一年盛；清明晒得杨柳枯，又有糠来又有福；今夜日没乌云洞，明朝晒得背皮痛；栽竹无时，雨下便移，多留宿土，记取南枝。[①]直观上看，古代农书中所记录的谚语虽然有别于经典的词汇形式，形制从 4 个字到 16 个字不等，平仄一般不论，但力求押韵，往往朗朗上口。

在中国，农谚是农业生产不可或缺的一部分，是指导中国农业生产的重要参考。如今农村地区从事农业生产，农谚依然是重要的农事参考。考虑到农谚在中国农学体系中的特殊地位，而谚语等是汉语俗语的一种[②]，词和语又是一个连续统（刘静静和徐时仪，2017），所以农谚在汉语农业术语中的地位值得引起思考。农谚的描述性特征很明显，这种描述性不是对科学概念的展开描述，并非典型的雅言，而是抽象于对互相关联物象的形象化表达。农谚的存在反映了农业术语的参与者对科学知识承载形式多样化的需求，毕竟术语只有在使用中才具有生机和活力，因此，农谚的存在为术语研究打开了一扇窗，有助于理解术语的语用需求及其特点。

---

① 其中，部分农谚之间存在传承，如“葱三韭四”“斧头自有一倍叶”等。

② 周荐（2004）在《熟语分类论》一文（该文原载于《立命馆言语文化研究》2001 年第 12 卷第 4 期）中，把熟语分为“雅言”和“俗语”两大类。关于俗语，他说：“俗语显然是个涵盖面很大的概念，它应该不仅包括谚语、歇后语，还包括惯用语，因为它们都是多为下层百姓所造而且常为他们所用的熟语。”

第二章　近代[①]以来汉语术语的创制：基于双语词典的翻译定名

与古代术语研究缺少热度相反，不少学者近年来开始从关键词、概念史、学科史、学术史和思想史等角度对近代术语进行深入讨论。中国学者罗志田、桑兵、陈平原、夏晓虹、章清、孙江、黄兴涛、陈建华、方维规、冯天瑜、沈松侨、王汎森、黄克武、潘光哲、杨瑞松、郑文惠等，日本学者或在日中国学者实藤惠秀、沈国威、陈力卫、黄东兰、李运博、石川祯浩等，以及欧美学者瓦格纳（Rudolf G. Wagner）、马西尼（Federico Masini）等都做了大量相关研究。近代新词的研究是以阐明新词，特别是其中的抽象词汇、术语的形成、造词机制，以及新词在汉字文化圈域内的交流史为主要目的的，主要有外来语中的汉语术语研究、近代汉语的术语词汇研究这两个角度。

首先是外来语中的汉语术语研究。近代新词形成的历史，除了黄河清的《近现代汉语新词词源词典》（2001）、《近现代词源》（2010）、《近现代汉语辞源》（2020）三部曲以外，汉语词典对近代新词的来龙去脉鲜有涉及，以近代新词为研究对象的专著也是凤毛麟角。孙常叙（1956）把汉语中的日语词作为外来词的一个子范畴来讨论。王力专门讨论了西洋借词和译词，他提到了与汉译西书有关系的《海国图志》，讨论了鸦片战争以后的新词，总结了现代汉语新词产生尽量利用意译、尽量利用日本译名这两个特点（王力，2003）。北京师范学院中文系汉语教研组（1959）提出，研究现代汉语词汇的发展应该从洋务运动时期开始，中国翻译西方近代科学技术方面的书籍是利玛窦等在明朝时东来后开始的。日本翻译西方科学有很大部分是用汉词汉字去译欧美的词语，其间的相互影响不少，有时日本借用了汉语译名，有时中国也借用了日语的译名。

其次是近代汉语的术语词汇研究。进入20世纪90年代以后，自然科学史领域的王扬宗、韩琦、八耳俊文、顾有信、阿梅龙等，历史及思想史领域的周振

---

① 本书“近代”的分期，采用吕叔湘（1985）的观点：“现代汉语只是近代汉语内部的一个分期，不能与古代汉语和近代汉语鼎足三分。”

鹤、熊月之、邹振环、张西平、松浦章、陶德民、黄兴涛、章清、方维规、张仲民、冯天瑜等，语言及词汇史研究领域的内田庆市、沈国威、陈力卫、朱京伟、李汉堡等，都曾聚焦于西学东渐时期的有关词汇（尤其是术语创制问题）开展研究。仅以邹振环、马西尼及沈国威等为例介绍代表性观点。邹振环将欧洲基督宗教之西学在中国的传播所形成的汉文文献分为三个堆积层：一是在明末发现的唐代的《大秦景教流行中国碑》为代表的景教文献；二是明清间编译的汉文西书与西学经典；三是 19 世纪以来西学家所留下的大量汉文西学译著（邹振环，2012）。马西尼明确地提出了现代汉语词汇的形成和演化的问题，并认为“现代汉语词汇不仅仅是 20 世纪初那场文学运动[①]中语言实验的成果，而且事实上它的发展还得益于汉语的传统基础以及 19 世纪新词的作用……西方语言对汉语词汇的影响可能只是间接的，这种影响是通过创造意译词和仿译词而产生的，因为汉语吸收音译词很困难。日语对汉语的影响更大，虽然在组合词语时有着差异，但是，从某种程度上讲，日语和汉语具有相同的文字形式”（马西尼，1997）。沈国威认为词汇学意义上的近现代划分的过渡期应该是从 1807 年马礼逊（Robert Morrison）来华到 1919 年五四运动爆发，他选取马礼逊广州登陆、鸦片战争、墨海书馆没落、甲午战争等四个历史结点做了五期划分，据此将汉语 19 世纪的造词历史划分为中日流向词、日中流向词、中日互动词三类，并认为 20 世纪 80 年代以后的新词是在 19 世纪末 20 世纪初的基础上创制的，是二次性造词，前者只是后者的延续（沈国威，2008a）。他认为近代新词有如下特点：一是提供了包括各学科基本术语在内的数千个学术词语，使通过书面的或口头的形式来谈论近代以后的新知识成为可能；二是为汉语从文言文向口语文的过渡、实现语言由近代向现代的转化在词汇上做好了准备；三是大量新词的出现为汉语词汇的进一步发展准备了一批造词成分和造词模式；四是近代新词与今天新词的最大不同之处在于，它的完成是借助大量的来自日语的词语而实现的。他认为，近代新词的产生，绝大部分并不是本族语言自然发展的结果，而是以外来新概念的导入为动因的，因此可以称之为“外来影响词”（沈国威，2010）。可以说，沈国威对两期新词地位的评价，以及对近代新词概念与词汇的两重认知，把汉语术语研究引入关键时期和关键领域。

本章为了厘清近代以来汉语术语词汇的基本面貌和演变历程，也便于与古代汉语术语形成对照，仍选择以天文学、数学、农学和医学四科为例对近代汉语术语面貌加以描述。

---

① 指新文化运动。——引者注

第一节　近代汉语术语词汇：以四科为例

虽然中国古代科技发展源远流长，但明清时期西方国家发生科学革命，中国的闭关锁国政策使得中国开始在天文学、数学等领域迅速落后于西方。在明末清初，西方来华耶稣会士拉开了第一次西学东渐的帷幕，西方的古典科学知识开始在中国传播，并逐渐与中国传统科学相结合，成为清代科学发展的主流。在 1840 年鸦片战争之后，以洋务运动、变法图强为代表，遵循“中体西用”，为了富国强兵，第二次西学东渐的浪潮席卷而来，西方科学的最新进展再次在中国传播，来华新教传教士又在其中发挥了重要作用。需要说明的是，本章重在还原西学东渐早期阶段的新概念是如何转化为术语的，这对研究源自汉语自身的术语生成规律是至关重要的。本章所选取的文献以近代早期文献为主，不少是源自海外图书馆馆藏的古籍善本，是首次被作为术语研究的对象，天文学、数学、农学和医学四科各选取 2—3 本进行介绍。

一、近代天文术语：以《谈天》《天文揭要》为例

明末清初第一次西学东渐时传入的天文学知识，其基础是希腊的古典数理天文学，以及文艺复兴时期的第谷宇宙理论。清末民初第二次西学东渐传播的天文学知识则包含了 18、19 世纪天文学的最新进展。《谈天》与《天文揭要》就是第二次西学东渐的天文学代表著作，两者均译自国外通行的天文学文献，由新教传教士和中国士人合作完成，在晚清时期传播非常广泛，影响也非常大。《谈天》与《天文揭要》两本译著还有一个共同特点，那就是都很重视对术语译名的标示，而且在有限的版本中能找到带术语表的翻译版本。

《谈天》由英国传教士伟烈亚力（Alexander Wylie）口述为中文，李善兰笔录、删述，1859 年由墨海书局出版，其翻译底本为侯失勒（J. Herschel，今译赫歇耳）所著的天文教材《天文学纲要》（*Outlines of Astronomy*）第四版。《谈天》从 1859 年初版开始，正文中即有“命名”一章，用篇章的形式对各种术语进行解释。尤其是在 1874 年 7 月江南制造总局对该书增译本进行修正，经李善兰最终审核后，刊刻发行的《谈天》的重校活字本，开篇增加了英文序言，并在序言后列“中英文天文学名词对照表”（List of Technical Terms Used in the Work），共 8 页，每页左右两栏，每栏左侧为按英文字母排序的英文名，右侧对应《谈天》的汉语译名（樊静和冯立昇，2007）[①]。只是很可惜，该版本的这些内容并没有

① 因未见其原件，无法考证其确切条数。

被后来的版本所继承，目前已经很难见到。

《天文揭要》由美国北长老会传教士赫士[①]口译，周文源笔述，1891 年由山东登州文会馆出版。其翻译底本主要是 1866 年耶鲁大学著名数学家和天文学家艾利亚斯·路密司（Elias Loomis）编写的天文学工具性的教科书《天文学论集》（*A Treatise on Astronomy*）[②]，反映了 19 世纪西方天文学全景，很有代表性（李瑞鹏，2016）。1891 年出版的《天文揭要》可能是受到当时术语翻译时势的影响，所见哈佛大学馆藏光绪二十四年（1898 年）上海美华书馆第五次印刷、益智书会校订藏版（图 2.1），在中文序、例、年表、英文目录、英文序言之后，正文之前，连续编排有三张表格，分别为“人名”（Names of Persons Preferred to）、“星座”（The Constellation）和“明目”（List of Terms）。其中，人名 70 个，星座 82 个，“明目”（即术语）296 个（图 2.2）。

图 2.1 《天文揭要》书影

图 2.2 《天文揭要·明目》书影

---

① 赫士（Watson McMillen Hayes），美国基督教北长老会传教士，1882 年来华，创办山东第一家报纸《山东时报》，1895—1901 年任文会馆馆长，1901—1903 年任山东大学堂总教习，1904—1919 年任齐鲁大学神学院教授，1919 年创办华北神学院，1922 年迁往滕县。首创“化学”学科名词，编译出版《天文揭要》《声学揭要》《热学揭要》《光学揭要》等十几种教科书和著作，对中国现代教育做出了重要贡献。1942 年与其他英美人士一起被日军关押在潍县集中营，1944 年在集中营逝世。

② 赫士在《天文揭要》的序言中写道：“余来中华，助理文会馆事，因取泰西诸天文书，采其粹精，揭其体要，辑成一编，分上下两卷，共一十八章，按书中纲领旨趣，归类而列为三，假诸器以步诸曜之经纬，为天文用学，证诸曜之吸力与行向，为天文力学，论诸曜之形势体质，为天文体学，复列杂问，及星图与表，是编之作，虽非本自一人，然从路密司者，则过半焉。”《登郡文会馆要览》也记载，登州文会馆的天文学课程教材是路密司的《天文学论集》和杨格的《普通天文学》（*A General Astronomy*）。由于登州文会馆的教育工作和研究工作在中国教育转型与科学转型的历史进程中具有代表性，有不少学者认为它是“中国的第一所现代化大学”，所以研究登州文会馆的天文教育和天文教材，对研究中国天文学现代化史有着重要意义。

根据《谈天》“命名”一章，我们结合英文原著和有关研究整理了《谈天》术语 435 条，根据《天文揭要》中西“明目”整理了天文学术语 378 条，包括星座专名与术语。表 2.1 仅列出其中以 A 开头的术语，同时附上 1998 年由全国科学技术名词审定委员会公布的《天文学名词》对同一英文术语的收录情况，以便了解与现行术语的区别。

表 2.1　近代天文学术语举例

英文名	《谈天》（1874 年）	《天文揭要》（1898 年）	《天文学名词》（1998 年）
aberration	光行差	光行差	光行差
achromatic	无晕色	无色差	—
aerolite	—	陨石陨铁	—
after-glow	后光	—	—
agate	白玛瑙	—	—
algebra	—	代数学	—
altitude	高度	高度	地平纬度
altitude azimuth instrument	—	地平经仪	—
altitude instrument	高度仪	—	—
aluminium	—	钍	—
Andromeda	—	仙女	仙女座
angle of incidence (of light)	光射之倚度	—	—
angle of position	方位角	—	—
angle of reflection	回光之倚度	—	—
angle of situation	黄赤二经交角	—	—
angle of the ecliptic	—	黄赤角	—
angle of the incidence	—	射角	—
angle of the refraction	—	折角	—
angle of the vertical	—	垂线差	—
angular motion	行度速率	—	—
annual parallax	—	岁视差	周年视差
annular eclipse	金钱食	金钱食，金钱蚀	—
annular nebula ring	环形星气	—	—
anomalistic year	卑点年	—	近点年
anomaly (of a planet)	星距最卑度	—	—
Antarctic circle	南寒带圈	南寒圈	—
aphelion	最高点	远日点	远日点
apogee	最高点	远地点	远地点

续表

英文名	《谈天》（1874 年）	《天文揭要》（1898 年）	《天文学名词》（1998 年）
apparent course	视道	—	—
apparent diameter	视径	视径	—
apparent motion	视行	视行	—
apparent orbit	—	视道	—
apparent sidereal time	真恒星时	—	真恒星时
apparent solar time	真太阳时	—	真太阳时
apparent time	—	视时	—
appulse	—	月几食	—
apside	长径界	—	—
Apus	—	天燕	天燕座
Aquarius	—	宝瓶宿	宝瓶座
Aquila	—	天鹰	天鹰座
Ara	—	天坛	天坛座
arc	—	弧	—
Arctic circle	北寒带圈	北寒圈	—
area	—	面积	—
Argo	—	天舟	—
Ariel	亚利而	—	天卫一
Aries	—	雄羊宿	白羊座
arsenic	—	砒	—
artificial horizon	借地平	—	—
ascending node	正交点	升交点	升交点
asteroid	小星	小行星	小行星
astrometer	量星器	—	—
astronomer	历家、天学家	—	—
astronomical day	—	历家日	天文日
astronomical observation	测望	—	—
astronomy	天学	—	天文学
atmosphere	气	—	—
attraction	摄力	吸力	—
augmentation	较大率	—	—
Aurigu	—	御夫	—
aurora borealis	北晓、开天眼	—	北极光
Autumnal Equinox	秋分	秋分点	秋分、秋分点

续表

英文名	《谈天》（1874 年）	《天文揭要》（1898 年）	《天文学名词》（1998 年）
axis	轴	轴	—
azimuth	地平经度	地平经度	方位角
azimuth circle	地平环	—	—
azimuth instrument	地平经仪	地平经仪	—
azimuthal angle	地平经角	—	—

二、近代数学术语：以《代微积拾级》《代数学》《代数术》为例

西方的代数学是文艺复兴后发展起来的。16 和 17 世纪的法国数学家弗朗索瓦·韦达（François Viète）和勒内·笛卡儿（René Descartes）关于文字表示法的引进和发展，标志着符号代数学的真正诞生。明末清初西学第一次输入中国时，“代数”在当时音译为“阿尔热巴拉”并流传下来，清康熙钦定的《数理精蕴》讲借根方比例时对当时的代数学知识有所介绍，但总体引进的数学术语还很少，雍正禁教后的 120 多年，西学传入基本陷入停滞。直到 1840 年鸦片战争后，西学传播掀起高潮，欧洲数学第二次传入，代数连同解析几何、微积分等数学新学科被介绍进来（赵栓林，2005）。其中，由李善兰与伟烈亚力合译的《代微积拾级》（1859 年）、《代数学》（1859 年），由华蘅芳与傅兰雅（John Fryer）合译的《代数术》（1873 年），是当时汉译的代数学和微积分代表作。它们基本都被作为教会学校和部分官办学校的教科书，对术语的传播和普及起到了重要作用。

《代微积拾级》是第一部译成汉文的微积分著作和高等数学书，李善兰与伟烈亚力在初版书后附有“中西名目表”（即英汉数学词汇对照表，参见图 2.3），除沿用了一些传统术语以外，还创译了大量数学术语和符号记法（体现在该书较原著新增的凡例中）①。《代微积拾级》的翻译底本亦是美国路密司 1852 年所著的 *Elements of Analytical Geometry and of Differential and Integral Calculus*。该书

① 凡例共计八条，涉及：古算书所未有之符号。如正号、加号“⊥”和负号、减号“丅”；乘号“×”；除号“÷”和比号“∷”；字母连写的乘法意义；分数线“—”及分子、分母说明；括号“（）”的用法；根号“√”及高次方根的表示；指数（整数、分数、负数指数）的表示；等号“＝”、小于号“＜”、大于号“＞”；微分符号“彳”、积分符号“禾”；零号“〇”与无穷大号“∝”等。字母的使用。包括上下标的记法，同一字母加撇号以及大写字母的区分，等等。简式与详式，即代数式及其展开式。“灭数”的定义。即代数式的解数。三角函数的半径的规定。代数式中字母和特殊符号的使用，包括表示已知和未知的字母（汉字），以及圆周率与对数的符号、三角函数的符号表示等。函数、变数、常数等术语的含义。汉字表示的书写格式等问题的说明。

共 18 卷，分为三个部分，其中 1—9 卷为解析几何部分，10—16 卷为微分学部分，17—18 卷为积分学部分。

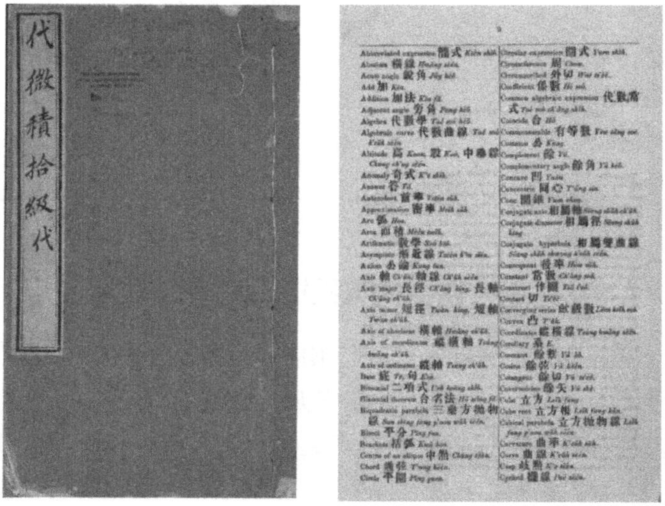

图 2.3 《代微积拾级》及其所收“中西名目表”书影

与《代微积拾级》同年（1859 年）问世，也是由李善兰与伟烈亚力合译的代数著作《代数学》，其翻译底本是 *Elements of Algebra*，作者是英国德·摩尔根（Augustus de Morgan）。原书 1835 年初版，1837 年该书再版（赵栓林，2017）。译本全书共 13 卷，主要论述初等代数，包括一次二次方程、指数函数、对数函数的幂级数展开式、二项式定理等，是中国第一部符号代数读本。

1873 年，19 世纪后期另外两位杰出搭档傅兰雅和华蘅芳合译的代数著作《代数术》问世。《代数术》的翻译底本是英国数学家华里司（William Wallace）的 *Algebra*，载于《不列颠百科全书》（*Encyclopedia Britannica*）第八版（罗见今，1985）。译本共 25 卷 281 款。内容包括：代数符号及其运算（卷首），整式、分式、根式、比例式的运算，一次、二次、三次方程和某些特殊高次方程的解法，不定方程的解法，无穷级数、对数、连分数、解析几何，二元函数的图像，三角函数关系和圆内接正十七边形作法。较之《代数学》，《代数术》内容更加系统，条理更清晰。

我们将三本书的目录进行了整理（含原文、近代译文，参见附录 E），可窥见近代早期数学术语的面貌。此外，我们系统整理得到《代微积拾级》术语 330 条，《代数学》术语 169 条，《代数术》术语 126 条。我们也选取以 A 开头的术语，同时附上 1993 年由全国科学技术名词审定委员会公布的《数学名词》对同一英文术语的收录情况，如表 2.2 所示。

表 2.2　近代数学术语举例

英文名	《代微积拾级》（1859 年）	《代数学》（1859 年）	《代数术》（1873 年）	《数学名词》（1993 年）
Abbreviated expression	简式	简式	简式	—
Abscissa	横线	—	—	横坐标
Acute angle	锐角	—	—	锐角
Add	加	—	—	—
Addition	加法	—	—	加法
Adjacent angle	旁角	—	—	—
Algebra	代数学	代数学	代数	代数学
Algebraic curve	代数曲线	—	—	代数曲线
Algebraic expression	—	代数式	代数式	代数式
Algebraic theorem	—	代数术	代数术	—
Algebraical function	—	常式函数	—	—
Altitude	高股中垂线	—	—	—
Anomaly	奇式	奇式	—	—
Answer	答	—	—	—
Antecedent	前率	—	—	前项
Approximation	密率	密率	略近数	逼近
Arc	弧	—	—	弧
Area	面积	—	—	面积
Arithmetic	数学	数学	—	算术
Asymptote	渐近线	—	—	渐近线
Axiom	公论	—	—	公理
Axis	轴，轴线	—	—	—
Axis major	长径，长轴	—	—	—
Axis minor	短径，短轴	—	—	—
Axis of abscissas	横轴	—	—	横[坐标]轴
Axis of coordinates	纵横轴	—	—	—
Axis of ordinates	纵轴	—	—	纵[坐标]轴

三、近代农业术语：以《农学入门》《农学报》为例

研究近代农学的开端，不能不谈罗振玉、农学会，以及《农学报》、“农学丛

书”。明治维新后，日本加速效仿西方，通过对欧美农学的引进与摄取、殖产兴业功能的技术引进和农业试验场的科学试种三部曲，基本完成由传统农业科技向近代农业科技的转变（李红和衣保中，2011）。而甲午战争前后，中国农业技术进展不大，与一衣带水的日本相比，传统农业性质明显，农具笨拙陈旧，施肥仍主要是农家粪肥，化肥鲜见。作物品种也很单一，无甚改良。种植观念和农业管理手段也进步不大，因时下种、靠天吃饭的情况比较普遍。面对国家农业落后状况，1896 年，罗振玉与徐树兰等在《时务报》和《知新报》上刊登《公启》与《章程》，征集同道之人。当年夏秋之交，以整顿农务为宗旨的务农会（上海农学会）在上海正式成立。务农会的活动集中体现在农学刊物的编发和外国农书的翻译出版工作。

1897 年，作为务农会的负责人，罗振玉创办《农学报》（第 15 期以前名为《农学》），雇用两位理事，聘请日本人藤田丰八作为日语翻译。《农学报》主要刊载各省农政信息、各地农事消息和务农会办事情况，以及源自欧洲各国、美国和日本等国农业报刊的翻译文章。1900 年前后，罗振玉组织将每期《农学报》刊载的西方农学译作汇编，以此为主体辑录农学译著 235 种。其中译自外国农书的有 152 篇，占总数的 64.6%（林更生，1989），石印出版七集“农学丛书”。该丛书内容庞杂、体例不一，学术界对其缺少整理研究，评述很少。[①]但该丛书绝非胡乱之作，一方面，它汇集了中国古代传统农学的不少著作和民间农业生产调查资料，反映了当时中国传统农学及其发展趋向；另一方面，它又通过译述欧洲各国、美国和日本的农业著作或相关资料，汇聚了大量西方实验农学的材料。如“农学丛书”突出农事以辨土性为第一的思想，提倡使用化学肥料，主张引良种和科学育种，提倡种牧草以兴牧业，种豆科植物及使用植物枝叶沤肥等，倡议研究虫学，发展农业中的商品生产等，具有很强的时代性，是中国传统农学与实验农学交汇的重要文献载体（杨直民，1984）。

《农学入门》全书分 3 卷，每卷各分 33 章。该书由日本农学博士稻垣乙丙[②]著，古城贞吉、山本正义翻译。中译本最早自 1897 年第 5 期的《农学报》开始分期刊载，除卷一的前 10 章未见全文以外，卷一的另外 23 章，卷二、卷三的各 33 章均在《农学报》有刊载（图 2.4）。卷一包括用水、肥料、饲料、农具、度量衡、种子、种子交换、播种、轮栽、作物害虫、益鸟与益虫、花及果实、暴

① 主持编辑丛书的罗振玉是经历复杂的历史人物，既在学术上留有贡献，又在丧权辱国的关头参与了伪满洲国。此经历足以牵连“农学丛书”的历史评判，以至如此重要的资料，与其他学科相比，其评述资料并不多。

② 1903 年上海会文学社还出版了稻垣乙丙著、范迪吉翻译的《植物营养论》，参见李楠楠（2012）。

风、洪水、雪及霜、寒暖、寒暖计、日光、收获、收支计算、日记、薄记，以“年中农事”收尾，主要是农事概述。卷二包括稻、选稻选种、水田、稻播种及移植、水田灌溉及除草、稻收获及调制、稻之害敌、麦、麦栽培、麦害敌、禾谷类、豆菽类、杂谷类、瓜菜、茄子栽培、促成栽培、勾草、勾草栽培、农业保险、工艺作物、桑、茶、大麻、棉、烟草、蓝，并以“作物概论”三篇（上、中、下）收尾。卷三包括果树、番植、移栽、培养、剪伐、果树患害、果实收蓄、森林树木、造林、林树育苗、森林割伐、植物与动物、马、马饲养法、马之繁殖、牛、牛之饲养、牛之繁殖、豚（即猪）、缅羊（即绵羊）及山羊、家兽之病患、鸡与吐绶鸡（即火鸡）、鸡之繁殖、家鸭及鹅、家蚕、养蚕（三章）、家蚕患害、蜜蜂、养鱼，以“农业”概述收尾。该书属于农学入门书籍，而且著译者都是日本人，因此该译本较少出现音译词，大都以汉语译出。应该说，《农学入门》比较全面地涵盖了农学的方方面面，每章虽然篇幅都不长，但是简明扼要，是从国外最新的农业生产出发进行的介绍，其中有不少内容与中国传统农学相接，也有不少近代实验农学的内容。

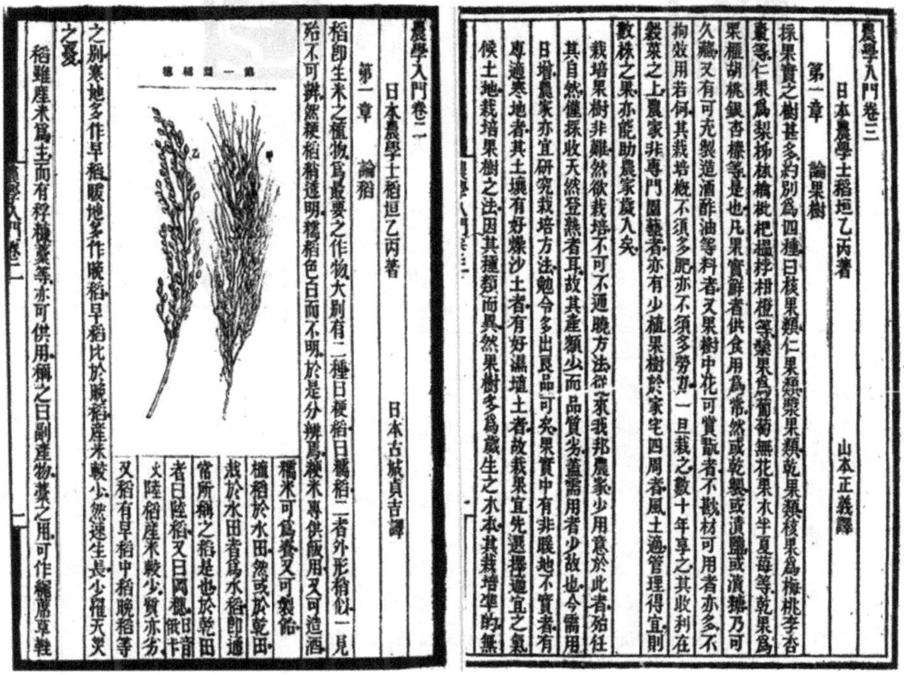
農學入門卷二
日本農學士稻垣乙丙著　日本古城貞吉譯
第一章　論稻
稻即生米之植物爲最要之作物大別有二種曰粳稻曰糯稻二者外形稍似一見殆不可辨然粳稻稍透明糯稻色白而不明於是分辨爲粳米專供飯用又可造酒糯米可爲餋又可製飴

植稻於水田然或於乾田栽於水田者爲水稻即通常所稱之稻是也於乾田者曰陸稻又曰岡稻陸稻產米較少質亦劣又稻有早稻中稻晚稻等之別寒地多作早稻暖地多作晚稻早稻比於晚稻產米較少然速生長少罹天災之憂
稻雖產米爲主而有稃糠稾等亦可供用稱之曰副產物稾之用可作稿席草鞋

農學入門卷三
日本農學士稻垣乙丙著　山本正義譯
第一章　論果樹
採果實之樹甚多約別爲四種曰核果類仁果類漿果類乾果類核果爲梅桃李杏棗等仁果爲梨柹林檎枇杷榅桲柑橙等漿果爲葡萄無花果木半夏莓等乾果爲果栗胡桃銀杏榛等是也凡果實鮮者供食用爲常然或乾製或漬鹽或漬糖乃可久藏又有可充製造酒酢油等料者又果樹中花可賞翫者不勘材可用者亦多不拘放用若何其栽培概不須多肥亦不須多勞力一旦栽之數十年享之其收利在穀菜之上農家非專門園藝者亦有少植果樹於家宅四周者風土適管理得宜則數株之果亦能助農家歲入矣
栽培果樹非難然欲栽培不可不通曉方法從來我邦農家少用意於此者殆任其自然僅採收天然登熟者耳故其產額少而品質劣蓋需用者少故也今需用日增農家亦宜研究栽培方法勉令多出良品可矣果實中有非暖地不實者有專適寒地者其土壤有好燥沙土者有好濕埴土者故栽果宜先選擇適宜之氣候土地栽培果樹之法因其種類而異然果樹多爲歲生之木本其栽培準的無

图 2.4　《农学报》载《农学入门》卷二、卷三书影

对照中国古代农学术语的选取范围，我们从《农学入门》中选取卷一第 11—15 章[①]、16—19 章[②]，卷二第 1—2 章[③]、3—7 章[④]、8—13 章[⑤]，卷三第 1—5 章[⑥]进行了术语抽取。其中，从卷一第 11—15 章论用水、肥料、饲料、农具、度量衡中勾选了术语若干条，如表 2.3 所示。

表 2.3 近代农学术语举例

《农学入门》章节	术语
论用水	水地、清水、浊水、灌溉（凡灌水于畠曰灌溉）、毒质、排水（涸其水而干燥其土壤曰排水）、禾水、泉水、井水、干燥之地、淹濡之地、宿水
论肥料	养分、有机肥料（凡得之于动植物者，如人便、兽粪、鸟粪、虫沙、骨粉、干鱼、榨粕、绿肥、堆肥、酒糟、米糠等类是）、无机肥料（其得于矿穴中，及烧燃动植物而变其形质者，谓之无机肥料，如石灰、石膏、草木灰及过磷酸石灰等类是）、腐熟、磷酸加里（又曰伯都打[⑦]）、要质、原质、肥料分析表
论饲料	饲料（食家畜之食物）、粗薄饲料（何为粗薄饲料，野草、蒿秆之类是也。虽体质甚大而含养分颇寡）、浓厚饲料（谷食、根菜之类是也。虽体质极小而含养分颇多）、草、奔驰之马、平常所役之马、乳牛、常牛、蛋白质（俗称富养分）、脂肪、含水炭素、植物质、动物之质、矿质、食盐
论农具	农具（农家所用之器具）、耕器（开掘土壤者）、耙器（碎土块为平面者）、锹［耕器而兼供除草者也：雄锹（大锹）、雌锹（夹曰小锹）、备中锹］、锄、犁、京锄、关东锄、除草器（专门万能、雁爪）、播种器、收获器（分专门收获器：镰、连枷、稻扱、箕、飏扇、筛、砻）、收获兼搬运肥料器（桶箱、畚车、橇船）
论度量衡	度（长、广）、量（容积）、衡（重）、丈（十尺）、尺、寸（尺之十分之一）、分（寸之十分之一）、厘（分之十分之一）、毫（厘之十分之一）、度［间（长六尺）、町（六十间）、里（三十六町）、坪（方六[⑧]间，即三十六平方尺，亦称一步）、亩（三十坪）、段（十亩）、町（十段）、合（十分坪之一）、勺（十分合之一）］、量［升（六万四千八百二十七立方）、斗（十升）、石（十斗）、合（十分升之一）］、衡［贯、目（千分贯之一）、分（十分目之一）、厘（十分分之一）、毫（十分厘之一）、斤（百六十目）、驮（概言之：一马能曳之重量，约三十六贯目）、荷（概言之：一人能荷之重量）］、度量衡（米突儿法[⑨]）、米突儿（三尺三寸，用米为记）、粉米突儿[⑩]（十分米突

① 刊载于《农学报》1897 年第 5 期第 32—37 页。包括论用水、肥料、饲料、农具、度量衡。

② 刊载于《农学报》1897 年第 6 期第 28—31 页。包括论种子、种子交换、播种、轮栽。

③ 刊载于《农学报》1897 年第 18 期第 46—47 页。包括论稻、选稻选种。

④ 刊载于《农学报》1897 年第 19 期第 26—31 页。包括论水田、稻播种及移植、水田灌溉及除草、稻收获及调制、稻之害敌。

⑤ 刊载于《农学报》1897 年第 20 期第 28—33 页。包括论麦、麦栽培、麦害敌、禾谷类、豆菽类、杂谷类。

⑥ 刊载于《农学报》1897 年第 49 期第 30—35 页。包括论果树及番植、移栽、培养、剪伐。

⑦ 即磷酸二氢钾，potassium dihydrogen phosphate，リン酸二水素カリウム。

⑧ 即 6 的平方。

⑨ 应该是指度量衡的英文 metrology，日语称“計量学”。

⑩ 原文为米突儿，综合上下文考察，应漏掉了“粉”字。

续表

《农学入门》章节	术语
论度量衡	儿之一，用粉为记）、仙智米突儿（十分粉米突儿之一，用糎为记）、美利米突儿（十分仙智米突儿之一，用粍为记）、哈米突儿（十倍米突儿，用籵字为记）、黑克米突儿（十倍哈米突儿，用粨字为记）、贵罗米突儿（十倍黑克米突儿，用粁字为记）、地积［亚亚儿（百平方米突儿，用安字为记）、黑克大亚儿（百倍亚亚儿，用陌字为记，当日本壹町二十五坪）］、量［立突儿（一立方的是米突，用立字记，当日本五合五勺四才余）、的是立突儿（十分立突儿之一，用竕字为记）、仙智立突儿（十分的是立突儿之一，用竰字为记）、的哈立突儿（仙智立突儿之十倍，用竍为记）、黑克得立突儿（的哈立突儿之十倍，用竡为记）］、衡（以摄氏寒温器所验之蒸馏水）［瓦拉姆（一立方仙珠米突儿，用瓦为记，当日本一目之十五分之四）、得是瓦拉姆（十分瓦拉姆之一，用瓰为记）、仙智瓦拉姆（十分得是瓦拉姆之一，用甅为记）、美利瓦拉姆（十分仙智瓦拉姆之一，用瓱为记）、的哈瓦拉姆（十倍瓦拉姆，用瓧为记）、黑克得瓦拉姆（十倍的哈瓦拉姆，用瓸字为记）、基罗瓦拉姆（十倍黑克得瓦拉姆，用瓩字为记）］、和觔（百六十目）、英觔（曰磅，百二十目）

四、近代西医术语：以《眼科证治》《屈光学》为例

近代医学是以西医的面貌进入中土的，中医与西医的两套体系自此长期并存。由于中西医的概念体系相去甚远，所以在研究受近代影响的医学术语时，我们选取了从西方传入的西医学术语作为研究对象。同时，为了更好地展示中西医的不同话语系统，我们这里选择以眼科为代表的近代医学专著作为研究对象。

《眼科证治》为美国基督教北长老会传教医师聂会东（James Boyd Neal）口译、尚宝臣笔述，由上海美华书馆出版。我们所见藏本为光绪二十一年版（1895年版，应为初版）①。根据该译本的英文序言，该书翻译底本是美国 Norris 和 Oliver 合著的 *Text-book of Ophthalmology*。学界对聂会东医师的讨论集中于皮肤病领域，由于他的译著不多，近代科技史学者对他的研究很少②，所以有必要简要介绍其人其事。根据山东大学齐鲁医学院的有关资料，聂会东于 1881 年到达登州，1890 年调往济南，1922 年因病返回美国治疗。在中国期间，他的主要贡献包括建医院，办医学堂，以及编译西方医学著作、统一医学术语。1890 年，聂会东夫妇来到省城济南，负责教会在济南的医疗事务，此后建华美医院及医校。进入 20 世纪后，华美医院、医校各自经历了不同的发展历程，聂会东曾任

① 山东大学齐鲁医学院现藏有该书，1910 年第四版。

② 对聂会东的主要讨论集中在皮肤病学领域，因为其与尚宝臣合作翻译了《皮肤证治》，同样由上海美华书馆出版（1918 年第五版，1924 年第 7 版），译自美国 *Schamberg's Disases of the Skin*（《皮肤病学》），是当时博医会和中华医学会通用教材。

齐鲁医学院校长兼齐鲁大学校长。1890 年，在第一届博医会上，聂会东主张在中国发展医学教育应以中文为教学语言。他在行医传教的过程中发现西医是与中医截然不同的医学体系，因此意识到对医学术语的翻译显得格外重要。翻译者既需要有较高的医学专业知识，又需要熟悉中西文化的差异，特别是由于此项工作比较烦琐且不受医学界重视，更要求翻译者具有足够的耐心和勇气。聂会东正是敏感地觉察到此项工作的重要性，因此成为热心于此项工作、为数不多的几位学者之一。1903 年，聂会东联合济南中外医界人士，成立了科技团体“山东博医会”。1905 年，博医会筹划成立出版委员会，聂会东任主席。他组织编译出版了多部西方医学著作，如《眼科证治》《皮肤证治》《化学辨质》，为促进医学术语的统一，结束医学术语一词多义和一义多词的混乱局面，规范和促进医学教育，乃至以后医学词典的编辑和西医的传播都做出了重要贡献。由于聂会东是传教医师，仅从他存世的为数不多的史料，无法判断他从事的是医学的具体哪个专业。学界有介绍他是中国近代著名的皮肤病专家（可能源于《皮肤证治》），但他也翻译了《眼科证治》（1906 年），乃至《化学辨质》。由此，我们只能认为聂会东是一位知识渊博的全科医生，同时又具有很好的中文功底。

《眼科证治》全书共分 3 卷 21 章 111 篇。其中，卷一共 11 章，卷二共 5 章。第 1—16 章主要按眼部发生眼科病症的不同部位，如睛衣、明衣、眼簾睛褶、黑衣、眼脑衣、眼脑筋、大房水、眼球肌肉、眼胞、泪囊及泪总管、眼窝等对病症进行分类（以“受症”命名），同时兼顾眼症原因（如眼球受伤、眼珠变质、青光眼、眼串累等）和治疗手段（如割眼症）对疾病加以分类。每章下分若干篇，描述具体疾病种类，包括各类炎症（如睫炎、眼脑筋炎、黑衣炎、明衣炎、明衣疮、明衣瘤、眼脑衣毒瘤等）、各类中医著作中常见的病症描述（如胬肉攀睛、邪眼、辘眼、倒睫、明衣翳等）。卷三共 5 章，主要介绍了查眼之反光镜、视近视远之理、近视远视眼、试验眼镜之法（今之验光配镜）、查眼之法等。书中有 4 页治眼器具示意图和 29 幅眼睛的图形及治眼图形。结合前文考察中国古代中医眼科著作的内容，可见《眼科证治》译者聂会东力图沿用中国中医专著的体例和术语。书后附有测视力表等。可贵的是，由于聂会东对术语统一的认识，该书除了在英文序言中大书特书该书尽量使用博医会推荐术语以外，与同时期的《代微积拾级》一样，它单辟了两份中西文术语对照表，一份是眼科用药目录（List of Remedies），另一份是眼科的解剖与病理术语（List of Anatomical and Pathological Terms）（图 2.5）。

图 2.5　《眼科证治》及其所载术语表书影

《屈光学》由美国传教士盈亨利（J. H. Ingram）翻译、通州陈桂清笔述、管国全校订，于 1914 年由博医会印发。该译本底本为美国费城综合医院和医学研究生院（Philadelphia Polyclinic and College for Graduates in Medicine）眼科教授、医学博士梭林吞[①]（James Thorington）的 *Refraction and How to Refract* 第五版。据考察，盈亨利 1887 年来华，1934 年在北京被歹徒抢劫杀害[②]。他生前在北京协和医学院任教，还曾在北京华文学校开设“汉字研究”课程。除了翻译《屈光学》以外，他还翻译了《贺氏疗学》《美医家道德主义条例》等。民国初年，他发现以往所定医学名词中存在的问题，特别是一些借用日文的名词需要订正，还发出公开信寻求熟知汉语与外国名词的中国人，以便合作继续修订博医会的《医学辞汇》（Ingram，1914），持续推进术语统一。《屈光学》共 12 章，分论光目及镜之大义、要理，包括光理、目之功用、验目具、散视即弯不中视、辨散视法、视影验法、目直肌、瘫药类、睛肌瘫患、视力虚弱、查目记录法、镜配之例、配镜成规、眇目、无珠目、屈光参差、肢镜卡镜、量面配镜等。该书“例言”提到：“一是书名词，从前多未译就、随译随定、词句纵有稍差，万不敢支离迁就，致原意不明；一是书为一实用学，与理学不同。”令人印象深刻的是，全书

① 1955 年，国内曾出版过梭林吞的另一本眼科专著《眼科屈光学及其测定法》（毕华德译，人民卫生出版社出版）。

② 1934 年 6 月 15 日凌晨，盈亨利在北平西郊的山中别墅被劫匪枪击致死，该事件就是 1934 年轰动一时的美国传教士被杀案。

编排整齐，中英目次对照，每段正文均以中英术语领衔，一目了然，形同一本词汇解释，十分考究（图 2.6）。

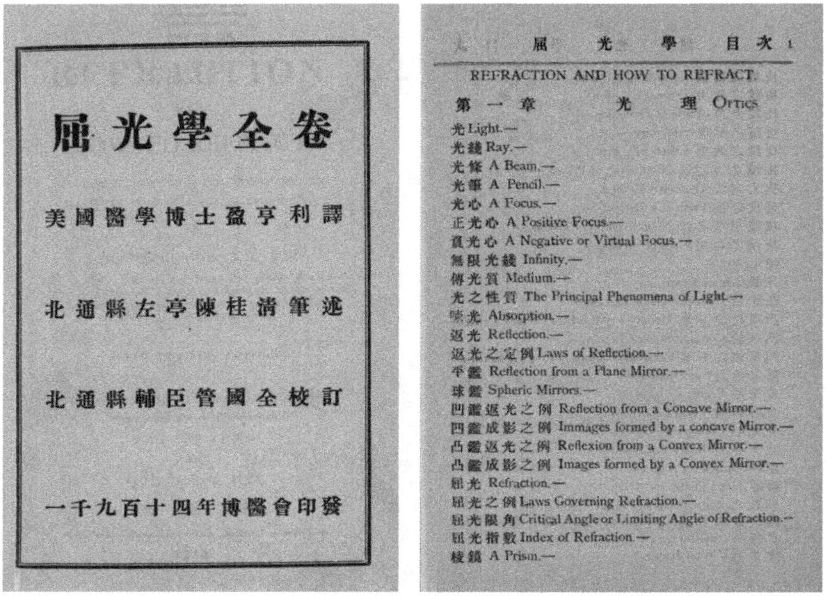
屈光學全卷

美國醫學博士盈亨利譯

北通縣左亭陳桂清筆述

北通縣輔臣管國全校訂

一千九百十四年博醫會印發

屈 光 學 目 次 1

REFRACTION AND HOW TO REFRACT.

第一章 光理 Optics

光 Light.—
光綫 Ray.—
光條 A Beam.—
光筆 A Pencil.—
光心 A Focus.—
正光心 A Positive Focus.—
負光心 A Negative or Virtual Focus.—
無限光綫 Infinity.—
傳光質 Medium.—
光之性質 The Principal Phenomena of Light.—
嗦光 Absorption.—
返光 Reflection.—
返光之定例 Laws of Reflection.—
平鑑 Reflection from a Plane Mirror.—
球鑑 Spheric Mirrors.—
凹鑑返光之例 Reflection from a Concave Mirror.—
凹鑑成影之例 Immages formed by a concave Mirror.—
凸鑑返光之例 Reflexion from a Convex Mirror.—
凸鑑成影之例 Images formed by a Convex Mirror.—
屈光 Refraction.—
屈光之例 Laws Governing Refraction.—
屈光限角 Critical Angle or Limiting Angle of Refraction.—
屈光指數 Index of Refraction.—
棱鏡 A Prism.—

图 2.6 《屈光学》及其中西对照目录页书影

我们整理了《眼科证治》外国目录所收录的术语译名 117 条，从《屈光学》中英文目录对照中整理了术语译名 394 条①。这里仅将其中与现行英文术语（1996 年全国科学技术名词审定委员会公布的《眼科名词》）形成对照的部分术语列出，如表 2.4 所示。

表 2.4 近代眼科术语举例

英文	《眼科证治》（1895 年）	《屈光学》（1914 年）	《眼科名词》（1996 年）
accommodation	视近视远之理	调视功	调节
accommodative asthenopia	—	睛肌之视力虚弱	调节性视疲劳
amblyopia	—	目矇	弱视
ametropia	—	不中视目、视物不中	屈光不正
amplitude of accommodation	—	调视限	调节幅度
anisometropia	—	曲光参差、屈光参差	屈光参差

① 因《屈光学》以验光配镜为主，所以其中大量术语实际与光学相关。

续表

英文	《眼科证治》（1895 年）	《屈光学》（1914 年）	《眼科名词》（1996 年）
aphakia	—	无珠目	无晶状体
arcus senilis	老眼环	—	老年环
asthenopia	—	视力虚弱	视疲劳
astigmatic chart	—	散视片试法	散光表
astigmatism	眼光散射	弯不中视	散光[眼]
axial ametropia	—	轴不中视	轴性屈光不正
blepharitis	眼胞廉炎	—	睑缘炎
blepharospasm	眼环肌缩紧	—	[眼]睑痉挛
cataract	睛珠变质	—	白内障
chalazion	眼胞核大	—	睑板腺囊肿、胞生痰核
choroiditis	黑衣炎	—	脉络膜炎
compound hyperopic astigmatism	—	杂远散视	复性远视散光
compound myopic astigmatism	—	杂近散视	复性近视散光
conjunctivitis	睛衣炎	—	结膜炎
convergence	—	集合功	集合
curvature ametropia	—	弯不中视	曲率性屈光不正
cycloplegia	—	睛肌瘫患	睫状肌麻痹
emmetropia	—	中视目	正视眼
enucleation of eyeball	挖眼球	—	眼球摘除术
exophoria	—	外隐斜	外隐斜
far point	—	远点	远点
fogging method	—	霾法	雾视法
glaucoma	青光眼睛睁眼	—	青光眼
hordeolum	睫疮	—	睑腺炎、针眼
hypermetropia	远视眼	—	远视[眼]
hyperopia	—	远视目	远视
hypertropia	—	上变视目	上斜视
iridectomy	剪割眼帘	—	虹膜切除术
iritis	眼帘炎	—	虹膜炎
irregular astigmatism	—	无定散视	不规则散光
keratitis	明衣炎	—	角膜炎
minimum visual angle	—	视限角	最小视角
mixed astigmatism	—	远近散视	混合散光
muscular asthenopia	—	直肌之视力虚弱	肌性视疲劳

续表

英文	《眼科证治》（1895 年）	《屈光学》（1914 年）	《眼科名词》（1996 年）
myopia	近视眼	近视目	近视[眼]
near point	—	近点	近点
nystagmus	辘眼	—	眼球震颤、辘轳转关
ophthalmoscope	查眼之返光镜	—	检眼镜
papillitis	眼脑筋头炎	—	视[神经]盘炎
presbyopia	—	昒目	老视
pterygium	胬肉扳睛	—	翼状胬肉、胬肉攀睛
ptosis	眼上胞坠	—	上睑下垂
refraction	—	屈光	屈光
retinitis	眼脑衣炎	—	视网膜炎
retinoscopy	—	视影验法	检影[法]
simple hyperopic astigmatism	—	远散视	单纯远视散光
simple myopia	—	近视目	单纯性近视
simple myopic astigmatism	—	近散视	单纯近视散光
static refraction	—	用瘫药配法	静态屈光
strabismus	—	斜目	斜视
trichiasis	倒睫	—	倒睫

注：表格中的中括号内为可省略的字，全书此类余同。

第二节　近代汉语术语创制的特色：规定、共时与概念

一、从宛若天书的数学汉字符号看西方术语的规定性

李善兰与伟烈亚力合译的代数著作《代数学》沿用了《代微积拾级》的大量术语译名。翻开《代数学》和《代微积拾级》，其特色的数学符号宛如天书一般，记录了那个时期中西士人为中西数学会通所做出的艰苦努力，并为后来人翻译数学术语和符号表达式提供了模式参考（图 2.7）。

以“一、二、三、四、五”代替阿拉伯数字“1、2、3、4、5”；以天干地支及天地人物代替英文字母；以二十八星宿（角、亢、氐等）对应希腊字母，这些汉字加“口”字旁（喅、吭、呧等）表示大写字母；为避免与汉字“十”和“一”混淆，取蒙文上、下二字，即用“⊥”“⊤”分别表示正号和加号、负号和减号；用“纳”字代替自然数对数底（《代数术》以“戊”字代替）；用汉字或其

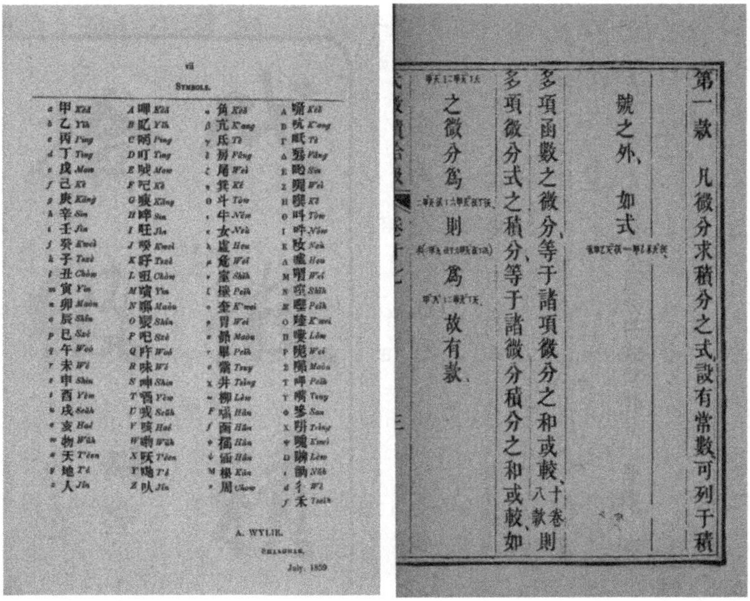
vii
SYMBOLS.
A. WYLIE.
SHANGHAI,
July, 1859.

第一款　凡微分求積分之式設有常數可列于積號之外、如式
多項函數之微分等于諸項微分之和或較、八十卷款則
多項微分式之積分等于諸微分積分之和或較、如
之微分爲　則　爲　故有款、

图 2.7　《代微积拾级》符号表及其《积》卷书影

偏旁部首表示函数和微积分符号，如用偏旁“禾”表示积分号∫，用偏旁“彳”表示微分号 d 等。总体说来，《代数学》没有完全采用世界通用的数学符号，大多数选择用中国汉字来代替，沿用中算符号或新造符号。以“喩”“吭”“呧”为例，其显然受到了宋代天元术的影响：“为甲乙丙诸干，子丑寅诸支，及天地人物，又或用角亢氐房诸宿统命为元，元字有重者，用口旁别之。如喩吭呧诸字是也。”（燕学敏，2006）这也可以视作近代传教士会通中算与西算的一种努力。

二、《几何原本》“界说”与《九章算术》“术”语

本章所举代数学、微积分等学问，其实不是最早引入中国的数学学问。最早引入中土的，是历经明末清初、清末民初两次西学东渐才完成的 15 卷本《几何原本》译本。前 6 卷由耶稣会士利玛窦口译、中国士人徐光启笔述，后 9 卷由新教传教士伟烈亚力口译、李善兰笔述。该书所涉及的内容[①]与《九章算术》相关性强，而且两者文本中有一对形似的概念：“界说”（英文原文为 definition）和“术”语。我们做一简单比较。

根据清同治四年（1865 年）曾国藩署检、金陵刊本的《几何原本》，全卷共

① 《几何原本》内容包括几何基础、几何与代数、圆与角、圆与正多边形、比例、相似、初等几何数论、立体几何、立体的测量等。

有“界说”154 则[①]。在第一章第二节我们谈到，岳麓秦简《数》中明确为“述”者约48例，而据统计，刘徽注《九章算术》中的“术”约200例。以长方形（矩形）为例：

> 《九章算术》：“方田。今有田广十五步，从十六步。问为田几何。……术曰：广从步数相乘得积步。”
>
> 《几何原本》：“界说三十六则。……第三十界。直角形。其角俱是直角，其边两两相等。”（*A Text-book of Euclid's Elements*: Definition. A rectangle is a parallelogram which has one of its angles a right angle.）

《几何原本》的“界说”是 definition 的译词，表示对术语做定义或解释。《九章算术》的“术”是对算题计算方法的阐释。因此，“界说”与“术”语，两者既有相同点，又有不同点。联系在于都是解释性质的，区别在于前者侧重对直角形（rectangle）及其基本特征的解释，而后者在于对“方田”[②]面积计算方法（原理）的解释。

“术语”一词的由来是一个很值得研究的话题。学界有一种说法，认为“术语”一词来自日文“術語”，是一个“借词”。字面意义是指代学术研究使用的语言，王国维称为“学语”（冯天瑜，2004）。前文（第一章第二节）探讨过，“术”的“道”义可能与“述”的“循”义产生关联，从汉字源流上看，结合古代算学术语的算题用辞特点，以及《几何原本》的“界说”与《九章算术》的“术”语千丝万缕的关系，“術（术）”极有可能是由“述”而来，进而被日本翻译家从古籍中找到，用作翻译 term 义。term 的词源是“界限”义[③]，与两代传教

---

① 分别是卷 1“界说”36 则，卷 2“界说”2 则，卷 3“界说”10 则，卷 4“界说”7 则，卷 5“界说”19 则，卷 6“界说”6 则，卷 7“界说”22 则，卷 10“界说”23 则（其中上卷 11 则，中卷 6 则，下卷 6 则），卷 11“界说”29 则，卷 12—卷 15 无“界说”。

② 刘徽注：以御田畴界域。字面义是方形田地，数学研究中将其视作表长方形的术语。

③ term 和 terminology 共同的词源是 11 世纪的法语词 terme，表示“限定的地点、日期、特定时间或持续时间”的意义，源于拉丁语 terminus“终点、边界线”的意义。中世纪拉丁语 terminus 表示的是“表达法、定义”的意义，与古英语 termen 一词的“边界、终点”意义相关。termen 一词源于拉丁语，其“持续时间”的意义最早在 1300 年左右被记录下来，在 16 世纪中叶多用来表示学校的学期和法庭的会期等。在古罗马，Terminus 是掌管边界的神。而“特定领域表达精确含义的单词或短语”的意义最早在 14 世纪被记录下来，是从中世纪拉丁语“边界”的意义被借用到数学和逻辑领域的。由此可见，表达近代术语意义的 term 一词，最早是从表达“边界、界定、限定”的意义引申而来的，首先运用在逻辑学和数学领域。冯志伟提到：“这个含义（指界限——引者注）由具体到抽象的发展，便得到了‘术语’的当今含义，因为在科学技术中需要给一个观点或一个概念确定界限时，就得使用‘术语’。因此，术语一词可以看作是对于概念所作的限定。”（冯志伟，2011），而术语学（terminology）从词源上来说，应该是一门与研究界限和边界紧密相关的学问。

士为 definition 准备的译词“界说”意义十分贴近。综合起来看，术语在近代以来被作为 term 的主要译词，可能有着深刻的历史渊源，中西方在 term 语义上存在理论与实践的偶合。①

三、从近代天文术语的稳定性看近代科学概念的定型

为了便于更加直观地呈现近代术语的沿革，这里参考 1998 年由全国科学技术名词审定委员会审定的《天文学名词》，对《谈天》和《天文揭要》中均有译名的术语按英文进行对照，如表 2.5 所示。

表 2.5 近代天文学术语举例

英文名	《谈天》（1859 年）	《天文揭要》（1898 年）	《天文学名词》（1998 年）
aberration	光行差	光行差	光行差
autumnal equinox	秋分	秋分点	秋分点
comet	彗星	彗星	彗星
conjunction	合	相合	合
constellation	星座	星座	星座
declination	赤纬度	纬度	赤纬
equation of time	时差	时差	时差
equator	赤道	赤道	赤道
equinoctial colure	二分经圈	二分经圈	二分圈
frigid zone	寒带	寒带	寒带
full moon	望	望月	望
horizontal parallax	地平视差	地平视差	地平视差
hour angle	时度	时角	时角
hydrogen	轻气	轻气	氢
inferior conjunction	下合	下相合	下合
Jupiter	木星	木星	木星
libration	天平动	天平动	天平动
Mars	火星	火星	火星
Mercury	水星	水星	水星
meridian	午线	子午线	子午圈

① 应当指出的是，如果“术语（術語）”一词确为日本流入中国，时间也应是在清末，因为在清代文学中就已经有“术语”的早期用例，分为两类：一是“方士之术”的用语（与道教研制长生不老的丹药有关，如清代小说《八仙得道传》中有“这原是修道人一句术语，不料造成民间一种很大的误会”）；二是词曲领域（文艺范畴）的用语（如清代沈曾植《菌阁琐谈》中有“芝庵盖金、宋间人，故所用术语，犹与词家承接。而词曲递嬗之节，亦可于此寻之”）。

续表

英文名	《谈天》（1859 年）	《天文揭要》（1898 年）	《天文学名词》（1998 年）
moon	太阴月	太阴月	月球
nadir	天底点	天底	天底
Neptune	海王	海王	海王星
node	交点	交点	交点
nutation	章动	章动差	章动
opposition	冲	相冲	冲
parallax	视差	视差	视差
photosphere	光球	日光球	光球
planet	行星	行星	行星
prime vertical	卯酉圈	卯酉圈	卯酉圈
retrograde motion	逆行	逆行	逆行
right ascension	赤经度	赤经度	赤经
Saturn	土星	土星	土星
shooting star	流星、奔星	流星	流星
sidereal clock	恒星钟表	恒星表	恒星钟
sidereal day	恒星日	恒星日	恒星日
sidereal year	恒星年	恒星年	恒星年
solar day	太阳日	太阳日	太阳日
summer solstice	夏至	夏至	夏至点
superior conjunction	上合	上相合	上合
synodic month	朔望月	月道	朔望月
transit circle	子午环	子午环	子午环
Uranus	天王	天王	天王星
Venus	金星	金星	金星
vernal equinox	春分	春分	春分点
zodiac	黄道带	黄道带	黄道带
zodiacal light	黄道光	黄道光	黄道光
lower culmination	下中天	过子线	下中天
upper culmination	上中天	过午线	上中天
mean solar time	平太阳时	太阳平时	平太阳时
quadrant	象限	象限弧	象限仪
altitude	高度	高度	地平纬度
aphelion	最高点	远日点	远日点
apogee	最高点	远地点	远地点
ascending node	正交点	升交点	升交点

续表

英文名	《谈天》（1859年）	《天文揭要》（1898年）	《天文学名词》（1998年）
asteroid	小星	小行星	小行星
azimuth	地平经度	地平经度	方位角
direct motion	正行	顺行	顺行
elongation	离日度	长度	距角
galaxy	天河	天河	星系
mean solar day	太阳平日	太阳平日	平太阳日
meridian circle	子午圈	子午圈	子午环
multiple star	多合星	合星	聚星
mural circle	墙环	墙环	墙仪
new moon	合朔	合朔	朔
penumbra	外虚	外虚	半影
perigee	最卑点	近地点	近地点
perihelion	最卑点	近日点	近日点
polar distance	距极度	距极度	极距
satellite	月	月	卫星
sextant	纪限仪	纪限仪	纪限仪
transit instrument	子午仪	子午仪	中星仪
twilight	朦胧	朦胧影	晨昏蒙影
vertical circle	垂圈	竖圜	地平经圈
planetary nebula	行星气	行星气	行星状星云

在上述75组术语中，《谈天》术语、《天文揭要》术语与现行术语（1998年全国科学技术名词审定委员会公布的《天文学名词》）对比，命名一致的各有36组，一致率为48%；《谈天》与《天文揭要》术语命名一致的有45个，一致率为60%。换而言之，早在160多年前的19世纪中叶，近半数的近代汉语天文学术语就已经基本成形。

四、从近代农学汉语术语的编排看新概念的文本植入

通观《农学报》，曾出现过两种面向中西术语的编排方式，非常具有代表性。其一是“中西文合璧表”，即以表格的方式把译文中的术语单独列出来；其二是采用“文中合璧”的方式，将中西文在文中并行列出。

在《农学报》最早的第1、2、4、5、7期（均为1897年出版），单设立了一个栏目，名为《中西文合璧表》。根据分析，该表主要收录的是当时中国传统农学中没有汉语译词或者难以用汉语翻译的译词，包括人名、地名、物种名以及其

他术语等等（图 2.8）。

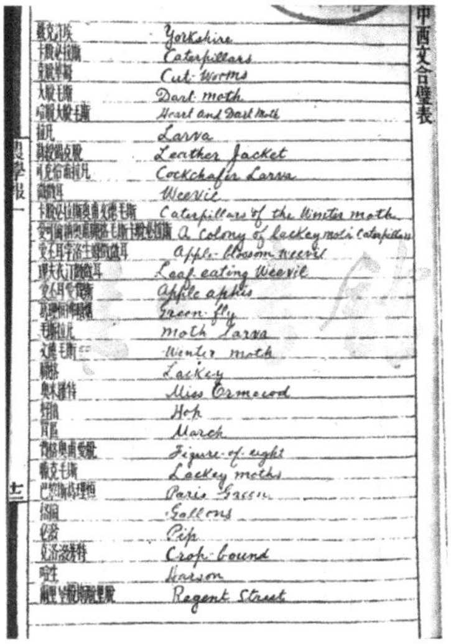

图 2.8　《农学报》第 1 期（1897 年）所载《中西文合璧表》

后来，《农学报》的部分篇目在翻译过程中出现了中英文字在文中合璧出现，如同样由稻垣乙丙撰、古城贞吉翻译的《农具图说》。该书在介绍日本使用但中土尚无的特色农具时，用了中英夹杂的文本呈现方式（图 2.9）。

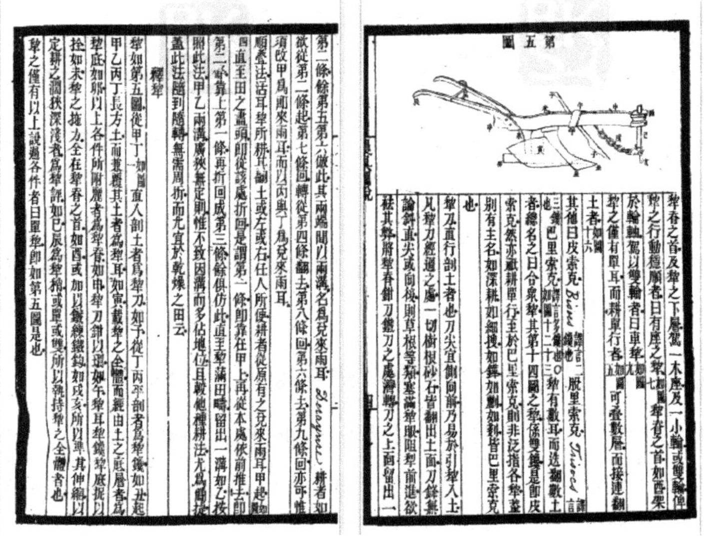

图 2.9　《农学报》第 8 期（1897 年）书影[①]

① 所见《农学报》来自高晓松在北京开办的“杂书馆”，有关书影是委托书馆的工作人员协助拍摄并制作的，留有该馆的水印。

以上两种呈现形式生动地反映了外来概念在进入汉语文本时，人们对其的认可程度和早期接纳方式。《农学报》通过《中西文合璧表》的形式呈现外来概念，将英文原文和译文对照并单列成表，译名基本采用音译。其间也通过将英文和中文译名随译文正文并列排版的方式，展现了近代术语的引入首先是基于概念的对照。在进入汉语文本时，新概念的外形被原样摘录，以音译保存，尽可能提示其原始状态。这些原概念"外壳"的原样留存，提示着新概念的身份。基于概念而不是基于词汇本身，正是近代术语进入汉语的深层次逻辑。

第三节　近代汉语应对印欧术语洪流的历程

导言已提到，汉语如何能在印欧语洪流中始终保存自身面貌是一个历史谜题。普通术语学认为，一个术语从最初的创制到最终获得科学共同体的认可，大致都会经历"原始术语""准术语""术语"等若干阶段，其过程一般复杂而漫长。在这一点上，印欧语如此，汉语亦如此。然而如前文所述，在 300 多年的时间里，近代汉语术语经历了从无到有、从少到多的过程，甚至在某些特殊的时段（主要是鸦片战争以后）出现井喷式增长，其原因何在？

回顾近代汉语术语的创制史，我们可以发现：近代汉语术语发端于明末清初，激荡于清末民初，经过两次西学东渐的洗礼，19 世纪与 20 世纪之交的汉语术语已蔚为大观，逐渐在民国时期生根，在新中国大发展、大繁荣。

就自明末清初到清末民初的 200 多年时间里，有三类史实需要关注：汉语术语的创制主要源自"西来"（明末清初的耶稣会士和清末民初的新教传教士，与中土士大夫合作）和"东来"（源起于"汉字文化圈"日本兰学）两种途径；西学著作译介是印欧语术语进入汉语体系并最终形成汉语术语体系的重要途径；除了外来饱学之士以外，中国士人在汉语术语的早期创制中也发挥了十分重要的作用。其中包括"笔录"传教士之"口述"的明清士人（如徐光启、李之藻、李善兰、徐寿等），也包括有西洋留学经历的严复，以及甲午战争前后译"借"日文汉字术语的维新人士和赴日留学生、旅日人士等。同时，我们更要意识到，在鸦片战争之前，印欧语术语在中土落地是缓慢的、渐进的，是外来和内生并行的。只是在鸦片战争以来，尤其是甲午战争之后，近代中国所经受的战争苦难，使明治维新后的日本成为中国匆忙效法的对象，日语中大量汉字术语[①]随之鱼贯而

① 包括明末清初以来传入日本，原为传教士所创制，后又经日本传回国内的术语（也称侨词、回流词），以及日本兰学家和受兰学影响的日本翻译家所创制的汉字术语两大类。

入，迅速填补了中国汉语词汇的大片空白。

在经历了西学东渐的疾风骤雨、如饥似渴般的恶补之后，尘埃落定、逐步沉静下来的民国学人，通过官办术语规范事业、科学共同体的规范实践，在进一步发展严复、傅兰雅等一众名家草创的译学理论基础上，推陈出新，逐步走上了近代汉语术语自主创制及规范之路。以翻译为主要途径、以定名为主要内涵的汉语术语工作由此肇始。近代以来的汉语术语实践和理论引介大都与此有关。

无论是西方传教士出于传教的初衷、日本学者出于引入西学的需要，还是中国以严复为代表的士大夫引入和规范术语的需要，他们都需要解决语言沟通的问题。西方传教士选择与中国士大夫合作，日本学者历经万难开启兰学，即使是严复这样贯通中西的学者，也有对传教士早期译词的了解，同时还不经意间吸收着日本的译词。所有这一切努力能最终成为现实，离不开一个媒介，那就是自马礼逊开始的华英、英华双语词典。中国自古以来有“字书”而无“词典”，作为dictionary 译词的“词典”是进入 20 世纪以后由日语传入汉语的。“很显然，‘词典’（或‘辞典’）是英语 dictionary 的对译。我们看到，汉字文化圈最早用于对译英文 dictionary 一词的不是‘词典’而是‘辞典’。‘辞典’，最早为日本人所造，1878 年物集高见编《日本小辞典》始用‘辞典’对译 dictionary。现代日本社会用‘辞书’对译 dictionary 似也很常见。有必要指出的是，一些学者介绍早期传教士所纂汉—外或外—汉语文工具书，所引书的封面上有中文书名，如‘官话习语口语辞典’‘英汉口语词典’，那都是后人译加上去的，原书书名时无汉译。中国人自己将 dictionary 汉译作‘辞典’并用于工具书的名称，大约始于1908 年颜惠庆等编纂的《英华大辞典》。”（周荐，2017）正是有了辞书里的语词对应关系，并不具备东西学术知识的翻译工作者才有了工作的起点，不断实现对近代科技的吸收和近代术语的创制。

一、新教传教士双语词典的译语储备

（一）清末民初的双语词典

近代以来汉语术语译词的产生与定型，与传教士的先期译介以及双语词典的及时整理紧密相关。双语词典是西方传教士了解和学习汉语的一手资料，是借以考究汉语术语译词的重要参考来源。随着传教士群体中涌现了一批译介西学和整理术语的先锋，上述双语词典的编纂者通过他们的传教士同行，及时将这部分成果收录进来，使得那个时期的双语词典已经接近近代术语词典的原型。根据沈国威的《近代英华华英辞典解题》（沈国威，2012），从马礼逊的《字典》开始，到赫美玲（Karl Ernst Georg Hemeling）的《官话》（*English-Chinese Dictionary of the Standard Chinese Spoken Language and Handbook for Translators*），新教传教士编纂的双语词典是中国近代史上的宝贵财富和华美篇章，不容忘却。这里对 19 世纪初马礼逊第一本华英字典《字典》以来到 20 世纪初各国传教士及部分中土士人编纂的多部重要双语词典做一个简单梳理和回顾。

1815—1823 年，英国传教士马礼逊接受伦敦传教会为新教传教士编一本学习汉语的词典的任务，在极端困难的条件下编纂了三部共六册的英华、华英双语词典：第一部名为《字典》（底本为《康熙字典》，按部首排列）、第二部名为《五车韵府》（按读音排列）、第三部名为《英华字典》（*A Dictionary of the Chinese Language in Three Parts. Part The Third, English and Chinese*），收录英语词目 7271 条。

1844 年，美籍传教士卫三畏（Samuel Wells Williams）编纂了《英华韵府历阶》（*An English and Chinese Vocabulary, in the Court Dialect*），以英语词目为主干，记录其汉语译词及官话发音，每条译词一到二个，以多音节词为主。收录词目 13 396 个。

1847 年，英国伦敦传道会传教士麦都思（Walter Henry Medhurst）以《康熙字典》为底本，并参考马礼逊的著作，编纂了《英华字典》（*English and Chinese Dictionary*）。全书共两卷，以汉字为主干，部首排序，以英语释义，并列举同义汉字或衍生汉语词汇。

1866—1869 年，德国传教士罗存德（Wilhelm Lobscheid）编纂了《英华字典》（*English and Chinese Dictionary with the Punti and Mandarin Pronunciation*），以从美国韦氏词典（Webster English-English dictionary）中挑选的英语词条为主干，按照卫三畏的正音系统标注广东方言（punti，本地）和官话发音，以发音的字母排序，每则英语词目下有一至数种汉语词条。全书收录资料超过 5 万处，翻译的汉字数量超过 60 万个。

1872 年，美国传教士卢公明（Justus Doolittle）编纂出版了《英华萃林韵府》（*Vocabulary and Hand-book of the Chinese Language*）。全书分三部分，第一、第二部分以英语词汇为主干，按发音排列，并以汉语字词解释，汉语译词大部分来自卫三畏的《英华韵府历阶》。第二部分汉语解释以短语、典故等长句为主。第三部分收录 85 种词汇表及术语译表，涵盖科学、技术、宗教、法律、商业、历史、地理、食谱等领域。

1884 年，日本学者井上哲次郎（Tetsujiro Inoue）在罗存德《英华字典》传入日本后，将其增订再版成为《订增英华字典》（*An English and Chinese Dictionary*）。据沈国威考证，增订的内容包括：去掉原书中的广东语发音及词汇；将译词按照英语的拼音字母顺序重新排列；注记词性符号；卷末增加 22 项附录，主要来自卢公明的《英华翠林韵府》；增加 6200 条以上的译词，主要源于卫三畏的《英华韵府历阶》和卢公明的《英华翠林韵府》。

1906—1908 年，中国士人颜惠庆（Wei-Ching Williams Yen）受商务印书馆特聘编纂的《英华大辞典》（*An English and Chinese Standard Dictionary*），成为中国第一部以“辞典”冠名的英华词典。该书分上、下册，收录 12 万条英文词汇，其中包含许多专业科技名词及术语。

1911 年，德国传教士卫礼贤（Richard Wilhelm）编纂了《德英华文科学字典》（*Deutsch-Englisch-Chinesisches Fachwörterbuch*），收录汉语词目 1 万余条，大多数为各类学术及技术用语。内容以德语词目为主干，字母排序，每条皆有一至数种英语及汉语字词翻译，无例句或释义。

1916 年，德国人赫美玲在华编纂了《官话》，其参考多部英华字典，以威妥玛系统为拼音依据重新整理汉字转译为英语时的发音结构，以英语词目为主干，字母排序，以汉语字词解释。该词典将汉语译词分为四类：标记“俗”，即口语及俗语字词；标记“文”，即书面用语；标记“新”，即表达新概念的近代词语，主要来源为古典汉字及日语；标记“部定”，指 1912 年由严复主持的编订名词馆选定的通用技术术语。

（二）双语词典的译词变迁

以上述词典为代表的近代双语词典，在术语创制史上具有重要的地位，虽然其编纂的初衷大都是为了方便传教，但随着时间的推移，它们忠实记录了不少新术语的创制过程及其发展演变，其中既有来源于西学传教士的创制努力，也包含了来自日本的创制努力。这对全面掌握近代早期术语的创制具有十分重要的资料价值。

下面以这些词典中的汉语释义为基础，考察近代以来四科部分术语译词的语素或语义来源。因篇幅所限[①]，仅将近代天、算、医三科专著中均有提到且如今仍在使用的 A—C 部的 15 条术语提取出来，如表 2.6 所示。

---

① 篇幅所限，我们无法将掌握的四科所有术语在这些双语词典中的演变资料呈现出来，但是这里截取的当时已有明确对应译名、当前仍在使用、英文以 A—C 开头的部分术语，基本能支撑或反映出四科术语在双语词典中演变的总体面貌和显著特征。

表 2.6　近代天算医三科术语流变举例

英文名	近代术语	马礼逊《英华字典》（1822 年）	卫三畏《英华韵府历阶》（1844 年）	麦都思《英华字典》（1847 年）	罗存德《英华字典》（1866 年）	卢公明《英华萃林韵府》（1872 年）	井上哲次郎《订增英华字典》（1884 年）	颜惠庆《英华大辞典》（1908 年）	卫礼贤《德英华文科学字典》（1911 年）	赫美玲《官话》（1916 年）
aberration	光行差（1998 年、1989 年、1874 年）	—	—	光射之斜行	—	—	光射之斜行、行光差	（光）光行错、（天）天象离位（因光动与视者之动所致）	收差、光行差	色差（部定）、光行差（新）
accommodation	调节（1996 年）、调视功（1914 年）、视近视远之理（1895 年）	—	—	—	—	※（凸镜能治眼角罩平，凹镜能治眼角罩凸）	—	—	※视远近之功（focusing）	视远近之功（新）
algebra	代数学（1993 年、1959 年）、代数（1873 年）	—	—	算法	算法、代数、天方、天元	—	代数、天方、天元、点窜、算法	代数学、代数术、天元	代数	代数学（部定）
astigmatism	散光[眼]（1996 年）；散视、弯不中视（1914 年）；眼光散射（1895 年）	—	—	—	—	—	—	（医，眼）眼光散射、散光（光线入眼不能射聚一处）	眼光散射	眼散光（新）、眼光散射、复视眼
autumnal equinox	秋分点（1998 年、1899 年）、秋分（1874 年）	立秋、秋分	立秋	秋分	秋分	秋分	秋分	秋分	秋分	秋分；分点（新）、※昼夜相等（equinox）

续表

英文名	近代术语	马礼逊《英华字典》（1822 年）	卫三畏《英华韵府历阶》（1844 年）	麦都思《英华字典》（1847 年）	罗存德《英华字典》（1866 年）	卢公明《英华萃林韵府》（1872 年）	井上哲次郎《订增英华字典》（1884 年）	颜惠庆《英华大辞典》（1908 年）	卫礼贤《德英华文科学字典》（1911 年）	赫美玲《官话》（1916 年）
blepharitis	睑缘炎（1996 年）、睑边炎（1914 年）、眼胞廉炎（1895 年）	※眼盖	—	—	※眼胞、眼盖、眼皮	※眼胞、眼皮	—	—	眼胞炎、睫炎	※眼皮、睑、眼睑（部定）
cataract	白内障（1996 年）、障恙（1914 年）、睛珠变质（1895 年）	瞕翳、目生肤翳	绿水灌瞳神	瞕翳、瞖、眅睛、眚、眢、瞙、瞥、宝石眼、萝葡花；目生肤翳；云翳	混浊眼公仔、绿水灌瞳人、睛珠变质不明	绿水灌瞳神、眅睛、绿水灌瞳仁、睛珠变质不明；目生肤翳	滩、混浊眼公仔、绿水灌瞳人、睛珠变质不明；眅睛；目生肤翳	（医）瞕、眼体水晶珠生翳、晶球翳、眼白瞕	—	瞕（Med.）、白瞕眼（Med.）、内瞕
choroiditis	脉络膜炎（1996 年）、※睛膜（choriod）（脉络膜）（1914 年）、黑衣炎（1895 年）	—	—	—	※血络黑油衣、眼睛第二衣（choroid）	—	※血络黑油衣、眼睛第二衣（choroid）	※（解）睛膜、脉络膜（choroid）	—	睛膜炎
coefficient	系数（1993 年、1859 年）、倍数（1873 年）	—	—	协力并能	同致者、协力者	协力并能	系数（代数）；同致者、协力者	（代数）系数	—	系数（部定、Math.）、系率（部定）

续表

英文名	近代术语	马礼逊《英华字典》（1822年）	卫三畏《英华韵府历阶》（1844年）	麦都思《英华字典》（1847年）	罗存德《英华字典》（1866年）	卢公明《英华萃林韵府》（1872年）	井上哲次郎《订增英华字典》（1884年）	颜惠庆《英华大辞典》（1908年）	卫礼贤《德英华文科学字典》（1911年）	赫美玲《官话》（1916年）
comet	彗星（1998年、1989年、1874年）	彗星、扫把星；长星	彗星	彗星、孛星、蚩尤、星变、搀抢星、天杵、枉矢、彗星、天雁、扫把星、长尾星、熛星	彗星、扫把星、长尾星、彗星、妖星、孛、天杵、熛星、搀抢星	彗星、扫把星	彗星、扫把星、长尾星、彗星、妖星、孛、天杵、熛星、搀抢星	（天）彗星（椭圆轨道之行星，完全之时有三段，即中心，光芒与尾是也）	—	彗星、扫帚星
concave lens	凹球镜片（1996年）、凹球镜（1914年）、凹镜（1895年）	—	—	—	—	※凹镜（concave glasses）	—	—	—	—
conjunction	合（1998年、1874年）、相合（1899年）	日月之交会	※交会（of sun and moon）	合会	会合、会同；纪会	交会	会合、会同；纪会	（天）交会、相合（在天空一处出现）	—	※交会（Astron.）
conjunctivitis	结膜炎（1996年）、※睟炎（conjunctiva）（1914年）、睛衣炎（1895年）	—	—	—	—	—	—	（医）睟炎、睛衣炎、火眼、赤眼	睟炎	睟炎（新）、结膜炎（部定）

续表

英文名	近代术语	马礼逊《英华字典》（1822年）	卫三畏《英华韵府历阶》（1844年）	麦都思《英华字典》（1847年）	罗存德《英华字典》（1866年）	卢公明《英华萃林韵府》（1872年）	井上哲次郎《订增英华字典》（1884年）	颜惠庆《英华大辞典》（1908年）	卫礼贤《德英华文科学字典》（1911年）	赫美玲《官话》（1916年）
constant	常数（1993年、1873年、1859年）	常常不易不止	常常、心坚	恒久、恒常、经常、常远、正、固、伦、每、彝、矩、频	常、恒、庸、常久、恒久、不易、不变、没易、无更改、无更移、常远、经常、彝、长、正、伦	恒、常常、心坚、耐久无变	常数；常、恒、庸、常久、恒久、不易、不变、没易、无更改、无更移、常远、经常、彝、长、正、伦	（数）常数、定数	—	常数（部定、Math. and Phys.）
constellation	星座（1998年、1989年、1874年）	星宿	星宿	宿、舍、星宿、垠、天龟	宿、星宿、舍、次	星宿、天龟	宿、星宿、星坐、舍、次	（天）星座、星宿（概以代表虚诞之神）	—	星宿、星座

注：①根据名词所属学科，通过本表的“近代术语”列提及的年份，可自行查找其所对应的本章所提及的近代专著。

②标※号表示该词典并未直接收录表格第一列的英文术语，但找到了最贴近该概念或构词语素的术语。如能找到对应的英文，则尽可能以括注的方式标注带星号汉语术语所对应的英文。

③本表格原样保留了词典对名词的类别标记。例如：“（医，眼）眼光散射”表示“眼光散射”在颜惠庆的《英华大辞典》中被标注为医学名词、眼科学名词；“常数（部定、Math. and Phys.）”表示“常数”是经清末编订名词馆审定的数学和物理学名词。

结合表 2.6 的术语演变资料，我们很容易发现以下四本词典在近代术语创制历史上的作用尤其重要。第一本是罗存德的《英华字典》，除了采用当时已有现存汉语词汇翻译英语词汇以外，还补充了部分最新的术语，也创制了一些汉语词汇，对后世译词产生了不小的影响。如 algebra（今译“代数”）一词，他吸收了麦都思词典中的“算法”这一译词，又增加了“天方、天元”等中国算学传统术语，另外他还新增了 1859 年李善兰与伟烈亚力合译的《代微积拾级》和《代数学》中的“代数”一词。这说明，当时的传教士已不仅仅满足于做初级传教的语词准备，而且十分关注传教士同行译介的西学著作，将其中的最新术语囊括其中。他还用造字法命名了 21 种元素名称，如以“养”插入“行”中表示“氧”，以“绿”插入“行”中表示“氯”等，开一时之先河。第二本是日本井上哲次郎的《订增英华字典》。在罗存德《英华字典》的基础上，这本字典一方面收录了前人卫三畏的《英华韵府历阶》、卢公明的《英华翠林韵府》中已有成果，另一方面则带入了大量日本译词，如表 2.6 中的“系数”、“常数”、“星坐”（即星座）皆是例子，这些词基本都被汉语术语所采纳并沿用至今。日本井上哲次郎的这本词典一方面悉数收录了当时中土传教士译介的术语，另一方面还吸收了当时日本译介的术语，在日本国内的词典史上同样居于十分重要的地位。此后这本词典应该是回流中国，被颜惠庆的《英华大辞典》所参考。第三本就是颜惠庆的《英华大辞典》，这本词典进一步更新了当时所能获取的大量汉字术语（包括源自日本的译词，从表 2.6 可以看出，《订增英华字典》应在参考之列），为后世术语的翻译打下坚实的基础。《英华大辞典》是中国近代史上值得大书特书的一本辞书，它由中国人参考外国词典体例进行编纂，其收词也兼顾了古今中外，不仅数量大，而且对术语的收集整理很有系统性。凡是明确具备术语身份的，都标示其所属学科领域，如 coefficient（系数）标注了“(代数)”（即代数学），comet（彗星）标注了“(天)”（即天文学）等。该词典还把术语义和语词义明确区分开来，十分难得。第四本是赫美玲的《官话》。这本词典一方面收录了表达新概念的近代词语（主要来源于汉字及日语，标记“新”，如“睟炎”），另一方面收录了清末编订名词馆严复主持编订的名词（标记为“部定”，如表 2.6 中的“代数学”“系数”“结膜炎”“常数”等）。另外有部分术语并不是产生于上述两个来源，该词典也悉数收录，如标注“(Med.)”（即医学术语）的“瞕”“白瞕眼”，标注“(Astron.)”（即天文学）的“交会”。由于严复主持编订名词馆之后不久清朝就灭亡了，很多编订名词馆编订的名词都失落了，而赫美玲的《官话》则将编订名词馆当时已经编订的名词悉数收录，其功甚伟，让人们得以窥见严复等中国士人编订名词的初始之功。

表 2.6 所举的例子十分有限，有一个十分重要的规律性认识未能直观呈现（“常数”可作为一例）：近代四科中所囊括、至今仍在沿用的学科基础术语，多是基于汉语字词的语文义创制，而后被西学传教士直接借用或与其他语素结合，在专业技术领域用作术语。该过程与古代汉语术语的词汇化过程（古代术语的自然演化过程）类似，只不过近代术语的创制最早是西方传教士因传教的需要、通过双语词典记录并逐步稳固的。其实，即便是始自兰学、源于日本的汉字译词，其创制过程其实也是如此（第四章第二节有专门介绍）。如果不考虑日本外来译词大量引进或迅速回流，基于汉字语义的词汇化途径应是近代汉语译词生成的主要途径。

二、清末民初日本东来“訳語”[①]瞬时占位

（一）东来“訳語”来势与数量

日本学者山田孝雄（1940）在『国語における漢語の研究』一书[②]中最早从传播途径来对“漢語”（即日语中的汉字词，这是被近代中国吸收的主体内容）进行明确分类，他把“漢語”的来源归纳为四种情况：直接或间接的交往输入[③]；借助汉学输入；借助佛教书籍输入；借助西学译介输入，包括在中国为吸收西洋文化而编辑的翻译书籍中使用、日本加以沿用的词和日本为吸收西洋文化而创造的词两个小类。前三个大类主要涉及日语从汉语里吸收的词汇，而第四类是自第一次西学东渐以来在日语中出现的新汉字词，在日本统称“訳語”或“新漢語”。其中，第一个小类指经明末清初来华的耶稣会士及清末民初来华的新教传教士与中国士人合作，在汉译西书中创造的词汇，后流传到日本并被日语借鉴（如井上哲次郎 1884 年在罗存德《英华字典》基础上增订再版的《订增英华字典》等）。

日本经历明治维新，中国经历了甲午战败。甲午战争以后，国人认识到引介西学的重要意义，尤其是来自日本的西学。中国大批有识之士主张向西方、向日本学习（如鲁迅、郭沫若、夏衍等都曾留学日本），大批留学生被派往日本学习西方的先进科技和社会文化，他们在学习日文和翻译日文书籍时对形态相近的“訳語”产生了极大的兴趣，很多人还自发加入到译介日文西书的队伍中来，诸如“人力车（人力車）”“经济（経濟）”“银行”“哲学”等“訳語”被大量引入

① 这里为了区别自日本东来的汉字译词与中国本土汉语译词，保留“訳語”的写法，下同。

② 该书被誉为日语中汉语词汇研究的初始之作。

③ 应该主要指民间交流。——引者注

中国（实藤惠秀，1983）。汉语中东来“訳語”数量之巨大，令人叹为观止。据有关统计，《现代汉语从日语借来的词汇》《现代汉语外来词研究》《现代外来语词典》分别收录了从日语中吸收的词汇 602 个、460 个和 889 个，去除重复词汇后共计 1344 个（张照旭，2011）。除少量语文词外，其余均为术语“訳語”。其中自然科学“訳語”416 个[①]，社会科学“訳語”834 个，社会科学“訳語”是自然科学“訳語”的两倍。详见附录 F。

大量源自日本或自日本回流的“訳語”在很短的时间内蜂拥而至，以致中国社会对日本“訳語”的态度纷繁复杂。王国维 1905 年在《论新学语之输入》中认为“新思想之输入，即新言语输入之意味也……处今日而讲学，已有不能不增新语之势，而人既造之，我沿用之，其势无便于此者矣”（王国维，1905）。虽然日本之“訳語”未必“皆精确”，然其“精密”之处却为中国人提出的类似新语所不逮，所以日本所造“訳語”才能在中国流行，“滥用之”或“唾弃之”都是不妥的。传教士林乐知（Young John Allen）参考“西国”“日本”的造字经验后认为，如“不阻塞中国之进步”，使得中国“人心”得到“释放”，新名词引入中国为不可避免之事：“中国今日于译书之中，苦名词之枯窘而借日本所已译者用之，正如英文借德文法文之比例。且日本之文原祖中国，其译书则先于中国。彼等已几费酌度而后定此新名词，劳逸之分，亦已悬殊，何乐而不为乎？”（林乐知和范祎，1904）

作为“华夏大地睁开眼睛看世界的第一批人中的一员”，郑观应在《盛世危言》中使用了清末涌现的新词：“在《盛世危言》中有关于西学的成系统的学科术语。例如在其中的《学校上》篇中，有‘经学’‘法学’‘智学’‘医学’‘重学’‘格物学’‘化学’‘算学’‘光学’‘性理学’‘声学’‘画学’‘诗歌学’‘气力学’‘测量学’‘师范学’‘书法学’‘药性学’‘金石学’‘草木学’‘机器学’‘治术学’‘文字减笔学’‘生物学’‘律例学’‘罗马律学’‘史学’‘出使章程学’等学科，有‘农政院’‘丹青院’‘律乐院’‘师道院’‘宣道院’‘女学院’‘训瞽院’‘训聋喑院’‘训孤子院’‘训罪童院’‘养废疾院’等机构；在《西学》篇论到‘泰西之学’，有‘汽学’‘电学’，论到西方教育，有‘富国学’‘交涉学’‘算学’‘格物学’‘动植学’‘地学’‘音乐学’‘农学’‘商学’‘体操学’‘外国语言文字学’等学科；在《考试上》篇中，有‘矿学’；在《善举》篇中，有不少西方社会组织状况的新词，如‘栖流所’‘施医局’‘养老院’（‘养老所’）‘养老会’‘老儒会’‘育婴堂’‘抚孤会’‘童艺院’‘恤穷院’‘工作场’

① “化学”一词实为回流词，已排除在统计之外。

'养病院''疯癫院''疯人院''训盲哑院'('训哑院''训聋瞽院')'义学堂''绣花会''保良会''济贫所''劝世会''劝农会''虞后会''义学会''戒烟会'。这些反映西方事物对象的术语新词，今天读来确有眼花缭乱之感。"(周荐，2020)连倡导雅驯翻译、不甚认可传教士与日本"訳語"的严复，实际上也在自己的作品里不自觉地使用着"訳語"。

在当时的社会上，甚至出现了各取所需、饥不择食的术语传播现象。1915年彭文祖还在东京发表《盲人摸象之新名词》，批判了数十个当时时兴的新名词，同时还谴责梁启超在年轻人中间鼓动使用日语词。《申报》(1904)还斥责留日学生无知无学，被新名词诱惑："我见今之所谓学生，略语捱皮西提温多的里，即喜新厌故，争思游学东瀛……华文固一无所知，即年来所习之和文，亦只以国脑、国粹、起点、内容、个人、广告、视线、社会、影响……进步、国民、目的、脑筋、学界、商界、舞台、惨剧诸词头填砌满纸，不伦不类，似通非通……"新思潮的矛盾和混乱状态对中国近代社会的冲击之大，使得整个社会都被"动员"起来。如鲁迅的《阿Q正传》里的"柿油党"实际就是"自由党"，至于"自由"为何意，恐怕未庄人并不知；徐珂的《清稗类钞》记载，"年少佻达之黄立夫者"，将"共和"理解为："共和实行，吾辈可为共同和奸(刑律有强奸、和奸之别)之行动矣！"以上林林总总的观点无不折射出新术语对清末民初中国社会所造成的影响是空前的，其背后的西学对当时的近代中国是极其重要的。

(二)东来"訳語"的先天优势

从附录F所列"訳語"的词形来看，东来"訳語"的先天优势正是源于日本与中国同处汉字文化圈，拥有汉字这一共同的文化纽带。虽然中国清廷的辛酉政变(1861年)及洋务运动早于日本的明治维新(1868年)，但以甲午战争为终结，中日两个彼时同处于汉字文化圈的国家，在短短30年间，在西学的道路上的距离越拉越大，以北洋水师覆灭，日本跻身工业化国家，东来"訳語"蜂拥入中土为剧终。

究其缘由，需要回溯到江户兰学。1774年，日本江户兰学家杉田玄白的《解体新书》开启了兰学研究，尽管在江户末期以前产生的"和製漢語"[①]中，字义与古汉语不合的现象比较多见(部分汉字缺少理据性)，但江户后期，经过几代兰学家的努力，兰学原始翻译理论日渐成熟，为明治维新奠定了良好的语言基础，绝大多数"訳語"主要依据古汉语构词，字义规范，结构有据，也很容易被

① 日本人利用音读汉字自己创造的汉字词汇，也称作"和製漢語"或"和製漢語語彙"。

直接借入汉语（朱京伟，1999）。有别于早期西学译介自荷兰语，明治时期起的洋学翻译转为主要源自英语，但两者时间上连续，造词方法也一脉相承，历史传承有序，兰学精髓一以贯之，诞生了大量的经典“訳語”。而反观中土，自 1582 年利玛窦抵达澳门开始到《天演论》问世前，由耶稣会士主导、中国士人协助的合作译书模式贯穿了中国近代史上的两次西学东渐。传教士虽大多数通晓西学，但其汉语传统文化素养并不突出，有赖于中土士人的笔述及润色。这一状况持续到甲午战争后学贯中西的严复翻译《天演论》，之后国人才开始走向独立译书之路。严复的译词固然雅驯并备受世人推崇，但可惜时势所迫，社会思潮翻滚，清朝随即覆灭，他在京师大学堂和编订名词馆的工作成果未及推广，就面临甲午战争后日本“訳語”的蜂拥而入，中土士大夫独立译书的努力就此终结。

综上，在学习西方、学习日本的社会思潮下，一方面是江户时期深厚的兰学“訳語”积累，另一方面是中国在社会启蒙方面存在术语竞争和空缺，具有先天优势、自日本东来的“訳語”迅速涌入或回流，成为中国社会进行科学启蒙的首选，一跃成为近代汉语术语除传教士译词以外的另一个不可忽视的重要源头。

三、清末以来的术语规范实践

如果将明末清初的西学译介视为术语创制的开始，那么清末民初以来，近代术语的创制迎来了高峰，并且术语规范意识逐步形成并走向成熟。在术语创制方面，既有新教传教士的付出，也有中土士人的努力，还有日本兰学家的贡献；在术语规范方面，陆续有江南制造总局、博医会、益智书会、京师同文馆、编订名词馆、医学名词审查会、科学名词审查会、国立编译馆、学术名词统一工作委员会、中国科学院编译出版委员会、全国科学技术名词审定委员会等民间团体或官方机构活跃其中，为近代汉语术语体系的形成发挥了重要作用。

（一）民间的术语规范实践

近代以来民间的术语规范实践大致从 1868 年成立、由傅兰雅主持的江南制造总局翻译馆开始。1877 年新教传教士全国大会成立益智书会。其后，1883 年后江南制造总局翻译馆陆续出版《金石中西名目表》等术语表；1887 年博医会成立；1890 年傅兰雅在第二届传教士大会上发表《科学术语：目前的分歧与走向统一的途径》，完成《译者手册》；1891 年益智书会成立出版委员会；1894 年益智书会出版《西药大成药品中西名目表（附人名地名两表）》；1896 年益智书会第二届大会成立科技术语委员会，傅兰雅发表《中国科学术语展望》；1898 年博医会名词委员会出版《眼科名词》《疾病名词》等；1898 年益智书会科技术语委员会发表《修订化学元素表》；1903 年京师同文馆并入京师大学堂，改称译学馆，次年出版《教育词汇》；1904 年益智书会科技术语委员会汇集出版《术语辞汇》；1915 年中国科学社成立；1916 年中国科学社出版了《船学名词表》；1916 年中华医学会、博医会等联合成立医学名词审查会。直到 1919 年中国科学社发起成立科学名词审查会，1931 年科学名词审查会出版《罗英德汉对照医学名词汇编》等。

（二）官方的术语规范实践

官方的术语规范实践大致从 1909 年清政府学部成立编订名词馆，严复任总纂，编订《辨学名词对照表》《心理学名词对照表》《伦理学名词对照表》《数学名词对照表》《外国地名中英对照表》《植物名词中英对照表》开始。其后，1928 年南京国民政府成立大学院译名统一委员会；1932 年成立国立编译馆，全面接管科技名词工作；1933 年国立编译馆出版《化学命名原则》；到 1949 年，该馆已审定出版自然科学名词 18 种，审定在途 29 种。

1949 年新中国成立，1950 年政务院文化教育委员会成立学术名词统一工作委员会，郭沫若任主任，下设自然科学、社会科学、医药卫生、文学艺术与时事五个组；1954 年学术名词统一工作委员会撤销，中国科学院编译出版委员会组织进行名词审定工作，公布几十种名词；“文化大革命”期间，科技名词审定工作基本中断；1978 年全国科学大会召开，同年 12 月，国务院批准成立全国自然科学名词审定委员会；1985 年全国自然科学名词审定委员会正式成立；1987 年国务院批复公布《天文学名词》；1996 年，全国自然科学名词审定委员会更名为全国科学技术名词审定委员会，截至 2020 年该委员会已审定公布名词 140 余种，学科涵盖基础科学、工程技术、农林、医学、社会科学、军事科学等几乎所有科学技术领域。

总体而言，近代术语的规范工作由新教传教士群体最先发起，江南制造总局等官办机构参与其中，自编订名词馆开始成为官方事业，直到如今。在一个多世纪里，术语从少到多，规范从无到有。无论是民间学术共同体，还是官方术语规范机构，都共同发挥了重要作用。①

---

① 本书提到的近代以来的术语创制主要聚焦在近代早期传教士（如傅兰雅等）的理论与实践，也包括严复的名词编订工作早期实践，代表性的汉语术语理论观点将在第三章第二节中谈到。近代早期之后的术语规范工作的历史，全国科学技术名词审定委员会相关学者对此多有研究，如温昌斌关于民国时期术语规范化历史的研究（温昌斌，2011）、王琪关于中华人民共和国成立初期的科技名词规范工作历史的研究（尚待出版）。因此，本书不赘述。

第三章　古今汉语术语理论沿革：多元交汇但会通乏力

只有实践而没有理论是不可想象的。只不过有的理论达到了科技哲学层面，相对显性化；而有的理论还停留在经验哲学层面，相对隐性化。中国古代并没有所谓明确的有关“科学”的提法，更不谈有公认的、专门的理论作为指导，然而这不排除中国古代术语的创制有其自身逻辑。到了近代，与西方近代科技关联的术语理论范式则逐步显现。

第一节　古代术语正名与名辩理论

一、名辩：“正名”“墨辩”到“名辩”

先秦是中国历史上较早出现百花齐放、百家争鸣的时期，其间诞生了儒家、道家、法家、墨家等十几个思想文化流派，对整个中华民族的精神塑造产生了极其深刻的影响。《论语·子路》中“子曰：‘名不正则言不顺，言不顺则事不成，事不成则礼乐不兴，礼乐不兴则刑罚不中，刑罚不中，则民无所措手足。故君子名之必可言也，言之必可行也。君子于其言，无所苟而已矣。’”其中孔子的“名不正则言不顺”一句影响深远，孔子所提出的名实问题的论争，如一条红线贯穿先秦诸学始终。“我们检直[①]可以说孔子的正名主义，实是中国名学的始祖。正如希腊梭格拉底[②]的‘概念说’是希腊名学的始祖。”（胡适，1919）尤其是后来，荀子在《正名》篇中系统阐述了“正名”理论，提出了以外延大小进行划分的“大共名”等一系列概念。如“推而共之，共则有共，至于无共然后止”“推而别之，别则有别，至于无别然后止”。先秦时期提出的这些概念，与西方逻辑学中的“上、下位概念”等比起来也毫不逊色。

先秦时期的自然科学有了一定的发展，春秋战国时期已有人注重自然科学。最先响应孔子正名理论、名实论争的是墨子，墨子在研究名实关系问题的过程中

---

① 应为“简直”。——引者注

② 应为“苏格拉底”。——引者注

建立了逻辑思想，奠定了先秦逻辑思想的基础（朱志凯，1988）。的确，《墨经》所涉学科“门类很多，如辩学、哲学，如光学、力学，如数理学、几何学，如经济学、政法学，如教育学、伦理学等等，包括无疑。和现代科学精神相悬契的，在我国，此书当首屈一指；在世界古代，像这样的作品也并不多见”（谭介甫，2004）。以墨子为代表的墨家是先秦名辩学思潮的集大成者，墨家在“取实予名”的唯物论基础上，初步提出了以“辩”为核心，以“类”“故”“理”为内容的中国古代三物论式。《墨子·大取》：“夫辞以故生，以理长，以类行也者。”以公孙龙为代表的“名家者流”提出了朴素的存在论思想。如《公孙龙子·名实论》“天地与其所产焉，物也”，《公孙龙子·坚白论》“离也者天下，故独而正”，《公孙龙子·指物论》“天下无物，谁径谓指”等，将主体与客体结成认识关系，使得先秦名辩学以主体和客体对立的存在论为前提，在执行层面建立了语言分析哲学和逻辑学。《墨经》《公孙龙子》等一系列古代著作构建了一个名辩学思想宝库。

只可惜在先秦名辩学体系建立后，汉武帝时期受董仲舒“罢黜百家，独尊儒术”观念的影响，名辩学从显学逐步沦为绝学。直到明末清初西方逻辑学引入才发生改变，近代对名辩（尤其是墨辩）研究的兴起催生了“名学”“辩学”“名辩学”这一系列学科术语。“名学”或“辩学”曾一度是中国古代名辩思想的总称（周云之，1995），最早引进西方逻辑（logic）的是明末李之藻的《名理探》。对于西方逻辑，王国维将之译为“辩学”；梁启超（1921）认为“西语的逻辑，墨家叫做‘辩’”；严复翻译的《穆勒名学》（穆勒，1931）中除了“名学”这一译名，始用“逻辑”这一音译。章士钊（1959）在其《逻辑指要》中承用了此种译名，他指出：“寻逻辑之名，起于欧洲，而逻辑之理，存乎天壤。”到了 20 世纪后半叶，中国学术界比较流行的观点是把中国古代有关名辩的理论学说，如“名学”“辩学”“名辩学”等，统称为“名辩学”或“名辩逻辑”。《不列颠百科全书》（1973—1974 年版）第 11 卷的逻辑史词条中已有“中国逻辑”一章，国际上将名辩逻辑（国外也称“秦人逻辑”“公孙龙逻辑”“中国逻辑”“墨家逻辑”等）与印度的因明逻辑、古希腊的亚里士多德逻辑，并称为世界三大逻辑类型。

二、名辩逻辑：世界科学逻辑经典

尽管名辩学还不是严格的科学精神，但是它与科学思维联系最紧密，是先秦子学中独具科学气质的文脉，虽然一度成为绝学，但其对中国古代逻辑思维的影响是深入骨髓的。受此影响的语言逻辑，追求恰当的命名和名正言顺，这都深刻影响了中国古代的语言。尤其是研究术语问题，学界探讨近代术语的古代缘起，都不约而同地将目光投向以《墨经》为代表的中国古代文明。与世界上其他逻辑类型相比，名辩逻辑体系有其自身所具有的特点。如以名辩为重点，以名、辞、说、辩为主要内容；运用譬式类比进行辩说，与演绎逻辑的方法相互呼应，成为一种普遍的逻辑方法；不止将思维形式结构及其规律性研究作为唯一研究对象，还关注语义等语言问题，始终受到社会政治、伦理思想的制约等（彭漪涟和马钦荣，2004）。

在先秦诸子百家的名辩体系中，最具代表性的先秦逻辑学的“三物”（“类”“故”“理”）及“三物论式”堪称先秦文明的一座丰碑。虽然名家公孙龙曾在《公孙龙子》中提到“类之不同”“犹类之同”“无以类”，但却没有明确使用“故”“理”的范畴，更没有对“类”“故”“理”作论证（朱志凯，1984）。虽然荀子的逻辑学说肯定了“同异别”，提出了“同则同之，异则异之”的“类”，在《正名》篇阐述了“推类而不悖，听则合文，辩则尽故”的“故”，并在《解蔽》中提到“理”（“坐于室而见四海，处于今而论久远，疏观万物而知其情，参稽治乱而道其度，经纬天地而材官万物，制割大理，而宇宙理矣”），但这并不是系统性的论述。唯有墨子的《墨经》提出了完整的“三物”逻辑，使得先秦逻辑大放异彩，成为中国古代最具有科学气质的文脉。“类”“故”“理”，称“三物”，是《墨经》逻辑学说的骨架。《墨经》以“三物”为纲构建用于论辩的推理学说（朱志凯，1988）。《大取》曰：“……三物必具，然后足以生……以故生，以理长，以类行者也。立辞而不明于其所生，妄也。今人非道无所行，虽有强股肱而不明于道，其困也，可立而待也。夫辞以类行者也，立辞而不明于其类，则必困矣。”

首先，“类”是事物稳定性的表现，宇宙间万事万物都处在类属、类异关系中。“三物”的推理由前提和结论组成，集中体现为以类推演，“类推”只在同类中进行，类异则不比。“类”蕴含着一般与个别的关系。如《经说下》“（异）木与夜孰长”，木与夜是两种不同的类，“木长”属空间，“夜长”属时间，因此不可比。《墨经》提出“以类取，以类予”，是墨子关于“类”概念的丰富和发展。《墨子・公输》篇中强调了“知类”“察类”“明同异”的逻辑原则。“知类”“察类”“明同异”是认识世界的前提，就是知其然。

其次，“故”是由“知其然”向“知其所以然”发展。“故”是逻辑推论的前提，揭示事物存在的根据。《吕氏春秋・审记》说：“凡物之然也，必有故。而不知其故，虽当，与不知同，其卒必困。先王、名士、达师之所以过俗者，以其知也。”也就是说，立辞、辩说不能没有根据、理由，不能不知故。不“知故”与“不知”实无异，“知故”才是真知。

最后，“理”实现从“知其然”向“知其必然”的过渡。认识的目的显然也不是“知故”，而在于把握事物的规律，“知其必然”。《经说中》：“观为穷知而悬于欲之理。”“理”是推论中由前提到结论所遵守的法则和规律。经文中的“法”其实就是“理”。《经说上》：“法，所若而然也。”若，顺也，循也。循此据，必答“然”的结果，此即“法”。《经说上》：“一法者之相与也尽类，若方之相合也，说在方。”《经说下》：“（一）方尽类，俱有法而异，或木或石，不害其方之相合也。尽类犹方也，物俱然。”《经说上》曰：“法同，则观其同。”“理”“法”相同，从前提到结论的推论过程也将是相同的。

“三物必具，然后足以生”，凡是推理都含有“类”“故”“理”三个范畴，以“类”“故”“理”为纲而建立。尝试对比因明的“三支式”（如“宗：声是无常；因：所作性故；喻：凡诸所作，皆无常，譬如瓶等”），“三支”的“因”相当于“三物”的“故”，“喻”相当于“类”。“宗”“因”“喻”三者组合所遵守的规则，就是“理”。尝试对比亚里士多德的演绎三段论（如 MAP：天体都是可分的；SAM：地球是天体；SAP：所以地球是可分的），其中“三段”的大前提（MAP）和小前提（SAM）是推出结论（SAP）的“故”，S、M、P 的关系（M 包含在 P 中，S 又含在 M 中，所以 S 必包含在 P 中）就是“类”的包含关系，由前提推出结论的过程（由 MAP 和 SAM 推出 SAP）所遵循的规律和规则就是“理”。

因此，“三物”逻辑在先秦逻辑史上是经典，乃至在世界逻辑史上也是独特且具有相当的解释力的。“三物”是《墨经》逻辑学说的纲，也是中国古代科学认识论和范畴体系的纲。

三、“三物”逻辑影响名辩的旨趣

无论哲学的语言学转向发生于何时，自语言诞生之初，哲学就不曾与语言分离过。逻辑是哲学的重要内容，很多逻辑问题本身就是哲学命题，因而语言逻辑往往是逻辑里最深奥和纠结的部分。前文提到墨辩的“三物”逻辑——“类”“故”“理”，其对中国古往今来的术语思想的影响是巨大的。

从“类”来看，第一、第二章所提到的古代术语、近代术语，无论是单字术语造字之法（如形声字），还是日益剧增的复音词种属扩展，将概念或事物进行归类命名都是十分普遍的现象。此外，从语义层面来讲，“比类取象、援物比类”更是带有根本性的造词逻辑。

从“故”来看，顾名思义是中国人从骨子里带来的思维习惯，养成这种思维习惯的一个重要根源，就是对“故”的不懈求解。好的命名，其优点往往可以说出个“一二三”来，而不好的命名，其缺点也往往也能说出个“一二三”来。乾嘉学派训诂的成就，与该学派对训诂合理性的不懈追求相关。古代术语的很多疑难语源谜题，也是在对“故”的追求中被解开的。

从“理”来看，如果说“故”还是解决对个别事物或现象的认识层面的问题，那么“理”“法”则是更关乎正名的关键问题。合“理”合“法”的命名，按照墨辩逻辑，一定是它符合了某一个规律性认识。比如“反切系联法”求古音，“右文说”从声符推求字义。如此的“名”及说解，才是正解，才可言“故”。

由此可见，以“三物”为代表的墨辩逻辑深刻地影响着名辩的旨趣。其实无论是在古代，还是在近代，乃至当下，对这一逻辑传统的追求仍旧深入国人骨髓，未曾改变。虽然西方也追求“类”“故”“理”，但是其审视的基点与国人不同。国人的追求与汉字的音、形、义从未脱开干系，总是期望将语言文字与科学规律完美统合，而西方则更聚焦对科学规律的探求。在国人的心目中，语言逻辑本身也有“三物”，往往比科学逻辑的“三物”更重要，更深入骨髓。

第二节　近代以来的术语翻译理论

这里提“近代以来的术语翻译理论”，并不意味着术语翻译是从明末清初的西学东渐才开始的，而是经历了若干“堆积期”凝结而成的。最早的外来概念翻译是佛经翻译，用现代学科观念来看，也就是宗教术语的翻译。佛经汉译从东汉永平十年（67 年）《四十二章经》的翻译算起，一直到北宋仁宗景祐四年（1037 年）译场停顿为止，印度佛教大小乘之经、律、论三藏几乎全部被译成汉文（王英鹏，2012）。按照梁启超的分法，可以把佛经翻译划分为外国人主译期（东汉至西晋）、中外人主译期（东晋至隋代）和中国人主译期（唐代）三个阶段（梁启超，2005）。佛经翻译理论层出，根据王宏印按历史阶段划分的译论史，中国近代以前的传统译论就是佛经译论，具代表性的有南北朝时期道安的“五失本，三不易”、隋代彦琮的“八备”、唐朝玄奘的“五不翻”、北宋赞宁的“六例”（王宏印，2003）。其中尤以玄奘的“五不翻”为经典。他既不主张“不严于务得原文，而在取意”的意译，也不主张佶屈聱牙的直译，而是先将梵文理解透彻，然后用恰当的汉文表达，文从字顺，不拘泥于直译或意译，这种翻译文体精严凝重，达到了很高的翻译理论水平。下文主要侧重从近代科学引进中国之后的术语翻译出发，探讨近代以来中外士人在术语翻译上的若干经典探索。

一、傅兰雅之“中西合璧”

傅兰雅是中国近代科技术语创制史上十分重要的人物。他是英国圣公会教徒，近代著名翻译家，单独翻译或与人合译的西方书籍达到129部之多（其中多为科技著作）（夏晶，2012），是近代史上在华传教士有记载翻译西书最多的人，清政府曾授予其三品官衔。他主持江南制造总局翻译馆，以“译西书第一要事为名目”，“西人在华初译格致各书时，若留意于名目，互相同意，则用者初时能稳妥，后亦不必大更改”。翻译馆的中西学人都深知“名目为难，欲设法以定之”，讨论多时，拟定了译名三原则。第一，搜集中文已有之名。若一名词为中文已有，但字典内没有，采取两种办法：一是搜集中国已有格致和工艺方面的书籍；二是访问中国客商或制造或工艺等方面应知此名词者。第二，创设新名。采取三种方法：一是以平常字加偏旁作为新字，仍读本音，如镁、矽等；或以不常用字释以新义为新名，如铂、钾、锌等。二是用数个字解释某物作为新名，并以字数少为妙，如养气、轻气、火轮船等。三是音译，以官音为主，凡以前译书已惯用者袭之。第三，编辑中西名词字汇。译书时所设新名，无论是事物、人名、地名等，都要设附录于书末，最后编成总汇，“制成大部，则以后译书者有所核察，可免混名之弊”（傅兰雅，1957）。

傅兰雅（1957）认为“故各人所译西书常有混名之弊，将来甚难更正。若翻译时配准各名，则费功小而获益大”。因此，他希望“馆内译书之中西人以此义为要务。用相同之名，则所译之书，益尤大焉”。经过艰苦努力，他主事的江南制造总局翻译馆取得了不少成绩。王树槐（1969）认为：“以该馆为政府机关，所定译名亦较合理，对于后来译名的统一，极具影响。”

在1890年的基督教新教士第二次大会上，傅兰雅应邀作了题为《科学术语：目前的分歧与走向统一的途径》（Fryer，1890；傅兰雅，2009）的报告。该报告“首先从科学术语与中国语言的关系来概述之；其次指出中国科学术语的特质；第三说明目前出版物中术语的歧义性及其原因；最后提出一些修正的建议”。为了找到讨论汉语科技术语总体方案的基础，他认为“考察一下汉语中有什么可以接纳科学术语的现有体系，并找到其中的规则是比较好的。人们很快就能发现从别的国家介绍来的新思想、新事物或者新行为的名称进入这门语言时，主要有如下三种途径：第一种可以被称为表意法（descriptive method），第二种是音译法（phonetic method），第三种是上面两种方法的结合（combination of the other two）。例如，烟叶，字面意思是‘烟树叶’，这是烟草最流行的名称，很明显是用表意法来造的词。金鸡那，即耶稣会士所传入的奎宁，后者是为人们更熟悉的名称，它是一个音译词。袈裟则不仅仅是佛教僧侣的 Kashaya 或 Cassock 的音译，还同时是一个表意词，因为这两字下面都有作表示衣服的‘衣’字底”。

针对一些传教士认为西方科学不能用中文表达，只能用西文表达的观点，他指出只要充分掌握汉语，了解中国丰富的文化遗产，西方科学就不难用中文表述。他向大会介绍了江南制造总局的译书经验。他说道：

> 看起来，中国人只要在有可能的情况下，天生就喜欢用表意法来造词。这样做能使词汇带着自身的释义，减少读者或学习者的劳动。而且一旦非常合适，就会立刻流行起来。接下来是混合型词，它们同时谐音与表意，并与这种语言的总体结构及表意性质高度一致。大量的汉字，如我们所知，是表意的。它们由一个基本的或表意的部分与一个表音的或谐音的部分合成。最后，是纯音译词。它们使懒惰无知的译者省去很多麻烦，常常是他们在使用这种方法来译词。佛教术语中充满了这类词。但是对中国不同阶层的读者与学习者来说，总是极为讨厌与抗拒这种造词法则的。特别是当一个词由好几个字组成时，不仅仅对读、写或记忆都造成了很大的负担，并且完全没有给出任何获知意义的线索。用音译方式造词的唯一合法性理由只能是它们完全无法用别的方法来翻译（Fryer，1890；傅兰雅，2009）。

这份报告包含傅兰雅对汉语科技术语一系列问题的深入思考，系统全面，是了解傅兰雅关于汉语术语理论的重要文献。傅兰雅在该文中还进一步完善了他对译名及译名规范的既有主张，并把操作办法也进一步明晰化：

> 1. 现有的术语词汇——它很可能是汉语中已经存在的一个术语，只是在字典中找不到。
>
> （a）在本地关于工艺和科学的主要著作中查找，同时也在耶稣会教士和现在的新教传教士的著作中查找。
>
> （b）对中国的商人、工厂主、技工等进行调查，有可能掌握一些当前正在使用的术语。
>
> 2. 创造新的术语——当需要时可以发明一个新的术语，有三种方法可供选择：
>
> （a）创造一个新的汉字，并且通过声旁可以很容易知道其发音，或者用一个汉语中已经存在的但是不常用的汉字，赋予它新的意思。
>
> （b）创造一个描写性的术语，用尽量少的汉字来表达。
>
> （c）为外语术语注音，用官话的语音，并且尽量使用同一汉字表示

同一个音，优先选择那些以前被译者和编纂者所大量使用的汉字。

通过以上方式新造的术语被视为是临时性的，如果在现有的术语系统中存在表达相同事物的词被找到或者有更好的词可供选择时，它们将被抛弃。

3. 创建总的术语词汇以及专有名词列表

在每本书的翻译过程中，有必要将所有不常见的术语或者专有名词整理成表，并且仔细地保存。这些各种各样的词汇表将被逐渐收集到一起并且最终集结成册，以便出版发行以及得到广泛使用（Fryer，1890；傅兰雅，2009）。

事实证明，他是如此倡导，也是如此实践的。

二、江户兰学之兰医“訳语”①

在近代的汉字文化圈，曾有两个群体参与了译介西书。第一类是来自西方的传教士，其工作方式多为西人口译，华人笔述、润色，如明末清初的邓玉函（Jean Terrenz）与毕拱辰合作的《泰西人身说概》、清末民初合信（Benjamin Hobson）与陈修堂合作的《全体新论》等。第二类则是日本早期的兰学家。他们既自学双语，又精于中西医学。19 世纪 90 年代，随着日本成为一个近代化强国，江户时代兰学作为日本近代化的起源受到了推崇，清末民初的留日学生将大量日本医学译著带回国内，由日本兰学家创造的不少经典译词输入汉语，其中包括不少新创和制词汇，对汉语医学术语创制贡献很大。

兰学源于日本江户时代极其有限的通商政策。德川幕府当时奉行锁国政策，只允许与中国、朝鲜和荷兰等国在长崎一地通商，并禁止外国传教士传播基督教，禁止国外商人与平民进入日本。在这段时间，日本一批有识之士通过学习西洋语文，独立译介西书，以荷兰语为中介，将以医学为代表，包括天文、地理、博物、化学、军事等的西洋科学介绍给日本国民，史称“兰学”。兰学不仅传播了兰学知识，也厘定大量汉语新词。据 1815 年日本江户学者杉田玄白在《兰学事始》中的记载，他在 1770 年左右得到德国人克尔穆斯（Johann Adam Kulmus）撰写的西方解剖学著作《解剖图谱》（*Anatomische Tabellen*）的荷兰语译本。经与前野良泽前往观摩人体解剖现场，他发现解剖时看到的人体各个部分竟与荷兰医书中的插图完全吻合，而与之前所读的中国古医书中许多说法有悖。

① “兰医”是指经荷兰语传入日本的西洋医学，“訳语”指西学东渐以来在日语中出现的新的汉字词（日本学者统称为“新漢語”或“訳語”，主要包括西方来华传教士在其汉文著译中创译并由日本人借用的词语），以及江户兰学和明治维新以后在译介西学的过程中由日本人新造的词语（魏亚坤，2006）。

有感于此，他们开始着手翻译荷兰医书，致力于准确了解人体结构，与中川淳庵、桂川甫周一起，仅依靠间接掌握的荷兰语，历经 4 年修改完成《解体新书》的翻译。"《解体新书》一经出版，学习西方学术的人急剧增多起来，有志者纷纷前往长崎，学习荷兰语和西方医术，这便是西方学术如今天这般变得繁荣昌盛的初始。"（杉田玄白，1890，转引自刘小珊，2004）后经杉田玄白的弟子大槻玄泽修订并于 1798 年重新出版。《解体新书》的出版，是西方学术传入日本的一个标志性事件，被誉为"日本文化史上的金字塔"（转引自刘小珊，2004），是兰学的经典之作。自 18 世纪 70 年代开始的早期日本兰学家大多是民间学者或医师，并非专门翻译人员，但他们以"直就彼邦书横文，抗颜强译"（杉田玄白，1826，转引自刘力力等，2011）的精神直面西学，对西洋医学采用了东方化的译介手法，为西医赋予了能与中国本土文化相为融洽的文化身份，达到了很高的翻译水准。

杉田玄白（1774）在《解体新书》的凡例中确立了西医翻译的三种基本方法："一曰翻译、二曰义译、三曰直译。"（杉田玄白，1774，转引自刘力力等，2011）所谓"翻译"，即以对等语传达原文含义；所谓"义译"，即今所称之意译；所谓"直译"，即今之音译（刘力力等，2011）。大槻玄泽在《重订解体新书》中将"翻译"更名为"直译"，即以中医典籍的固有词汇来翻译西医用语，将其作为三种译法的首选；而将"直译"更名为"对译"，仍表示今之音译。正是由于西医与中医旨趣迥异，"汉说之所可采者，则不过十之一耳"，常令译者陷入无字可用的窘境。刘力力等（2011）系统梳理了早期三代兰医学者对 klier 及 alvleesklier（今译"腺"）的翻译。杉田玄白翻译《解体新书》时，由于 klier 一词在中医典籍中找不到对应词语，甚至也无法用已有汉字表述，他选择音译为"机里尔"，并解释道"呼机里尔者，无语可当、无义可解，则译曰机里尔"。而 alvleesklier 较 klier 多了一个词素 alvlees-，杉田玄白参考中医"脉之大会""筋之大会""气之大会"的思维模式，认为 alvleesklier 系"机里尔之大会"，于是以"大"对应 alvlees-（类似于语缀），将 alvleesklier 译为"大机里尔"。他没有从 alvlees-的本义出发选择译词或为与 klier 保持统一而也采用音译，而是将翻译工作下沉到语素层面，分语素将音译和义译相结合而成。杉田玄白的弟子大槻玄泽在修订《解体新书》时，因 klier 的功用"宛如用筛罗滤过水浆者"而意译为"滤胞"。而根据 alvleesklier 的功能特点，将其意译为"腌"，"今新制[①]一字，译

① 《说文解字》已有"腌，面颊也"，此处新制应指在日语词汇中创制新词。而在古代汉语里，应该算作增添了一个新义。

曰肫。肫，徒孙切”，并释义曰“月肉也，屯聚也，结也，即滤胞屯聚，而为肉之会意也”（杉田玄白，1826，转引自刘力力等，2011）。其中，“肫”之“肉之会”的解释与杉田玄白所言之“大会”语源相同，但师徒两代选择了不同的翻译方法。江户后期的兰医学者、大槻玄泽的弟子宇田川玄真则对 klier 新造兰医“訳语”“腺”，利用汉字“腺”的字形表意功能来表达 klier 能够“大量分泌液体”的功能特性。而考虑到荷兰语 alvleesklier 一词源自希腊语 pankreas［古希腊解剖学家卢佛斯（Ruphos）最早用它来指称胰脏］，而 pan-有“聚集、全部”之意，-kreas 表示“肉”，遂以“月”对应-kreas，以“萃”对应 pan-，新造兰医“訳语”“膵”。其中“腺”字流传至中国，在汉字文化圈里广泛使用[①]。

三、严复之探索：“信、达、雅”

严复是最早尝试翻译西方人文社会科学著作的本土译者之一。其代表译著是 1900 年前后完成的《天演论》《原富》等。其译著使康有为、王国维、鲁迅都赞不绝口；胡适更是因“物竞天择，适者生存”而改名“适之”；梁启超称他为中国“中学西学的第一人”。据王栻（1986）主编《侯官严先生年谱》记载，严复早年在福州马尾船厂附属的船政学堂学习驾驶专业，所习者为英文、算数、几何、代数、解析几何、割锥、平三角、弧三角、代积微、动静重学、水重学、电磁学、光学、音学、热学、化学、地质学、天文学、航海术。1875 年被公派赴英国格林尼治皇家海军学院驾驶专业留学两年有余，学习高等数学、格致、海军战术、海战、公法及建筑海军炮台诸学术。

严复对术语的译名尤其重视，他在《普通百科新大词典》序中说：“今夫名词者，译事之权舆也，而亦为之归宿。言之必有物也，术之必有涂也，非是且靡所托始焉，故曰权舆。识之其必有兆也，指之其必有策也，否则随以亡焉，故曰归宿。”（王栻，1986）他将“名词”视为翻译的“权舆”和“归宿”，认为没有译名就没有译事。

1896 年前传教士编纂的双语词典中，人文社会科学词汇还不能满足翻译《天演论》《原富》等专业书籍的需要。这一点与日本兰学家的早期翻译环境颇为相似（1774 年刊行的《解体新书》也不是完整的翻译），因此严复不得不从译名的创制开始。虽然严复饱读诗书又留学海外，中英文皆通，但他面对译事仍感叹

① “膵”被引入中国之后，中国文人对此字颇感蹊跷。如近代训诂学大师章太炎就曾考证认为该字是“膟”字之误（参见章太炎，1934）。其后，1934 年民国政府组织的科学名词审查会从“脏”、“膵”及“胰”三个待选字中，选择了中国固有汉字“胰”，用来指称 pancreas。此后它又被日语吸收，取代了日本医学史上存在了近 130 年的“膵”（参见高晞，2008）。

“一名之立，旬月踟蹰”，饱含艰辛。他在《天演论》“译例言”中提到：“译事三难：信、达、雅。求其信已大难矣，顾信矣不达，虽译犹不译也，则达尚焉。”（赫胥黎，1981）其中的译事三难——“信、达、雅”，被翻译界当作理想翻译，奉为圭臬。“严复的‘信、达、雅’与其说是一个永恒的翻译论的命题，毋宁是1895年《天演论》翻译的‘个案’，讨论的是中英间句子形式对应（即忠实于原文句子形式）、译词（概念的等义传达）、受众（可接受的文体）等问题。”（沈国威，2010）

严复对于自己翻译及造词的基本原则，并没有像傅兰雅那样相对系统的论述。除偶有对译事的叙述以及对部分同时代作品的评述类文字（如他任编订名词馆总纂时主持审定的各科名词的“定名理由”一栏、为《普通百科新大词典》所做的序等），后人只能从他的翻译作品里寻找一些线索。严复在京师大学堂译书局任总办时曾提出：“所有翻译名义，应分译、不译两种：译者谓译其义，不译者则但传其音。”“译书遇有专名要义，无论译传其意，如议院、航路、金准等语，抑但写其音，如伯理玺天德、哀的美敦等语。”（王栻，1986）对于一般的“名义”，“但求名之可言而人有以喻足矣”，又说“若既已得之，则自有法想。在己能达，在人能喻，足矣，不能避不通之讥也”；对于比较重要的“名义”，“盖翻艰大名义，常须沿流讨源，取西字最古太初之义而思之，又当广搜一切引伸之意，而后回观中文，考其相类，则往往有得，且一合而不易离”（王栻，1986）。在“信、达、雅”的总原则和目标之下，上述原则可以视为严复译书方法的具体总结。严所言之“译”即意译，传其义；所言之“不译”即音译，传其音。从《天演论》《原富》等严复早期的译著来看，严复在实际操作中，对于一些不需要形式与内容发生关联的名词（如人名、地名、国名等专名），选择了“不译”（音译）①，如将斑马（zebra）译为“芝不拉”，将大猩猩（gorilla）译为“戈栗拉”等。由于担心部分核心名词译名发生讹变，他也选择了音译，如哲学（philosophy）、物理学（physics）分别译为“斐洛苏非”和“斐辑”。对于需要形式与内容发生关联的普通名词，则选择了“译”（意译）。而在意译时，他会优先选择已有词，如 right“直、职”、commodity“货”等。对于没有现成词汇的“名义”，严复会选择新造词。他在《天演论》“译例言”中说道：“他如物竞、天择、储能，效实诸名，皆由我始。”

严复精通英语且对语源有一定了解，他主要选择直译、意译两种方式新造译

① 佛经翻译中也有“五不翻”，据周敦义《翻译名义序》，为：一秘密故，如陀罗尼；二含多义故，如薄伽梵；三此无故，如阎浮树；四顺古故，如阿耨菩提；五生善故，如般若（释法云，1990）。

词。直译（沈国威称“摹借法造词”），是先将原词分解到语素的层次，然后再挑选与之相对应的汉语语素合为新词，主要是可以分解为由词根与词缀组成的复合词（如内锚 induction、元学 ontology）和多个英文词组成的词组（如生货 raw material、平价 average price 等）；意译（沈国威称“汲义法造词”）是将原文融会贯通，用汉语的新词表达其义，主要是单纯词（如物竞、天择、宪法、群学等）。

“信”和“达”基本都体现在译名中，“雅”除了表现在译名中，更多地体现在翻译文体的“雅”。考虑到翻译受众的问题，严复在目睹传教士译书的问题后，在文体方面为西洋译书探索了一条“雅驯”之路，这条路与传教士的“浅文理”有别，甚至是有点南辕北辙的。严复在《天演论》“译例言”中指出：“西文句中名物字，多随举随释，如中文之旁支，后乃遥接前文，足意成句。故西文句法，少者二三字，多者数十百言。假令仿此为译，则恐必不可通，而删削取径，又恐意义有漏。”严复认识到中文与英文属于不同的语言系统，句子结构不同。[①] 西文句子里词语多，往往是将英语的名词配合关系从句使用，遥相注释（类似汉语的“旁支”），而汉语没有与之相对应的从句形式。如果省略这些修饰成分，又怕翻译得不完全。的确如此，白话文广泛使用结构助词“的”之前，汉语对名词进行的修饰、成型的句子结构是严重缺乏的。严复的译文虽然使用了新词，但少有人说其不雅训，大概是其译词与古雅的文体相得益彰的缘故。黄克武认为，19 世纪末 20 世纪初，严复译书时的文体风格主要有四种：骈文、八股文、桐城派古文、白话小说（黄克武，2000）。严复在《天演论》“译例言”中说：“用汉以前字法、句法，则为达易；用近世利俗文字，则求达难。”《天演论》很大一部分使用四六的骈文，句子短小。但同时，严复曾因译书事向当时桐城派的代表人物吴汝纶求教，其译文风格也多少受到一些桐城派的教益。

《原富》出版后，梁启超在《新民丛报》上撰文介绍严复的新译，同时希望严复能“将所译之各名词，列一华英对照表，使读者可因以参照原书，而后之踵译者，亦得按图索骥，率而遵之，免参差以混耳目也”（沈国威，2020）。严复在给梁启超的回信中说，“台教所见要之两事，其本书对照表，友人嘉兴张氏，既任其劳”（王栻，1986）。他已经认识到了译词的统一和普及与创制一样重要。无论是 1902 年任京师大学堂译书局总办，还是 1909 年担任编订名词馆总纂，严复

① 严复在 1904 年还专门编撰出版了一本英文语法书《英文汉诂》，对类似的中英文语法差异问题深有感触。《英文汉诂》“叙”就有这样的表述：“十稔以还，吾国之习英文者益众，然学者每苦其法之难通，求之于其浅，又罕能解其惑而餍其意。”（牛仰山，2002）

都把译词的统一作为他追求的目标："既设译局，理宜订定一律，以免纷纭。法于所译各书之后附对照表，以备学者检阅，庶新学风行之后沿用同文，不生歧异。"只是时局变换，其名词编订工作未及全部工作，清朝便灭亡了。幸得赫美玲的《官话》收录了其苦心编订的成果，使历史记录下了严复为西学术语译介与统一所奏之时代绝响。

第三节 近代以来的术语规范理论

一、维斯特及其创立的普通术语学

20 世纪初，由于科学技术的发展日趋迅速，国际科学技术交流日趋活跃，术语的标准化和规范化显得更加重要，出现了国际性的组织来协调术语工作。1906 年成立的国际电工委员会（International Electrotechnical Commission，IEC），开始编纂多语种的国际电工词典。1936 年国际标准化协会（International Standardization Association，ISA）建立了第 37 技术委员会，又称术语学委员会。1951 年国际标准化组织（International Organization for Standardization，ISO）延续 ISA 第 37 技术委员会的工作，建立了 ISO/TC 37（术语学原则和协调委员会，2001 年 2 月改名为术语及其他语言和内容资源技术委员会），秘书处此前设在奥地利，现位于北京。该委员会一直在国际范围内协调和组织术语工作。这些都有力地推动了国际上术语标准化工作的进展。

"术语学之父"——奥地利科学家维斯特于 1931 年写作了关于术语学的论文《在工程技术中（特别是在电工学中）的国际语言规范》（*Internationale Sprachnormung in der Technik, besonders in der Elektrotechnik*），提出了现代术语学的基本原则和方法，阐述了术语系统化的指导思想，为现代术语学奠定了理论基础。此后，他又发表了一系列术语学论文，如 1955 年发表的《术语学的基本概念，系统化的定义词典》（*Grundbegriffe der Terminologielehre, Systematisches Definitionsworterbuch*）、1972 年发表的《普通术语学：一门界于语言学、逻辑学、本体论、情报学和专业科学之间的边缘学科》（*Die allgemeine Terminologielehre—Ein Grenzgebiet zwischen Sprachwissenschaft, Logik, Ontologie, Informatik und den Sachwissenschaften*）等。他晚年出版《普通术语学和术语词典编纂学导论》（*Einfuhrung in die Allgemeine Terminologielehre und Terminologische Lexikographie*），对现代术语学起到了奠基的作用。他的主要观点是：强调概念在术语学中的重要地位；术语学的研究只限于词汇的范畴，不研究术语的形态变化和句法规则；术语学的方法是共时的方法，只关心概念体系的现状而不涉及概念体系的发展历史；强调术语学与语言学的不同，术语学除了对语言进行描写，还要对语言进行规范，强调国际统一的原则和方法，以书面语作为主要研究对象；定义在术语学研究中占有特殊重要的地位；术语学是各门科学中概念系统的原始基础。

二、普通术语学的主要流派：印欧纲领

与每一门世界性的学问一样，记载术语学的语言文字载体或者研究对象所在国别不同，术语学可能就展现出不同的研究方向或者研究派别。如前文所述，现代术语学最初可以分为四个学派，即德国—奥地利学派、俄罗斯学派、捷克斯洛伐克学派、加拿大—魁北克学派（冯志伟，1989）。尽管这一划分主要基于各学派对术语学的相同或不同观点，但无可否认，德国—奥地利学派的主要语言是德语，俄罗斯学派的主要语言是俄语，捷克斯洛伐克学派的主要语言是捷克语和斯洛伐克语，加拿大—魁北克学派研究的主要语言是法语（加拿大魁北克省是法语区）。应当说从主流的学派语言来说，印欧语是主体。术语学的研究对象离不开用语言文字表达的术语，不同国家的语言不同，除了共性的方面，可能更多的是面临并不相同的语言问题。

从目前研究的情况看，以维斯特、达尔伯格（I. Dahlberg）、魏尔西希（G. Wersig）和费尔伯（Helmut Felber）为代表的德国—奥地利学派，代表了现代术语学的经典理论。最核心的概括有三点：概念、规范与共时。首先，该学派十分强调概念在术语学中的重要地位。首先要划分概念，然后才能划分概念的名称，概念系统是术语的基础。因此，术语学的研究应该先从概念出发，即先从概念的定义开始，而不是先从词语开始。术语学应该研究概念的本质、概念的产生、概念的特性、概念之间的相互关系、概念系统的结构、概念的描述和定义、概念与事物的关系、概念与名称的关系等问题。由于概念王国是不依赖于词语王国而独立存在的，那么必须对概念王国的研究给以特别的注意。其次，在语言学方面，术语学的研究一般只限于词汇的范畴，术语的形态变化和句法规则与全民语言是一致的，它们应从全民语言中吸取。最后，术语学的方法是共时的方法，它只关心概念体系的现状而不涉及概念体系的发展历史。对于术语学与语言学的不同，普通术语学认为，语言学只对语言进行描写，而术语学还要对语言进行规定；语言学一般不对语言进行评价，而术语学则要对术语中的各种成分进行评价，以便筛选现有的术语并创制新的术语；语言学特别重视对本民族语言的描写，一般并不强调语言的国际化，而术语学则强调用国际统一的原则和方法来指导各国的术语工作，这种国际性的原则和方法不随着国家的不同或语种的不同而不同；语言

学既要重视书面语的研究，也要重视口头语和语音的研究，而术语学则以术语的书面语研究为主，并不强调术语的口头形式等。此外，普通术语学认为定义在术语学研究中占有特殊重要的地位，为了保证术语定义的一致性，他们建立了一套严格的定义方法。同时他们强调术语学各门科学和各个学科分支中概念系统的原始基础，术语是传递知识、技术和不同语种之间的概念的工具。

俄罗斯学派、捷克斯洛伐克学派、加拿大—魁北克学派也是印欧语术语学的重要分支，成果很多，也各具特色。俄罗斯学派的代表人物是洛特（D. S. Lotte）、德雷森（E. K. Drezen）、戈龙文（B. Golovin）、丹尼连科（V. Danilenko）等，主要观点是：术语学研究的对象是属于语言范畴的；术语学是一门应用科学，它应该研究解决各种实际问题的原则和方法；术语学的研究与社会文化有着密切的关系。捷克斯洛伐克学派是语言学中的布拉格学派在术语学中的代表，其术语学研究起始于 20 世纪 30 年代，它的形成和发展同保护捷克和斯洛伐克两种语言和文化有着密切的关系，代表人物是哈夫拉奈克（D. Havranek）、霍莱茨基（J. Horecky）、克库莱克（K. Kocourek）、鲁登尼（M. Roudny）等。捷克斯洛伐克学派的主要观点是：强调从语言学的角度来研究术语问题（继承布拉格语言学派的传统）；重视对术语的社会交际功能的研究；注意对术语特性的分析和研究。加拿大—魁北克学派是现代术语学中后起的学派，在 20 世纪 70 年代才形成，其术语数据库颇具规模，代表人物是隆多（G. Rondeau），主要观点是：术语工作应该建立在概念层级体系的基础之上；术语在本质上是由概念和名称两个方面组成的语言符号；术语标准化工作应该从社会语言学的角度进行；术语工作应该同语言规划的政策紧密地联系起来；要特别注意新术语的研究。

三、中国术语学研究：历史与现状

（一）印欧语术语学的引介

前文已述，现代术语学四个学派主要研究的语言是印欧语。中国本土的术语研究起步较晚，早期研究就是从译介印欧语术语学理论开始的，国外有关术语机构及其相关工作标准是首要的引介对象（黄兵，2016）。如 1982 年《情报科学》介绍了联合国教科文组织所属的国际术语信息中心（InfoTerm）及其建立的术语网（TermNet）的概况（包括部分代表性出版物）（情报科学编辑部，1982）。其次是不同国家或学派的术语学研究成果。1987 年，《辞书研究》刊文介绍了全国术语标准化技术委员会组织编译的《现代术语学与辞书编纂》一书，该书主要收录了反映当时世界上术语学、术语标准化以及辞书编纂方面主要研究成果的 25 篇代表性论文，集中反映了四大学派的研究成果（邹树明，1987）。1999 年，《术语标准化与信息技术》（已停刊）分三期刊载了《术语工作原则与方法（ISO/DIS 704）》的译文，该文件是国际上关于术语标准化工作最重要的文献之一（于欣丽，1999）。

公开资料显示，现代术语学四大学派中的加拿大—魁北克学派理论最早被系统引入国内，标志是 1985 年隆多的《术语学概论》、1990 年迪毕克的《应用术语学》先后在国内翻译出版（隆多，1985；迪毕克，1990）。两本书的内容涵盖术语的定义与概念、术语工作方法、术语标准化、术语库、术语学与语义学和词典学的关系、同义术语、新词及术语文献管理等诸多内容。此外，魁北克省属于法语区，其术语政策受法国术语理论影响较大，《外语教学与研究》在 1987 年还刊载了《应用术语学》的译者张一德在旅法期间介绍给国内的《法国术语学词典的几条自我规定》（张一德，1987），包括法国术语学词典的编纂原则、功能及用途等方面。

其次，德国—奥地利学派是印欧术语学的典型代表，因此该学派学术观点的引入更为直接。1984 年应中国标准化协会和全国自然科学名词审定委员会（现称全国科学技术名词审定委员会）的邀请，奥地利维也纳大学术语学家费尔伯教授来华讲学，作了《术语的科学和术语学的协调》的学术讲演（吴凤鸣，1985）。1987 年国际术语信息中心主任加林斯基（Christian Galinski）由奥地利来华讲学，其论文在次年被翻译发表，文章提到了以术语学原理为基础的术语数据库对存储日益增长的情报、知识、文献的重要作用（加林斯基等，1988）。在此之后，国内对奥地利学派的研究有增无减，如 2011 年邱碧华将奥地利学者维斯特的《普通术语学和术语词典编纂学导论》（第三版）、费尔伯的《术语学、知识论和知识技术》（*Terminology，Epistemology and Knowledge Technology*）译介到国内（欧根・维斯特，2011；赫尔穆特・费尔伯，2011）。

由于历史原因，国内对俄语术语学的研究最为深入[①]。1999 年，长期从事俄语词典编纂的郑述谱较早介绍了俄国术语学发展的主要历程及其主要的术语学观点（郑述谱，1999）。2001 年，吴丽坤介绍了 20 世纪 90 年代俄罗斯术语学研究概况。从 2002 年到 2004 年，郑述谱陆续介绍了俄语术语学的代表人物德列津（Э. К. Дрезин）、维诺库尔（Г. О. Винокур）、列福尔马茨基（А. А. Реформатский）的术语学思想。2004 年，全国科学技术名词审定委员会与黑龙江大学联合建立“中

① 这与黑龙江大学郑述谱团队的俄语优势和俄语词典编纂积累有较大关系。

国术语学研究所”，郑述谱及其部分团队成员明确将术语学作为研究方向，使俄语术语学的研究更趋深入。2005 年，吴丽坤的博士学位论文《俄罗斯术语学探究》就重点介绍了俄语术语学的研究成果，侧重从术语学的角度来观察术语，重点研究术语的性质、语义及构成问题（吴丽坤，2009）。2011 年，商务印书馆出版了俄罗斯术语学家格里尼奥夫（С. В. Гринев）的《术语学》，该书通过对俄、英、法、意、波、捷等语言中术语的多语对比分析，研究了术语的性质、过程与现象（格里尼奥夫，2011）。

国内对捷克斯洛伐克学派的介绍最少。1990 年《国外语言学》（现刊名《当代语言学》）刊文介绍了捷克斯洛伐克的术语学家霍莱茨基，谈到他的术语学观点融会了维也纳学派和布拉格学派的观点，他认为好术语应该兼具意义上的透明性、系统性、稳定性、单义性和精确性、承载性（即能产性）、人民性（即约定俗成性）、国际性等七个方面的特征（朱伟华，1990）。此后，2013 年《中国科技术语》刊载了邱碧华简介布拉格术语学派的文章（邱碧华，2013）。

除了对传统四大学派观点的介绍，国内部分学者在近些年也开始关注国际上众多非经典的术语学理论观点、代表性人物或纲领，如《中国科技术语》自 2015 年以来[①]刊载的邱碧华编译的关于交际术语学、社会认知术语学、本体术语学、术语哲学、术语本体编纂学、框架术语学等的文章（邱碧华，2015a，2016a，2016b，2018，2019，2020）。这些介绍性文章涉及近年来术语学理论研究的主要领域、术语的基本原理及术语工作方法等。

（二）汉语术语学理论研究

由于术语学引入国内的时间不长，国内从事术语学理论专门研究的力量并不多，具有一定特色和成果积累的研究方向主要集中在计算术语学、术语学理论与术语词典编纂、术语规范理论与实践、术语翻译等几个方面。一是计算术语学方面，以冯志伟为代表。1997 年出版的《现代术语学引论》（2011 年增订）是中国第一部系统的、结合汉语术语特点编写的术语学理论专著，对印欧语的术语理论介绍全面，对汉语术语的形式分析和计算语言学处理也达到了较高的水平。除了论及术语的界定、概念系统和知识本体、术语定义、术语编纂、术语标准化、术语命名原则、术语数据库、计算术语学等方面的系统研究以外，他针对汉语术语的实际提出了“术语形成的经济率”和“术语歧义潜在论”等原创性理论，概括

---

① 2011—2015 年邱碧华曾系统关注了欧洲术语学经典学派的主要观点。自 2015 年开始，其引介重点放在了新兴理论思潮或相关组织的术语工作等，除了下述的新理论外，还包括日本学者的“术语动力学”（邱碧华，2015b）。

出中国术语学的三个“推进”[①]，近年来首倡建立术语学的“中国学派”[②]，具有启发意义（冯志伟，2011）。二是术语学理论与术语词典编纂方面，以黑龙江大学俄语学院郑述谱研究团队为代表，特色是借鉴俄语术语学的研究成果，论及术语学的基本问题及术语词典的编纂理论、方法和技术。《术语学论集》（郑述谱，2014）和《术语编纂论》（郑述谱和叶其松，2015）是其代表作品。三是规范术语理论与实践方面，以全国科学技术名词审定委员会刘青研究团队为代表，特色是围绕术语规范实践工作展开，以《中国术语学概论》（刘青，2015）、《中国术语学研究与探索》（刘青，2010）为代表作品。四是在术语翻译方面，以南京大学魏向清团队为代表，《双语词典译义研究》（魏向清，2005）是其代表作品。同时，国家标准化管理委员会全国术语与语言内容资源标准化技术委员会[③]专家团队、国家外语中文译写规范和中华思想文化术语传播部际联席会议[④]专家团队，都是国家根据相关工作需要设立，与术语对内、对外译介及研究工作研究有较紧密关系的机构或机制，促进了术语学研究工作。此外，在术语词汇、术语管理、文献情报、知识工程等方面，也有不少学者针对术语问题开展推陈出新的研究。

值得一提的是，除了黑龙江大学、南京大学以外，北京大学、北京外国语大学、北京师范大学、中国传媒大学、北京语言大学、中国中医科学院、中国科学院自然科学史研究所、中国社会科学院、中国外文局、中国大百科出版社、南开大学、武汉大学、湖北中医药大学、天津外国语大学、复旦大学、同济大学、上

① 从“共时”推进到“历时”，从“规定”推进到“描写”，从“概念”推进到“知识”，参见冯志伟（2011）。

② 他认为，中国的术语工作实践源远流长，这是“中国学派”得以建构的现实基础；跨语性是贯穿其中的一个重要线索，也是“中国学派”的典型实践特征。与此同时，如何基于术语与翻译的实践同一性与学理互补性进行系统的理论探索，是“中国学派”得以立足的关键（参见殷健等，2018）。

③ 该团队聚焦国外以 ISO 术语标准的译介和术语相关原则标准规范的起草研制工作，如 2019 年新修订、公布的 GB/T 10112—2019《术语工作　原则与方法》。国家标准化管理委员会还曾组织召开三次术语学、标准化与技术传播国际研讨会。

④ 该联席会议制度建立于 2012 年，最初名为“外语中文译写规范部际联席会议”。2014 年 11 月，中华思想文化术语传播工作纳入其中，联席会议名称相应调整为现名（“外语中文译写规范和中华思想文化术语传播部际联席会议”）。其中，外文中文译写规范工作的专家委员会秘书处设在教育部语言文字应用研究所，通过外文中文译写规范网（http://zwyxgf.cn/）发布，至今已发布 11 批（其中有不少是社会通行度高但使用不太规范的外文缩略术语，提供一个或两个中文名称）。中华思想文化术语传播工程的专家委员会秘书处设在外语教学与研究出版社，主要成果通过“中华思想文化术语库”（http://shuyuku.chinesethought.cn）在线发布和《中国思想文化术语》系列图书发布，目前已收录约 900 条，包含中文释义、外文释义、中文引例、中文引例释义和外文引例释义等字段，提供中、英文两个语言版本并提供对应的专业录音，部分词条提供西班牙语、尼泊尔语、马来西亚语、波兰语、阿尔巴尼亚语和马其顿语等语种。

海外国语大学、上海中医药大学、广东外语外贸大学、鲁东大学、中国人民解放军军事科学院、中国人民解放军战略支援部队信息工程大学（原解放军外国语学院）、哈尔滨工程大学、哈尔滨师范大学、牡丹江师范学院、内蒙古大学、惠州学院等，不少高校和研究机构也有研究人员从事术语学相关研究，部分高校和研究机构还培养了一些从事术语相关研究的硕博士生。这些研究力量研究兴趣广泛，涵盖专书词汇、语料库、专科词典、法律术语、中医术语等，广泛活跃在术语学相关领域，是术语学研究的“星星之火”。

就学术成果而言，在理论专著方面，2011 年前后全国科学技术名词审定委员会与商务印书馆联合推出的“中国术语学建设书系”（总主编为路甬祥，执行主编为刘青），除收录上文提到的维斯特的《普通术语学和术语词典编纂学导论》（第三版）、冯志伟的《现代术语学引论》（增订本）、刘青的《中国术语学概论》和《中国术语学研究与探索》、郑述谱的《术语学论集》、格里尼奥夫的《术语学》、吴丽坤的《俄罗斯术语学探究》、费尔伯的《术语学、知识论和知识技术》以外，还收选了龚益的《社科术语工作的原则与方法》（龚益，2009）、温昌斌的《民国科技译名统一工作实践与理论》（温昌斌，2011）、孙寰的《术语的功能与术语在使用中的变异性》（孙寰，2011）、陈雪的《认知术语学概论》（陈雪，2017）等多本专著或译著。这套书系是中国术语学理论研究的一轮阶段性总结。2019 年，全国科学技术名词审定委员会又在科学出版社推出了“中国科学技术名词规范化理论建设书系”（总主编为白春礼，副总主编为裴亚军），目前已经出版了杨鲁的《军事术语规范化研究》（杨鲁，2020）、唐绪军的《新闻学与传播学名词规范化研究》（唐绪军，2019）等。在期刊方面，《中国科技术语》（曾用名《科技术语研究》）、《术语标准化与信息技术》（目前已停刊）是术语学专门研究的主要阵地，《中国科技翻译》《中国翻译》《上海翻译》等期刊也是国内学者了解、学习和交流术语学研究的前沿动态及研究成果的重要渠道。此外，由全国科学技术名词审定委员会主办的“中国术语学建设研讨会”已举办八届，“面向翻译的术语研究”研讨会已举办三届，都是国内专门开展术语学研究最为集中和重要的平台。

第四节　汉语术语理论之殇：印欧纲领会通乏术

一、经典术语学的分化与印欧纲领的式微

有关术语学派的划分是在术语学被引入中国的初期，国内专家对国际术语学

当时研究现状的初步认识。其实，国外各个研究团体和代表人物的术语学研究也是在逐步深化的。“学派”证明某团体在术语学的研究方面独具特色，而这些特色恰恰是其他团体所不具备的或者不凸显的。郑述谱等曾于 2008 年撰文建议慎用“学派”的说法（郑述谱，2008）。他后来又提出要多从地域或地缘的视角考察国外的术语学研究现状，并认为从全面的综合指数来看，奥地利—德国与俄罗斯处于领先的“第一集团”，北欧是术语研究上升最快的地区，加拿大是术语工作最活跃的地区（郑述谱和梁爱林，2010）。

根据国内学者们的最新研究状况，国外术语学的各个流派近些年的研究也有内容、方法和关注点上的发展变化，甚至是理论和实践上的趋近。20 世纪 90 年代起，在西方术语学界，社会术语学、社会认知术语学、以文本和语料库为基础的术语学研究方法以及交际术语学（张鹏，2011）等新术语学思潮的出现，对传统术语学理论与实践造成了较大的冲击。近年来，国际上对术语学理论研究的兴趣锐减，转而从事围绕术语语料库建设等实际应用性活动的人数剧增，表现为“术语学的彷徨”（主要指术语学方面的学位论文数量下降）（郑述谱和梁爱林，2010）。此外，术语知识工程学、篇章术语学与认知术语学都是几年来出现的新方向（郑述谱和梁爱林，2009）。另外，术语词典学的迅猛发展已经实际促成了术语学的实践转向。这一方面体现了术语词典编纂的现实所需，另一方面也从一定程度上提出了对理论术语学的更高要求，否则将可能出现理论落后于实践的尴尬情况。表面看来，全球化的术语学理论和实践到了一个消极的“十字路口”（邱碧华，2015a），旧有的传统术语学应被新兴的术语学思想取代，传统术语学的工作方法应该全面让位于新生事物。然而，实际的情形大不尽然。“2003 年在欧洲召开了有关术语学理论的国际术语学会议（Conference of International Terminology，CIT），其带有结论性的报告，对全球术语学理论与实践的实际状况做了精彩总结：‘我们需要突出强调这样一个事实——经常认为是相互矛盾的理论和方法，却因使用者的需要而具有互补性，因此这些理论方法之间需要调和，尤其要考虑到当今和未来的术语学发展离不开愈加重要的信息技术。名称学、语义学、语言学和术语学，各方必须再度联手；不同国家、不同形式的理论研究和实践活动，需互通有无、共享成果。唯有这样，才可能竭术语学这一雄心勃勃和稳健的理论之所长。我们大家当继续为术语学的建设添砖加瓦，提供及时反馈。’学者们充分认识到了这样一个事实：术语学理论不是一种，而是多种。”（Lanchon，2004；邱碧华，2015a）

二、现行印欧纲领难以会通汉语术语实践

进入近代以来，除了西学东渐时期传教士的参与以外，从清末的编订名词馆算起，到民国时期的译名统一工作实践，再到新中国的科技名词统一工作，译名的规范和统一都居于十分重要的位置。新中国的术语工作除了继承各个时期已经形成的成熟工作方法，还经过学术界的长期讨论①，自主制定了指导性文件，以《全国科学技术名词审定委员会科学技术名词审定原则及方法》（1995 年 12 月首次颁布，2015 年 12 月最新修订②）最为典型。与此同时，标准领域的术语相关工作受维斯特术语学思想的影响比较明显。20 世纪 60 年代，维斯特曾领导 ISO/TC 37 秘书处的工作，ISO/TC 37 制定的《术语工作原则与方法（ISO/DIS 704）》在很大程度上体现了维斯特的术语学思想。与该文件一脉相承，中国国家标准化管理委员会也制定了 GB/T 10112《术语工作 原则与方法》（1999 年首次颁布，2019 最新修订）。

维斯特创立的普通术语学有三个特点：一是从概念的研究出发；二是只限于研究词汇；三是进行共时的语言研究。在传统语言学中，“概念”这一概念处于索绪尔经典语义三角里所称的“所指”的位置，维斯特则十分简洁地将“概念”名称化，方法是给予术语学的研究对象——术语以若干严苛的界定。在维斯特的框架里，术语之纯粹，犹如科学的精密一般。在传统的术语学理论体系中，术语的存在有着深刻的逻辑学根源。术语是单义的，似乎能超脱于语义三角之外，能直达概念含义而无须中转，如同专名一般没有内涵只有所指，也不带附带的含义。这就是维斯特所认为的术语学家谈概念，而研究通用语言的语言学家谈的则是“词的内容”。也许正是得益于这种纯粹性，普通术语学才在 20 纪下半叶正式诞生，也得到世界范围内的广泛认可。

但在中国，为什么越来越多的人倡导建立中国特色的术语学呢？对于建立中国特色的术语学，有人也许会提出疑问，这会不会偏离术语学的正道呢？毕竟维斯特经典术语学的诞生之初，理论基点是塑造纯粹的术语，如果偏离术语学诞生的初衷，会不会动摇术语学的根本呢？但是如果只追求“国际性的科学”或是“没有灵魂的符号”，就一定能在科学语言的世界里畅通无阻吗？

具体到中国古今的汉语术语实践，至少有下列问题无法用经典理论做出很好的阐释：中国古代没有科学，那么如何解释古代存在术语的事实？如何解释中国

---

① 多少受到当时已经引进的国外术语学著作的影响，也包括来自俄罗斯术语学理论与实践的影响。

② 详见全国科学技术名词审定委员会网站有关栏目（http://www.cnterm.cn/sdgb/sdyzjff/）。该文件 2021 年已开始酝酿再次修订。

近代术语中有不少是从古代原样传承而来的？中国古代和近代的术语实践怎样才能统合到一个理论中？中医日益受到国际关注和学界认可，如何看待中医术语？中国传统科学文化和科学概念如何更好地实现对外传播？如何解决全世界所共同面临的术语知识的大众传播问题？

有的问题涉及在某些古今有密切关联的学科里，虽然对科学的认知不完全相同，但术语的表达方式和表达习惯是不是有可能带入近代术语？有的问题涉及现代术语学所面对的近代科技是否有体系上的不完整性，而遗漏的这些知识体系及其术语表达究竟该怎么去定位？有的问题涉及术语是不是仅仅只是一个语言问题，而不用考虑其言语的层面，比如科技篇章中的除去典型术语的部分内容是什么性质？术语学要不要研究这些问题？如果需要研究，那么现有的研究体系是不是能够涵盖？……这些问题都是研究中国术语学理论所必须解答的重大理论与实践问题。

三、会通汉语术语理论与实践的三大期待

（一）期待贯通古今

先秦名辩学虽然是中国古代最具科学气质的理论，正名理论也深刻影响了国人的名实观念，但是《墨经》逻辑在“罢黜百家，独尊儒术”之后，像其他先秦学说一样，就在名义上销声匿迹了。尽管近代以来逻辑学和科技史研究在中国逐渐发展起来，对先秦名辩学也做了不少的挖掘与整理工作，但是相关研究仍然只是局限在有限的学科领域中，当代术语的定名工作中很少能见到有关这一类问题的研究，也很少有研究能厘清先秦名辩学的内在逻辑对术语实践工作的实际价值。前文提到傅兰雅、严复等的术语实践，虽然偶有触及理论范畴，但仍停留在萌芽阶段，自清末民初以来，他们的探索逐步被蜂拥而至的日语译词所取代，术语理论也就逐步走上了与欧美对接的翻译之路，如今的汉语术语明显走上了类似形式演绎逻辑的翻译之路（典型特征就是术语翻译基于单词的词汇对译倾向），而极少有人去关心或试图从理论层面衔接古今的差异，去增加术语的人文气息。①

世界古代逻辑科学诸体系，包括名辩逻辑与印度的因明逻辑、古希腊的亚里士多德逻辑，堪称世界古代文化中东西方相映互辉的三枝异彩奇葩。从时间上看，三大逻辑体系都是在公元前 5 世纪到公元前 2 世纪这一时期形成的。亚里士

① 因为社会在进步，术语知识也必然为越来越多的国人掌握。深入骨髓的中国逻辑必然将选择那些更切合“天人合一”理念的术语，这就是所谓术语的人文气息。也就是说，古奥的言辞不是唯一出路。但如果我们不试图去改变，也许术语将成为国人科学素养提升的最大障碍。

多德创立古希腊逻辑的时间与墨家创立《墨经》的时间几乎是相同的。如果拿足目作印度逻辑的创始人，则印度逻辑与中国、希腊逻辑形成的时期也相差不多，三者可算是孕育在同一母体、出生时间有所不同的三兄弟而已。“三大逻辑在世界的不同地方形成，时间却大致相同……皆因在这一时期三大逻辑的发祥地的自然科学等都发展到一定的水平。因为一切科学都是思维的结果。科学的思维又是以研究思维为对象的逻辑学得以产生的源泉，也是思维的科学能够建立起来的基础”（张忠义，2007）。它们几乎同时出现在不同的国度，从不同的角度和层次上揭示了人类思维中一些具有普遍性和规律性的问题（翟锦程，1995）。从这个角度而言，科学的发展从来不是孤立的，它植根于各种逻辑土壤，人们的思维习惯则是逻辑的深深烙印。墨辩逻辑所讲究的“类”“故”“理”，无不存在于我们对古今术语的思考。所谓好的术语，人们对其产生认同的原因，总是逃脱不了这些深邃的逻辑思维深处。有必要在术语及其理论方面做些会通古今的探索，将植根于中华文化的科学形态和语言形式更好、更多地带给全世界。

（二）期待融会中外

严复作为学贯中西的学者，曾在《新民丛报》（1902 年第 12 期）撰文提到，“大抵取译西学名义，最患其理想本为中国所无，或有之而为译者所未经见”（王栻，1986）。严复所说的“理想”就是 idea，今之“概念”。沈国威（2010）认为：“不同的语言之间可以建立对译关系是以人类具有可以互相接受的意义体系为前提的，而作为进一步的思考：人类是否分享一个意义世界的‘原风景’？如果回答是肯定的，那么只需努力把‘未经见’的名义找出来就行了。”这里“未经见”的“西学名义”，实际上就是当时西方已经产生但中国尚未引入的科学概念。实际上在严复因翻译《天演论》等产生困惑 100 多年后的今天，同样的难题依然摆在面前，并且解决难题的紧迫性也越来越显著。一类是中国特有的科学类型及其概念、体系或范畴的对外传播（如中医[①]的经脉、气血，《周易》哲学的“道”“象”“气”等等），另一类则是中国领先全球的科技创新所涉及的概念、体系等的中文定名及对外传播（如工程控制论、高铁、超高压输电等）。这是会通中西的术语学理论所必须要观照到的现实问题。

① 尤其是在青蒿素实现了国人科学类诺贝尔奖零的突破后，世界对中医更加关注。2019 年 5 月，《国际疾病分类第十一次修订本》（ICD-11）将中国、日本、韩国等普遍使用的传统医学病症（源于中国中医）纳入其中，即是明证。我国中医药学界，如湖北中医药大学毛树松团队、中国中医科学院朱建平团队、上海中医药大学严世芸团队等都为此做出了大量的努力。

此外，严复当年还注意到出现在语言接触初期的词汇体系不对等[①]。他在安徽高等学堂做题为“宪法大义”的演说时，谈到“宪法”这一译词时说：“宪法西文曰 Constitution，此为悬意名物字，由云谓字 Constitute 而来。其义本为建立合成之事，故不独国家可以言之，即一切动植物体，乃至局社官司，凡有体段形干可言者，皆有 Constitution。今译文宪法二字，可用于国家之法制，至于官司局社尚可用之，独至人身草木，言其形干，必不能犹称宪法。以此推勘，即见原译此名，不为精审。”（王栻，1986）他注意到印欧语的词形变换的自身逻辑（谓字 Constitute 到名物字 Constitution 的关联），但是汉语“宪法”这个译词并没有词形变换的内部逻辑（宪法并不是从某个动词意义演变而来的），以至于他觉得还不“精审”。时至今日，虽然我们按照西方的语法体系，很容易不再纠结这类问题，但是汉语术语实际上还在为此进行自我调试，调试的缓慢程度甚至是日积月累、不易察觉的。

（三）期待体用结合

前文提到的桐城派代表人物吴汝纶虽然对严复的翻译推崇备至，但在为严复《天演论》撰写的序言中，也说“是旨也，予又惑焉。凡为书必与其时之学者相入，而后其效明。今学者方以时文、公牍、说部为学，而严子乃欲进之以可久之词，与晚周诸子相上下之书，吾惧其傑驰而不相入也。虽然，严子之意，盖将有待也，待而得其人，则吾民之智瀹矣”（王栻，1986）。吴汝纶实际是意识到了“西方新学的内容、严复的译文形式、当时读者的容受性之间存在着严重的背离，这种背离势必影响新知识的普及”（沈国威，2008b）。吴汝纶提出的解决方案也只能是等待有其他人想出什么好办法来。要么是“时代的读者屈就传统的文体”，要么是“使文体适应于时代的读者”，“指望大家都写桐城文，读桐城文显然是不现实的”（沈国威，2008b）。

吴汝纶提出的这个问题，从表象上看是个术语应用的问题，但是中国传统思维讲究的是体用不二，“体”是要包含“用”的。如果术语是“体”，那么术语的使用就是“用”。严复说：“体用者，即一物而言之也。有牛之体，则有负重之用；有马之体，则有致远之用。未闻以牛为体，以马为用者也。”（王栻，1986）如果术语的“体”在使用中发生了偏离或变异，或者背离了时代和使用者，多半是要被淘汰的。严译的诸多经典社会科学译词虽然雅驯，但是最终还是有不少让位于日语译词了。因此，术语的生命力不仅仅体现在术语定名，还要关注术语的

① 按照索绪尔的理论，实际就是词汇的“价值”（语言体系中的位置和分布）不同。

传播和使用。术语的应用程度是检验术语质量的重要指标。

按照习惯理解，术语主要还是书面语。古代中国，书面语就是文言文，而且文与言（书面语与口语）是不一致的。因而古代的文言术语遇到五四运动前后的白话文运动，使得白话文运动的言文并轨与历史上清末民初的术语接触产生了瓜葛。西方科学在进入中国时引发最大社会风潮的，主要还是社会科学和人文科学。社会科学与人文科学最突出的特征就是与“人”密切相关。对于与“人”直接相关的学问，作为“社会人”的社会大众都能有自己的判断和理解，并做出自己的选择（比如术语采用哪种形式）。因而社会大众优先从日本和本土翻译的社会科学和人文科学术语中开始了对西方科学的习得，中国的士大夫和进步青年也最终选择了他们更为熟悉的社会科学和人文科学作为革新社会的突破口。这也是严复的《天演论》在清末民初风靡一时的重要原因。“用”（术语的使用及使用者）是这股风潮中最具有决定性的因素。从术语的进化（物竞天择、适者生存）来看，德先生（民主）和赛先生（科学）是当时的口号，他们不是传统意义上分类不同的两个概念问题，而是彼此成就或彼此影响的关系。术语更像是一种标志，浓缩了整个变革时代的新知与旧知。因此，如果要会通术语，就不能遗忘术语的使用这个维度，要关注术语的社会应用。

前几章所进行的探讨，在很大程度上能解释中国的这些实践困惑。我们的理论探索是基于汉语术语历时、描写、博物的传统，展开对不同语言类型或科技类型术语的考察和研究，以期完善普通术语学的基本架构，从不同类型的语言的术语研究所体现出的理论特色上考察术语学研究的进展。正是因为经典的术语学理论过于严苛的界定，经典的术语学理论本着逻辑的思维，但实际上却最大限度地约束了逻辑的冲动，限制了术语学的长远发展。

因此，汉语术语学理论体系不能脱离意音文字的特点，要考虑术语的历时维度，借鉴博物思维，抓住汉语术语“比类取象、援物比类”的特点，厘清汉语术语实践，运用汉语术语理论来指导汉语术语的未来发展。中国的术语学家要善于分析汉语实践，提出“汉语纲领”，进而将有关成果介绍给全世界。

第四章　汉语术语学：基于二维属性论的汉语纲领

长期以来，语言学界普遍遵从源自苏联语言学的词汇二分法："基本词汇"与"一般词汇"。很多语言学论著在谈及词汇问题时，往往都把该分类摆在重要的位置。按照该分类，俄语原词所对应的行话、黑话、俚俗语等在内的词汇概念（汉语缺乏准确的对应术语，比较接近的是行业词，被视为社会方言）属于一般词汇，在基本词汇之外，原因是术语并不具有全民性、稳固性和能产性的特点。这一分类长期以来阻碍了语言学界对术语词的关注和认识，对于术语研究中原本属于词汇的问题，语言学家并不热心、不关心。因此有必要在这里先加以澄清。

第一节　术语的二维属性论：科技性与语文性

张晖（2016）认为，术语因其跨越了科学和语言两大领域，具有语言文字和科学技术的双重属性，简称语文属性和科技属性。在语言学研究中，术语因其语文属性而适用于普通语言学的一般规律；而在科学技术研究中，术语因其科技属性而适用于科技研究的一般规律。术语的双重属性，直接供给了术语学成长的营养，更深刻影响着术语自身。

从词汇的二维属性的角度出发，词汇可划分为术语和语文词两大类。术语是在特定科技或行业领域表达科技概念的词汇，主要用于科技交流；而语文词是在大众日常生活领域表达情感、思维等的词汇，主要用于日常交流。这两类词汇的界限也不是截然的，是"你中有我，我中有你"的[①]。由于术语的普及，如语言学界探讨过的、佛经翻译产生的术语"解脱""刹那""真谛""方便"等词，早已被大众泛化使用。而现存于全民语境中的生活百科词汇，都大量处于术语和语文词的交集之内。

术语因科学无国界而能成功跨越地域，这是由术语的科技属性决定的。维斯特在《普通术语学和术语词典编纂学导论》一书中提出："普通术语学是语言学中一门重实效的学科，它在国际水平上，通过对概念、意义形式和拼写法的相互适应（Angleichung），从而使各民族的专业语言之间得到协调……"（转引自冯志伟，2007）他所描绘的普通术语学图景正是基于术语跨越国别界限和语言界限

① 两者是不是包含关系，我们暂时还不能把握。

的特点，以及在科技发展方面体现出的共性。术语因语言文字有国界而需要译介传播，这是由术语的语言属性决定的。传统词汇学研究强调语言单位的细分和分布，术语研究也应该注重术语形式背后所蕴含的不同民族特有的思维方式，这是术语作为词汇所具有的民族性的表现。所有对汉语术语学建构的理论尝试，都需要认清汉语言文字的特点，才能把握住汉语术语的本质规律。

基于术语的科技属性，术语学的研究和术语实践工作可以通过构建跨越国界和语言、直达概念本身的术语语义网络，发现科技概念的空白点，还可以通过概念创新和术语创新，促进科技知识的生产。基于术语的语文属性，可以提出更多既符合本国语言文字特色和传统，又能与世界潮流接轨的好术语，更好地为提高国民的科学文化素养、促进本民族科技进步、促进民族文化的传承和创新发挥基础性作用。

赵元任曾在回应中国人没能在西方科学传入以前发展出一套自然科学体系的真正原因时，指出汉语的逻辑恰恰在许多方面跟现代逻辑的表达形式相一致。他说："现代西方科学只是近三、四百年的事，在整个人类文化史中占的比重极小……'作为一个以汉语为母语的人，我很想说：瞧，这就是汉语在科学上优于西方语言的例证。然而作为一个研究语言的学者必需尽量做到不偏不倚，对语言和科学的最好的概括，就是不要去做任何概括。'"（沈家煊，2014）赵元任的这种论断不是盲目的，而是基于对汉语母语的深刻认识、站在历史的高点做出的。诚然，语言是交流的工具，好的语言文字能更好地表达思想，利于社会文化的传承。术语也是一种交流工具，好的术语能更好地表达科技概念，利于科学技术的传承。只有让术语的科技属性和语文属性在术语工作中交汇，人们对科学技术跨越国界的认知也才能更加深刻，对语言文字民族性的理解才会更加深入。

一、术语的科技之维：从科学到知识

（一）会通古今科技：李约瑟的科学"五阶段论"

讨论中国古代科学技术的性质，绕不开著名科技史专家李约瑟所提出的"李约瑟之问"。有关"李约瑟之问"的所有讨论，实际的症结就是如何看待不同类型的科学形态。如果这一根本问题得到解决，"李约瑟之问"就不再称其为问题。李约瑟在 *Science and Civilisation in China* 丛书的末卷（第七卷，该卷尚无中译本）里（Needham，1994）给出了他的科学"五阶段论"[①]：

① 我们通读该卷，虽然该卷注明为 K. G. Robinson 所著，但扉页注明为 Joseph Needham 与 Kenneth Girdwood Robinson 和 Ray Huang（Huang Jen-Yo）合作。鉴于该部分是全套书的结论部分，且行文中有 Joseph Needham 的评论文字，重要的结论部分从行文来看，得到了李约瑟本人认可，是他在完成中国古代科学与文化的考证后所做的独立思考（参见 Needham，1994）。

In discussions on this subject we have concluded that the growth of science may now be viewed in the following five stages:

(1) The primitive stage, when a body of techniques was developed. This may be referred to as proto-science.

(2) The medieval stage, when bodies of sophisticated techniques were differentiated and general principles formulated, often related to some all-embracing theory.

(3) Renaissance science, when universal laws were believed to apply to nature, but individual sciences were not thought of as components of one general Science.

(4) 19th-century "modern science" when each individual science is thought to exemplify a system of universal laws, and that the principles and procedures of rigorous description and explanation in physics may in time be fitted to the entire variety of the more complex sciences from chemistry to linguistics. This Science is thought of as a Unity.

(5) 20th-century attempts to establish a canon of accepted Unity of Science. Growing realisation that the "Laws of Nature" are conjectural descriptions of the structural properties of Nature; and appreciation that science is radically human, that man is part of the context in which the conjectural descriptions of the properties of Nature have been formulated, that all disciplined enquiries are affected by this relationship, and that science has been brought forth by our cultural development from a multiplicity of historical structures. The idea of the Unity of Science is perhaps one of our mental constructions.

大意如下：

在关于该主题的讨论中，我们得出的结论是，现在可以从以下五个阶段来考察科学的发展：①原始阶段，开发了许多技术，这可以称为原始科学。②中世纪阶段，分化出复杂的技术并制定了一般原则，这通常与一些包罗万象的理论有关。③文艺复兴时期的科学，普遍规律被认为适用于自然，但单独的科学并不被认为是某种一般性科学的组成部分。④19 世纪的“现代科学”，认为每门科学都代表了普遍定律的系统，并且物理学中严格描述和解释的原理和程序可能会及时适用于从化学到语言学的更复杂的科学，这种科学而被认为是统一的科学。⑤20 世纪试图建立公认的大一统科学。人们日益认识到，自然规律是对自然结构性质的猜想性描述，并认为科学从根本上说是人类自身，人类是对自然属性阐释的一部分，所有对规律的探究其实都受到这种关系的影响，科学则被源于多重历史结构的文化发展而推向前进。关于大一统科学的思想也许只是我们精神的一种建构。

在提出科学“五阶段论”后，李约瑟进一步对他所研究的中国古代科学和近代科学的地位做了一番描述（Needham，1994）：

> We may also look at the word “science” as it is used generally and as it is used in our *Science and Civilisation in China* series. Here again it is important to refer the word “science” to the particular period in which it was used.
>
> In *Science and Civilisation in China* we have viewed science at three levels. First what we call proto-science, such as is found in ancient Babylonia. Then medieval science, such as is found in China before about the year 1700 and in Europe before 1500 approximately. Thirdly we refer to modern or international science. I disagree with those who call modern science “Western”, for though it began in Western Europe it has long ceased to be exclusively Western. Indeed I have pictured modern science as being like an ocean into which the rivers from all the world’s civilisations have poured their waters.
>
> … I believe in making a sharp distinction between modern science and that which preceded it, namely ancient and medieval science. Modern science, to my mind, consists in two things, the mathematisation of hypotheses about Nature on the one hand, and on the other continuous and relentless experimentation. In my opinion, there is no science outside modern international science.

大意如下：

> 我们也可能会看看“科学”一词，因为它在我们的“中国科学与文明”丛书中被普遍使用。因此，弄清楚“科学”一词所使用的特定时期是很重要的。在“中国的科学与文明”中，我们从三个层次来审视科学：首先是所谓的原始科学，例如古代巴比伦时期所发现的科学；其次是中世纪的科学，例如大约 1700 年之前在中国和大约 1500 年之前在欧洲发

> 现的中世纪科学；最后我们提到现代或国际科学。我不同意那些称现代科学是“西方”的，因为尽管它始于西欧，但它早已不再只限于西方。实际上，我把现代科学想象成海洋，来自世界各个文明的河流都涌入了大海……我相信要在现代科学、古代科学和中世纪科学之间进行清晰的区分。在我看来，现代科学[①]包括两方面，一方面是关于自然假说的数学化，另一方面是连续不断的实验。在我看来，在国际性的现代科学[②]之外，没有科学。

也就是说，在李约瑟眼里，原始科学、中世纪科学以及 19 世纪的“现代科学”（即我们所说的近代科学）都不是科学的最终形态，只有第五阶段（国际性的现代科学）才是科学的最高形态。19 世纪的“现代科学”的特征是数理逻辑和实验科学，这并不是科学的全部。前文提到，赵元任其实也是持类似观点的：“现代西方科学只是近三、四百年的事，在整个人类文化史中占的比重极小。”（沈家煊，2014）

无独有偶，吴国盛对东西方关于“科学”的研究佐证了李约瑟的这一观点[③]。吴国盛认为“科学”是来自西方的舶来品，要理解科学就必须回到西方的语境中。他认为在西方历史上，科学有两个前后相继的形态，第一是希腊科学，第二是近代科学。希腊科学是无功利的、内在的、确定性的知识，源自希腊人对自由人性的追求。这一科学形态的典型代表是演绎数学、形式逻辑和体系哲学。近代科学继承了希腊科学的确定性理想，但添加了主体性、力量性诉求，成为今天具有显著的实际用途，从而支配着人类社会发展、决定人类未来命运的主导力量。近代科学的主要代表是数理实验科学。它通过实验取得科学知识的实际效果，通过数学取得科学知识的普遍有效性。数理实验科学的模式最早在物理学中取得成功，以牛顿力学为标志，后来相继在化学和生命科学中大展宏图。从 19 世纪开始，物理学、化学、生物学陆续转化为相应的技术、引发相关的产业革命，兑现了数理科学早期的求力理想。他认为，在人类的诸种文明中，博物学[④]，比数理科学更为常见。中国古代缺少数理实验科学，但不缺少自然志。作为中国古代科技成就之大成的明末四大名著《农政全书》《本草纲目》《天工开物》《徐霞客游记》均是自然志作品。他主张以自然志（博物学）的眼光重修中

① 应指第四阶段。

② 应指第五阶段。

③ 关于“科学”源起的观点集中反映在《什么是科学》（吴国盛，2016a）一书中，其观点影响日益广泛。

④ 即自然志，与希腊以来的自然哲学（natural philosophy）传统相对应的另一种科学类型，即着眼于事物的具体性而非抽象概念、探讨事物的直接经验特征而非一般本质的科学。

国古代科学技术史，可以获得更多的教益和启示。一言以蔽之，他认为科学成为推动历史发展的强大动力只是 19 世纪以后的现象，科学根源于希腊人对自由人性的追求，因而是一种十分罕见的文化现象。现代科学起源于希腊科学的复兴以及基督教内在的思想运动，对力量的追求、对自然的控制和征服成为现代科学的主导动机。正如“仁一礼”之于中国传统那样，“自由一科学”就是西方人的“人文”（即人性理想与教化方式）（吴国盛，2016a）。因此，他认为在数理实验科学的意义上，中国古代并无科学。

其实，早在清末民初，就有人注意到科学具有阶段性这个问题。华蘅芳在《代数术》序[①]中说道：“夫古人造数之时所以必以十记之者，试以数之多可至无穷，若每数各与一名，则吾之名必有穷时，且纷而无序，将不可记忆，不如极之于九而以十进其位，则举手而示，屈指而记。虽愚鲁者皆能之，故可便于民生日用，传之数千年至今不变也……设有人言：吾能用他法以代其数，夫谁能信之？良以其乘除加减，不过举手之劳，顷刻而得，无有奥邃难明之理在其间，本无藉乎代也。……代数之术，其已知未知之数，皆代之以字，而乘除加减各有记号以为区别，可如题之曲折以相赴，迨夫层累已明，阶级已见，乃以所代之数入之，而所求之数出焉，故可省布算之工，而心亦较逸，以其可不籍思索而得也。……由是知代数之意，乃为数学中钩深索隐之用，非为浅近之算法而设也。若米盐零杂之事而概欲以代数施之，未有不为市侩所笑者也。至于代数天元之异同优劣，读此书者自能知之，无待余言也。”（燕学敏，2006）这段话说明了几个问题：十进制古已有之，可用于民生，传数千年至今不变，无法替代；有“奥邃难明之理”才需用代数，如用于“米盐零杂之事”则“为市侩所笑”；将代数之术与中国宋代的天元术相提并论、融会贯通。这也就是说，傅兰雅、华蘅芳等人一方面认识到中算有其传统（如与天元术的关系），另一方面也认识到近代数学所处的阶段不同，而且所需要面对的使用对象也不同。在他们看来，中国古代算学在发展演进中形成了一批不可替代的术语，而以代数学为代表的西方数学的引入，将中国古代算学所涉及的问题和运算的复杂性（“钩深索隐”）推到了一个新的阶段。

科学的发展是一个历时的连续过程，科学总是与知识相关联。能产生知识的时代不可能缺少对真知的探索，只是不同的人会得出不同的结论，但最终总是能统一到更加宏观的体系中。看待术语的有关问题时，树立包容的科学观是首要的。不同类型的科学探索，不同类型的术语知识，不会因为产生于不同的民族而

① 保存在华蘅芳《行素轩文存》中，时间为同治十二年十月二十日（1873 年 12 月 9 日）。

隔绝，也不会因为产生于不同时代而彼此否定。科学的发展正是一个超越时代的螺旋上升的连续过程。

（二）会通中西科技：博物与知识

在博物学的意义上，中国古代有独特且强大的科学传统，与西方的自然志不谋而合。前面我们提到，近代科学体系无论全世界各国对其的具体分类如何，其阐述的知识本体是大同小异的。如果再考察东西方的科学发展史，共同的研究对象实际上就是人们对人类所在的物质世界及其自身精神世界的探求。人类赖以生存的物质世界的表象化就是博物与自然志。

中国古代科学繁盛的时代，其代表著作无不具有浓厚的博物或自然志色彩，如明末四大科技名著（李时珍的《本草纲目》、徐光启的《农政全书》、徐霞客的《徐霞客游记》以及宋应星的《天工开物》等）。李时珍的 52 卷本《本草纲目》，“不分三品，惟逐各部；物以类从，目随纲举”，“标名为纲，列事为目”，以部为“纲”，以类为“目”，药名之下列项目（即“事”），共分 16 部（水、火、土、金石、草、谷、菜、果、木、服器、虫、鳞、介、禽、兽、人）62 目，收药 1892 种，附图 1109 幅。《农政全书》前文已有介绍，从其收词即可看出其基本囊括了中国明代农业生产和人民生活的各个方面，对农作物品种、农具种类的描述和区分井井有条。《徐霞客游记》是中国历史上极有价值的一部地理学著作，它记录了山川地貌、物产风情。李约瑟称，他的游记读来并不像是 17 世纪的学者所写的东西，倒像是一位 20 世纪的野外勘测家所写的考察记录（李约瑟，1976）。宋应星 47 岁时开始编写 18 卷本《天工开物》，其涵盖农作物栽培、农产品加工、制盐、制糖、陶瓷、冶炼、养蚕、纺织、染色、造纸等方面，是一部关于手工业生产技术的百科全书。以上著作是中国古代科学的一个缩影，至高的科学成就以百科全书式的科技知识集成为代表。

西方的博物学（natural history）研究也是很有传统的，典型的博物学包括关于自然界中各种事物特别是动物、植物、矿物的观察记录、考察报告、文献典籍汇编。亚里士多德把博物学当成比自然哲学低一个层次但仍然合法有效的知识，培根（Francis Bacon）则把博物学看成是知识的真正基础和出发点。最早用 natural history 做书名的是罗马作家盖乌斯·普林尼·塞孔都斯（Gaius Plinius Secundus）的《博物志》（*Naturalis Historia*，也译作《自然史》）。这是一本百科全书式的著作，内容涉及天文学、地理学、人类学、动物学、植物学、药用植物学、药用动物学、矿物学。形式逻辑的代表人物亚里士多德也是西方博物学的早期代表人物，代表作有《动物志》（*History of Animals*）、《动物的器官》（*Parts of*

Animals）、《动物的运动》（*Movements of Animals*）、《动物的进程》（*Progression of Animals*）、《动物的生成》（*Generation of Animals*）等。亚里士多德的学生特奥弗拉斯托（Theophrastus）著有《植物志》（*Historia Plantarum*）和《论植物的原因》（*On the Causes of Plants*），他被认为是西方植物学之父。希腊志专家迪奥斯科里德斯（Pedanius Dioscorides）的《药物论》（*De Material Medica*，*On Medical Material*），记录了 550 多种药用植物，被认为是近代药物学的先驱。罗马医生盖仑（Claudius Galenus）也撰写了大量药物学著作，与迪奥斯科里德斯一起开辟了“药用自然志”（medical natural history）传统（吴国盛，2016b）。启发现代术语学诞生的最早期实践就是瑞典博物学家卡尔·冯·林奈（Carl von Linné）的动植物双名命名法（binomial nomenclature）。他曾游历欧洲各国，搜集大量植物标本，归国后任乌普萨拉大学教授，1735 年发表了《自然系统》（*Systema Naturae*），1737 年出版了《植物属志》（*Genus Plantarum*），1753 年出版了《植物种志》（*Species Plantarum*），建立了动植物命名的双名法，对动植物分类研究产生深刻影响。正是部分受拉丁语这一死语言被林奈成功运用于科学分类的启发，维斯特等有了关于经典术语的早期设想。

中国古代博物学成为科学的高峰不是偶然的，这是中华传统文化和科学逻辑决定的，具体的“物”是“象”的依托，研究了万物的生长规律、生存繁衍、成长进化，“比类取象、援物比类”，那么对“象”的参悟才能得心应手。吴国盛也认为 natural history 是与 natural philosophy（自然哲学）相对的一种认识方式和知识类型。historia 并不是关于过去事件的“时间性”疏理，而是对具体个别事物“分门别类”的探究、调查、记述。他说：“‘博物学’一词在二十世纪三十年代之后慢慢消失，主要原因是，随着西方科学在中国本土的生根发芽，原先包含在博物学名下的植物学、动物学、矿物学、生理学等各门学科进入专业化发展轨道，从博物学中独立出去，使作为学术专业的博物学逐渐成为一个空集。”（吴国盛，2016b）的确，当东西方在清末民初的时刻交汇，而关于科学的博物传统在那时得到自然的接续，使得东西方关于科学的阶段和形态的观点达成一致。这一点是探索普通术语学规律时应该关注的一个根本性问题。

二、术语的语文之维：从分离到融合

印欧语和汉语属于不同类型的语言。但从历史的眼光来看，古今印欧语和汉语作为术语载体的语言文字，在对术语的自适应过程中，体现了逐步趋同的历史倾向。虽然还谈不上融合，但至少是在相互借鉴，从分离走向融合。关于这一点，历史上有不少看似偶然的争论，其实也蕴含着必然的结果。

（一）会通古今的语言：三类探索

西方有哲学的语言学转向，西方哲学注意到语言的特殊性。即使再纯粹的科学逻辑，也绕不开语言表达。术语涉及科学和语言两个维度，术语的哲学也涉及科技哲学和语言哲学两个维度。前文是超越“西学”看“中学”，探讨中国古代科学的性质和历史地位；这里将超越“翻译”看“术语”，探讨中国汉语言文字的性质和历史地位。关于语言，中国古代最显著的特征无非是文言分离，所以古代的术语传统集中体现在雅书中，以训诂阐释中国的科技哲学和语言哲学，重释义、重理据是其表征。在近代，术语的语言文字属性也在深层推动着近代术语创制者深入思考术语的语文特性，并提出各自的解决方案。这些方案是贯通古今中外的，是站在更高层面上探讨清末民初这一变革时代的语言接触与语言演化相关问题。

1. 文言与白话：传教士的“浅文理”

术语主要用于书面语言表达，古今汉语术语最大的区别莫过于古为文言、今为白话。吕叔湘对文言和白话的区别有所界定，他认为白话是唐宋以来的语体文，此外都是文言。白话是现代人可以用听觉去了解的，较早的白话也许需要一点特殊的学习，而文言是现代人必须用视觉去理解的（吕叔湘，1983）。这一界定是基于直观感觉做出的，不是形式上的分辨。胡适是白话文运动的领军人物，他在白话文运动前夕（1916 年）致信陈独秀，提出改造文言之“八事主张”：“年来思虑观察所得，以为今日欲言文学革命，须从八事入手。八事者何？一曰不用典；二曰不用陈套语；三曰不讲对仗（文当非骈，诗当废律）；四曰不避俗字俗语（不嫌以白话作诗词）；五曰须讲求文法结构……；六曰不作无病之呻吟；七曰不模仿古人语，语须有个我在；八曰须言之有物。”（胡适，1916）根据他对此八条的分类，后三条为精神上的革命，而前五条则是形式上的特点。既而白话则不用典、不用陈套语、不讲对仗（文当非骈，诗当废律）、不避俗字俗语，且须讲求文法结构；而文言文常用典、讲究对仗且常用陈套语，但不讲文法。[①]

明末清初第一次西学东渐时的科学译著主要由西方传教士口译、中国士大夫笔述，中国士大夫笔述所采用的表达形式自然是他们熟悉的文言文，清末民初第

① 实际上晚清时期的文言文深受八股文（由起股、中股、后股和束股四部分组成）的影响，多用排比对偶，写成“骈文”。这也是传教士们在翻译科技著作中必须克服的一个重要困难。

二次西学东渐时的传教士将这种限定的文言文表述形式称为文理。1877 年 10 月，美国基督教北长老会传教士狄考文[①]在《教务杂志》上撰文讨论新教科书的翻译问题，建议术语和名词采用高深的文理翻译，而表述语则采用平易而简单的文理形式（Mateer，1877）。1890 年 5 月，新教传教士在上海举行第二次全国大会，确立了编辑出版教科书的原则，其中之一是教科书用浅文理（easy wen-li，simple wen-li）表述（Willianson，1890）。这一原则的提出实际上跟传教士的传教使命密切相关。1822 年新教传教士马礼逊翻译出版的《新约全书》采用的就是文言形式（马敏，1998），但文言版本的《圣经》理解难度大，只能供少数人阅读，不利于传教事业，故由高深的文言文而变为浅近的文言文，再由浅近的文言而变成官话土白（王治心，2011）。以《天文揭要》的译者赫士为例，他对译语的追求与浅文理颇为接近："辞藻不期富丽，语义务须真挚，不欲以文采角低昂也。"（赫士，1897，转引自王广超，2016）如他对"影"的说解："凡一笔光，照于阻光之物，使光不得透而暗，或不能尽透而淡者，其暗及淡处，统谓之影。如日过屋顶至地作切线，凡在屋后切线下者，皆可曰影，不徒指地上所显之影也。"（赫士，1898，转引自王广超，2016）[②]尽力抛弃文言结构而使用新术语，但从实际效果来看，由于传教士对汉语的驾驭能力有限而需求助于谙熟八股文的中国士大夫来笔述，所以其形式难免有不少的文言成分，与后来的官白话还是有区别的。应当说，"浅文理"虽然在翻译科学教科书时实际很难办到（王广超，2016），但也不啻为传教士对古今汉语会通的一种尝试和努力。

2. 单语与多语："一、二、三"与"1、2、3"

现今为人熟悉的 1、2、3 等阿拉伯数字是在第二次西学东渐时期传入中国的。1875 年由狄考文编撰、登州文会馆出版的《笔算数学》记录了最早使用阿拉伯数字的记录：

> 大概各国有各国的数目字，但于笔算上，不能处处都合式，现在天下所行的笔算，大概都是用亚（阿）拉伯数目字，虽然各国所叫的音不一样，而意思和字迹却都相同，这种字容易写，于笔算也很合用，看大

---

① 狄考文（Calvin Wilson Mateer），美国宾夕法尼亚人，神学和法学博士，基督教北长老会传教士，著名教育家，近代中西文化交流的先驱。1863 年底来华，率先在中国建立从小学到大学的现代教育体制，1890 年被基督教来华传教士推选为"中华教育会"首任会长。主持翻译的《官话和合本圣经》被海内外认为是最规范的白话译本，其语言成就对新文化运动初期中国新文学起到了催化和示范的作用。

② 《光学揭要》《热学揭要》与第一章第一节介绍的《天文揭要》都是由赫士翻译的教会学校系列教科书（参见赫士，1898）。

势是要通行天下万国的，今将其各字的样式开列于下：

1 一，2 二，3 三，4 四，5 五，6 六，7 七，8 八，9 九。

这 9 个字以外，还有一个圆圈，如此“0”写的，这个圈虽然不是数，却也算在数目字以内，等到讲究数目字的次序就可以明白他的用处。这 10 个字，虽然不多，却也足够用的，无论大小，所有的数都写得出来（转引自陈鹏和蔡志书，2014）。

这一做法开历史之先河。

然而在 19 世纪晚期西学译介的领域中，以两位知名传教士翻译家傅兰雅与狄考文为代表，就是否在翻译数学著作时采用阿拉伯数字这个问题产生了激烈论辩，在实践上的分歧也一直存在。傅兰雅所在的江南制造总局出版的《代数术》《对数表》《八线学》等数学书籍均没有采用阿拉伯数字，而狄考文所在的登州文会馆出版的《笔算数学》《代数备旨》《形学备旨》等数学教材则将中国大写数字改换成阿拉伯数字，加减乘除符号采用“+、−、×、÷”，分数记法也采用分子在上、分母在下（张学锋，2013）。狄考文 1877 年上海的传教士大会上积极倡导使用阿拉伯数字编写中国近代教材。他提到：

如果要从根本上把西方的计算方法引入中国，即使依旧使用中文数字，也必须用到零、正负加减乘除等符号，那为什么不引入阿拉伯数字从而使数学语言体系更为完整呢（转引自夏晶，2011）？

他还说：

数学符号是一种世界语言，所有的文明国家都会使用它，而且不到万不得已是不应该轻易对其做出改变的。在本书[①]的编纂过程中曾给予我极大帮助的几位年轻人坚持认为我们不应该将西方的数学符号替换为中文的表达方式，也不应该将二者混杂在一起使用，而是应该原封不动地照搬过来。书中唯一的改变就是在公式的书写上采用了竖排而非横排的方式——这也是为了适应中文书写合适而不得不做出的改变（转引自夏晶，2011）。

傅兰雅则在 1890 年的传教士大会上激烈回应：

对于那些坚决要求在他们的教科书中用阿拉伯数字代替汉字数字的数学教师，我应该说什么呢？难道没有任何汉字数字，比如：三

① 此处应指《形学备旨》。——引者注

"three"，可以像阿拉伯数字 3 那样易读，易写和便于印刷吗？阿拉伯数字有什么魔力吗？促使我们必须把它们拖进中国的书籍中，以满足我们的趣味，并且给那些保守的天朝人的脑袋里带来困惑和烦恼（Fryer，1890；傅兰雅，2009）？

对此，狄考文针锋相对发表了不同意见：

关于阿拉伯数字和数学术语的问题，我和傅兰雅先生的观点完全不同。我认为要在中国推广一套不同于其他文明世界普遍使用的数学术语，实际上是在前进的路上设置障碍，极大地妨碍了现代科学在中国推广的进程。那些颠倒分数的人以及那些把新符号引入到中国数学里的人，都是纸上谈兵的人，他们只是坐在研究室里写书，而并没有在教室里实际教授数学，我听说这一系统只在中国的一个学校里使用。……书写阿拉伯数字需要十三画，而书写汉语数字则需要二十七画，这会造成在实际的数学运算过程中所花费时间的巨大不同，而要在垂直交叉的行列里书写汉语数字"一、二、三"时所出现的无尽的混乱就更不用说了。我十分确信中国人会因为不能使用我们数学体系中的必要部分——数字和符号，而不可能真正地吸收我们的数学体系，无论是在他们的军队、海军还是学校中（Fryer，1890；傅兰雅，2009）。

上述阿拉伯数字的问题及其历史争论，表面上看只是数学符号的选择问题。但实际上反映了两点：一是如何看待世界语言符号的通用性和民族语言符号的差异性？该全世界统一还是该保留民族性或是持续会通？因为沿用汉语汉字数字符号的傅兰雅实际上在很多场合也是赞同尽量使用汉语既有术语的①。狄考文提出：

为什么一定要将中国人的思维方式和世界上其他国家的人区分出来，并使这种区分成为一种长久的障碍呢？如果中国想要加入文明礼让的世界，那么就应该让其与文明的世界完全地融合，而且应该让一个中国人在看到外国数学书籍时，虽然不能理解其中的语言，但是能够毫不费力地看懂这些世界通用的符号。"中国的数学家？"现在有多少中国数学家？只不过占这个国家人口总数的百分之几而已，既然他们是如此细小的一条小溪，那么现在正是改变现状的好时机，可以将其引向一条更为宽广和智慧的航道上（Fryer，1890；傅兰雅，2009）。

---

① 参见本书第三章第二节。

二是影响数学术语采用阿拉伯数字而非汉字数字，便利教育教学的因素是十分重要的。在 1890 年的传教士大会上，狄考文引述了来自武昌的巴心田（Rev. W. T. A. Barber）在益智书会（the School and Text Books Series Committee）提交的一份编辑者报告，来回答傅兰雅“对于那些坚决要求在他们的教科书中用阿拉伯数字代替汉字数字的数学教师，我该说什么呢？”的反问：

> 我该说什么呢！他们在教数学。实际上，阿拉伯数字更有优势，中国的男孩儿们可以用半个小时就学会它们。他曾经建议一个班级的男孩儿们报名参加本地的考试来练习使用汉语数字，但是他们都强烈地抗议，提出汉语数字难于书写，而且极其缺乏清晰性（Fryer，1890；傅兰雅，2009）。

狄考文与傅兰雅争执不下，也直接导致不同的符号系统在清末民初的翻译实践中长期并存，而且傅兰雅一方的意见因其官办机构的身份在很大程度上占据了主导[①]。当然中国数学术语的历史最终选择了狄考文和他编写的教科书所原样带来的阿拉伯数字。

3. 借形与借音：元素字与标音字

在如何运用汉字这一点上，有一组范畴值得关注：复活古字（或造新字）与汉字标音。这代表着早期的术语学对汉字表意功能容易造成歧义或表意功能难以奏效的情况下，对汉语术语创制的深入思索。

复活古字，追求“达”的严复是推崇的。他认为，“用汉以前字法、句法，则为达易；用近世利俗文字，则求达难”（赫胥黎，1981）。在他看来，译名一时之“达”（中西概念的对应性）还不可靠，“名义一经俗用，久辄失真”（王栻，1986），所以他复活了不少古僻字来翻译不少中土所不见的物品。如 butter，严译为“脜”，并注“俗呼牛奶油”。《左传》曰：“宰夫脜熊蹯不熟。”“脜”乃用火使其熟之义。《方言》曰：“熟也。自关而西秦晋之郊曰脜。”《说文解字》曰：“脜，烂也。”由此可见，黄油的性状与“脜”确有一定性状上的关联。关键是严复认为“字义模糊的古僻字不会造成‘同形冲撞’，如同傅兰雅的化学元素名的翻译，译者可以自由地向这些古僻字里充填新的意义”（沈国威，2010）。又如 freedom 一词，他在《群己全界论》（1903 年）中，以“自繇”对译。他认为当时已有译词“自由”所包含的无忌惮等略带贬义，是“后

① 至少 1906 年京师大学堂的教材上仍见不到阿拉伯数字，甚至据传在清廷的一次科举考试中，一名考生因为使用了阿拉伯数字这种洋文，被考官认定有损于大清帝国的尊严，判了这位考生零分，并将其逐出考场。

起附属之诂”，与本义“不为外物拘牵”不一致，因此决定采用生僻的通假字来“略示区别”。因此，在严复看来，复活古字（给古字赋新义）是“达”的优选。

复活古字用作术语用词，最经典的莫过于化学领域的元素名。最早做出尝试的是罗存德的《英华字典》，他借鉴了中国人传统的“五行”观念，用“行”来对应“元素”（element），用来表示构成世间万物的基本要素，开创了中国第一套元素译名，《英华字典》中一共收录了 49 种化学元素名，其中用这种造字法命名的就有 21 种。他把“行”分成左右两部分，在中间夹上与化学元素有关（如元素的形态、性质等）的汉字。如将“养”插入“行”中表示“氧”，将“炭”插入“行”中表示“碳”，将“绿”插入“行”中表示“氯”。而用这一方法取得历史性成就的是傅兰雅和徐寿，他们不但创造了不少新字或复活了不少古字，而且其中很多元素汉语名一直沿用至今，是术语命名的“活化石”。[①] 在 1884 年刊印的《化学材料中西名目表》“小序”中，傅兰雅和徐寿系统总结了他们陆续完成《化学鉴原》《化学鉴原续编》《化学鉴原补编》后的成功经验：“各种化学材料，有中国尚未知者，有前翻译家尚未定名者，无奈必设公法，特命新名。所有原质，多无华名，自必设立新者，而以一字为主，或按其形性大意而命之，或照西字要声而译之。所有杂质之名，率照西国之法，将其原质之名与数并而成之。中国有者，另为释注。所有生物质[②]之名，或将其原意译其要略，或按其西音译以华字。因此不免字多，名似过长，内有属于矿学[③]与药品[④]之名目，亦归同法译之。惟另有此两种学之细目，刊印成表，故词表不多及之。”（江南制造总局，1884）通俗地说：汉语中已有的元素名称仍沿用，如金、银、铜、铁、锡、汞、硫等；汉语中没有名称的元素，则立新名，为便于化合物命名，元素新名取单字（氮气、氧气、氢气等少数几个元素依物理性质意译为淡、养、轻）。具体做法是选取元素英文“要声译之”（每个元素

① 这是因为他们所创立的化学术语命名原则，尤其是元素命名推崇造新字或为复活古字这个原则至今仍在沿用。如今依据这一原则，全国科学技术名词审定委员会所确定的最新一个已命名元素是第 118 号元素 oganesson，汉字术语是上“气”下“奥”的半包围结构。

② 即有机物。——引者注

③ 即 1883 年玛高温（Daniel Jerome Macgowan）口译、代那撰、江南制造总局刊印的《金石识别（中西名目对照表）》。类似的中西名目对照表还有一本，即 1871 年伟烈亚力口译、徐寿笔述的《汽机发轫》为基础，由江南制造总局 1889 年刊印的《汽机中西名目表》。赘列于此。

④ 即 1887 年傅兰雅口译、赵元益笔述、江南制造总局刊印的《西药大成药品中西名目表》（附人名、地名两表）。

选择不尽相同[①]），近代一般采用英文首字母译音的常用字（“首音不合”的取第二个音节），依据元素类别加偏旁为义符，成为新字，如钙（calcium）、铀（uranium）、锌（zinc）等。化合物命名按照西文命名的成法，采用元素连书，按其化学式或分子式命名。如 Ferricoxide（Fe_2O_3）译为“铁二氧三”，从体系上脱离了中国传统炼丹术及物质名词的影响，简单易记，为“某化某式”的系统命名法奠定了基础。[②]他们在《化学鉴原》“华字命名”后所列《华西原质名目对照表》[③]中所囊括该书的全部 64 种元素名称，有 47 个名称沿用至今（夏晶，2012），还远播日本，足见该法在化学术语中所取得的巨大成功。该原则极其精妙地解决了元素及化合物的命名相关性，使中国学者能够跟进西方化学知识，近代化学迅速在中国生根、开花、结果，堪称近代术语创制史上的经典。

复活古字（或新造字）是表意的思路，而汉字标音则是表音的思路。在卢公明 1872 年的《英华萃林韵府》中，我们发现了一份 List of English Syllables with Chinese Equivalents（《英汉对等音节表》），据该表作者 F. H. Ewer 的文前介绍，其初衷是将表中的每一个汉字作为《圣经》中人名地名音节的简单对应符号，从“ab 押”到“zon 素”，相当完整、系统。1873 年，在《化学鉴原》之前，美国新教传教士玛高温口译和华衡芳笔述的《金石识别》就是采用了全音译的办法翻译元素，如将“锰”译为“孟葛尼”，将“硼”译为“布而伦”。严复除了在某些专名（如斑马、大猩猩）上采用音译以外，在某些核心概念上，他也采用这种方法。比如他认为传教士双语词典中对 bank 的译词“银行”“票号”“银号”都与英文原意不等值，所以选择将其音译为“版克”，而对于某些与中国传统学问不同的重要学科名，如哲学、物理学，则分别译为“斐洛苏非”“斐辑”。在 1890 年的传教士大会上，傅兰雅的主张从早期能接纳音译逐渐转变到当时倾向于尽量意译，他认为“如果确实无法翻译某一术语，而必须对其进行音译时，那么要使用可以找到的最适合的汉字”。他建议“有必要在那些只用来音译术语的汉字前面加上声旁‘口’字旁……如果人们能够始终如一地在表示科学术语及其他专名的汉字前加上‘口’字旁，表达其声音，而非其语义，将会避免很多不必要的麻

① 以“溴”为例，该字来源于《孟子》“其渐之溴”，溴为“臭水”义，而“溴”的拉丁语名来源于希腊语“公羊的恶臭”，还符合严复对译名“达”的要求。

② 此外，有机化合物多采用音译，如 ether（乙醚）译作“以脱”等，还尽量使用熟悉的事物命名，如“柠檬酸”“草酸”“叶绿素”等名称。只是化学术语和概念的翻译与现在命名出入较大，如 element（元素）译作“原质”、compound（化合物）译作“杂质”、atom（原子）译作“质点”等。

③ 原表并无表名，这里依据其栏目标题命名，包括“华名”、“西号”、“分剂”（近似于摩尔质量）和“西名”四列。

烦。有了这一有效的偏旁，汉字很容易被印刷和读出来，而且，书写起来也并不麻烦，是一举多得的好办法。这些汉字只表音，这是它们区别于汉语的合体字，特别是那些既表音又表意的汉字的最重要的特征。中国的读者将会非常高兴并感激这些小符号的使用”。他还举了汤姆森（J. C. Thomson）的《医学词汇》中用“辛衣加水”来表示 seneka infusion 的例子，认为“如果他能够用‘啐㖣咖水’来表示的话，可能会减少很多麻烦”。在同一次大会上，狄考文更是认为：“一般来讲，在其他条件不变的情况下，标音法比翻译法[①]更好。”（Fryer，1890；傅兰雅，2009）

（二）会通中西的语言：相向而行

世界上有 200 多个国家和地区，2000 多个民族和 5000 多种语言。《圣经·创世纪》有巴别塔（Tower of Babel）的传说：巴别塔被称为通天塔，是人类对至善的追求，但是上帝为了阻止通天塔的建造而让天下的语言互不相通。美国马丁·裘斯（Martin Joos）在《语言学读本：1925 年以来美国描写语言学的发展》（*Readings in Linguistics: The Development of Descriptive Linguistics in America Since 1925*）中回顾了 1925 年以来的描写语言学研究后，也认为“各种语言之间的差异大到无边，而且难以预测”（Joos，1957）。但同在 1957 年，诺姆·乔姆斯基（Avram Noam Chomsky）的《句法结构》（*Syntactic Structures*）问世，在经过近 40 年对世界语言句法的共性分析后，乔姆斯基认为：“如果一位来自火星的语言学家造访地球，他必然会得出这样的结论：地球上的人所说的其实是同一种语言，只不过是在词语上互不相同而已。”（Hauser et al.，2002）这也让人想起，1871 年英国博物学家达尔文（Charles Robert Darwin）在《人类的由来及性选择》（*The Descent of Man, and Selection in Relation to Sex*）中的观点：“不同语言的形成和不同物种的形成，以及两者的发展都是一种逐渐的过程……我们发现，不同的语言不仅由于共同的起源而彼此一致，还因为相似的形成过程而彼此类似。”美国伯纳德·科姆里（Bernard Comrie）就认为研究语言最可取的方法是对不同类型的语言做详尽、深入和抽象的分析。随着语言学的研究不断深入，语言的类型及更多的共性被逐步挖掘出来，如美国格林伯格（Joseph Harold Greenberg）提出“如果一种语言有 X 结构，那么它也必须具有 Y 结构”（如 X 可能是前中圆唇元音，而 Y 则是前高圆唇元音），即“蕴含共性”（伯纳德·科姆里，1989）。的确，不同类型语言的更多“蕴含共性”可以被挖掘出来。

---

① 指傅兰雅所倡导的尽量意译的翻译方法。

1. 汉字的定型：从象形到意音

提起汉字的定性与定型，不得不提两本重要的辞书。一本是许慎的《说文解字》。据朱骏声《说文通训定声》之《说文六书爻列》的统计，《说文解字》依“象形”“指事”“会意”来说解的汉字只占到全部汉字的 15%，远低于依“形声”来说解的汉字（约占全部汉字的 80%）。《说文解字》记载了汉字经历隶变之后，从象形到意音的“质”的定型。另一本是清朝集前代字书之大成的《康熙字典》。《康熙字典》收字 47 035 字[①]，一方面海量收录后世新增汉字，巩固了汉字的量，另一方面则以《说文解字》为源，对后世字书的训诂也能忠实记录、择善而从，记录了汉字意义的衍生过程，夯实了汉字作为意音文字的基础，实现了汉字“量”的定型[②]。汉字面貌自此基本稳定下来。

汉语的典型特点其实与汉字的典型特点紧密相关。从语言类型学的观点来看，汉语首先是孤立语，表现为：实词通常表达意义，不带语法标记，没有词尾变化；句法关系主要靠词序实现；格形式（如主格、宾格）往往表现为抽象格。其次是分析语，主要依靠分析词序和虚词所表示的句法关系来理解句义。再次是主题中心型，句子着眼于对事物状态、现象的描写，在句法结构上多为主题、述题的关系。从一定程度上来讲，两次定型后的汉字方块结构基本稳固，随着时间的推移也难以出现形态上的较大变化，这就必然影响汉语对语义表达形式的选择。尤其在对非本土原生的概念（如西学）的表达上，汉语只能在词汇层面才能有形式上的拓展，随之伴生的还有语序、虚词等。同时，汉字几乎字字与其义相关，除了虚词一般不能独立占据体位置以外，实词多能做到一字一词撑起一个主题。

2. 英语的定型：与意合汉语相向而行

“意合”和“形合”是汉语和英语比较中的一对经典概念。从语言类型学的角度而言，英语属于印欧语，重形合；而汉语属于孤立语，重意合。对于汉语的“意合”，古往今来的中国文学家和语言学家多对此有过论述。刘勰的《文心雕龙·章句》有言“夫人之立言，因字而生句，积句而成章，积章而成篇”，注意

---

① 这一数字是《说文解字》的 5 倍，是《玉篇》的 2 倍多，是《类篇》的 1.5 倍。

② 从后世来看，虽然简化汉字的推行极大地降低了汉字的总量，使汉字从一个海量集压缩为一个有限集，但汉字背后的海量信息依然保存在《康熙字典》等大型辞书之中。此外，术语造字、汉字文化圈交流以及汉字信息化等对汉字字符集也有影响或充实，但汉字总量大体稳定。无论是前文提到的复活古字，还是标音汉字，汉字都具备海量的语言资源可以支撑。

到汉语章、句、篇的组织原则和语序特征。黎锦熙在《新著国语文法》中说“国语底用词组句，偏重结构，略于形态；词儿底形式既不像西文那样多变，若非多用图解法，那思想表达的文法关系定多疑莫能明……”（黎锦熙，1992），提出汉语重视意义表达和逻辑事理。王力在《中国文法学初探》中提出：“句子与句子的关系，在中国语里，往往让对话人意会，而不用连词。”（王力，2000）在《中国语法理论》和《汉语语法纲要》中，他又明确提出“意合法”（王力，1951），认为汉语复合句之间有时候“有一二个虚词表示它们的连带关系，有时候，它们之间的联系却是以意会的，叫做‘意合法’”（王了一，1957）。他从汉、英语复合句的差异来分析，强调汉、英句子使用连接词的差异。吕叔湘在《语文常谈》中有类似的表述：“（汉语）尤其在表示动作和事物的关系上，几乎全赖‘意会’，靠言传。”（吕叔湘，1980）刘宓庆在《汉英对比与翻译》中给“形合”和“意合”分别下了定义，认为：形合指借助语言形式手段（包括词汇手段和形态手段）实现词语或句子的连接；意合指借助词语或句子的意义或逻辑联系实现它们之间的连接。前者注重语句形式上的接应，后者注重行文意义上的连贯（刘宓庆，1992）。

在科技领域，属于印欧语的英语在所有语言中的通行度最高。除了英国曾经的历史和国际地位等因素以外，如果从更长的历史时期考察，近代英语发展至今，至少已经丢掉了早期英语中不少的典型屈折语特征（如部分性、数、格等），同时还综合吸收了语序、虚词等传统孤立语才需要使用的手段，以弥补因屈折形式不足而可能造成的语言表达不够准确的问题。英语属于印欧语系日耳曼语族西日耳曼语支的低日耳曼语，是以安格鲁撒克逊的语言为基础发展起来的，由于丹麦、诺曼曾征服英国而带进了不少丹麦语词汇，以及法语、拉丁语词汇。随着伦敦成为国家的政治经济文化中心，以伦敦方言为中心的英国民族语言逐渐形成。古英语时期，英语也像近代德语一样，名词、形容词、代词、数词要变四个格，动词有六个人称字尾。但到中古英语时期，词尾变化已大量减少，到近代英语时期，名词已基本上不变格，动词除现在时第三人称字尾外，已没有人称变化。与古老的拉丁语（每个词缀都包含好几种信息）相比，英语的屈折语特征已经体现得不那么明显。同时，由于词尾变化表达思想的手段减少，英语还产生了对语序等的需求（通过改变词序来完善意义的表达），显出孤立语才具备的特征。如 dog bites man 和 man bites dog 能表示不同的意义。英语的这种语言类型上的变化，也是英语能成为世界语言的一个重要原因。

因此，结合汉语定型的漫长过程，以及英语发展演变的漫长过程，如今共时的英语和汉语已经不像彼此诞生之初那样，有着强烈的形义的分立倾向，而是都在朝着彼此的方向发展，取长补短，不断适应来自语言使用者的现实需求（如简便性、易于识记等）。

三、汉语术语的二维属性

在中国古代，正名和名辩理论所围绕的是语言单位的恰当性。在中国近代，西学翻译理论围绕的是西学翻译的恰当性。在当代西方，经典术语学所围绕的是概念命名的唯一性。古代研究语言单位的恰当性，核心研究对象就是术语本身，研究的方法就是寻求术语“故”和“理”的支撑。近代研究西学翻译的恰当性，核心研究对象也是术语本身，研究的方法是寻求翻译方法的有效性。古代和近代虽然各有侧重，但是有一点是共通的，那就是对中国本土科学和汉语言文字的共同观照。首先，在古代，汉语术语主要是中国原生的，人们探讨术语问题是基于中国原生的科学理论，并将其内化到汉语的表达层面，体现为“正名”与“名辩”，汉语术语的二维属性并不脱钩，只是局限在古代并自成体系。当科学文明走向近代，近代科学在西方诞生并由传教士率先批量引入中土，他们带来的是西学，反映的形式是译著，在译介的过程中术语统一与规范成为一个迫切需要解决的技术问题，其调和的基点仍然是中西学问和中西语言这两个方面，并不脱离汉语术语的二维属性本身。到如今，源于印欧语传统的经典术语学，基本没有来自中国或者汉语的源流观照，而是基于亚里士多德逻辑的科学传统和基于印欧语的符号规定性传统，经典术语学所聚焦的问题是对术语表达唯一性的强调和追求。术语学的任务也简化为科学概念的区分，反映在术语表达上，就是对术语标准化的追求。

前文提到中国古代术语有描写、历时和博物的传统，如果把三个传统结合起来考察，汉语术语实践实际上是紧密围绕知识展开的，因此汉语术语学的研究对象不只是单纯的术语，也不只是单纯的概念，而是“知识”。术语包含了知识和对知识的描述，按照中国“比类取象、援物比类”的思维传统，“物”本身就是具象知识的组成部分，而对抽象知识的描述，则依托于具体物象的类比来实现，只有“博物”才能最大限度地从自然界和人类生活中获取“物”，只有对“物”展开深入细致的描写才能挖掘事物的“类”，为“取象”做准备，因此知识离不开博物的传统和描写的传统，博物传统和描写传统在中国的科学思维中本是一体的。另一方面，历时的传统更是知识的客观要求，本土科学类型的知识是一贯的，术语的汉语语言属性自然也是一贯的。如果汉语术语理论没有考虑历史的一贯性，而割裂科学或语言的任何一个历时维度，那么汉语术语理论是难以具有完备解释力的。综合来看，唯有把知识作为术语学的研究对象，才能很好地解决这两方面的问题。

（一）继承历时传统，承接共时理论

中西科技可以统一到历时的维度，中西的语言都有历时的传统。第一、第二章简要回顾了古代及近代汉语术语的发展史。中国古人是创制了大量汉语传统术语的，其历史与中华文明史一样源远流长，以天、算、农、医四科为主要标志。同时汉语和汉语词汇的自然演化也取得了十分辉煌的成就，以词汇学渊源之一的古代训诂学为代表，传统小学发挥了重要作用，成为重要载体。悠久的科技发展史和语言发展史，传统的术语发展史和汉语研究史，对明末清初以来的近代术语发展史不能不产生影响。从一定程度上说，源自古代传统的某些文化基因，要比近代科技及其传播载体的印欧语的影响来得更加深入骨髓。在回顾汉语传统术语的发展历史后，我们认为：决定汉语术语能在“民族语言的大考”[①]中胜出的，可能并不在于谁来创制汉语术语，而在于汉语术语自身的若干传统能确保汉语极大地包容近代科技概念及其迅猛发展。汉语术语的描写的传统、历时的传统和博物的传统[②]，赋予了汉语容受近代印欧语术语的基因。甚至即使没有近代战争、外来文化等巧合因素的作用，中土的士大夫也能凭借自己的力量，渐进式走完汉语术语的创制之路[③]。有两类事例可以印证：一是明代中晚期开始，在传教士译书的同时，中土也诞生了一大批在世界上占有一席之地的高水平科技著作（如李时珍的《本草纲目》、宋应星的《天工开物》、徐光启的《农政全书》、李之藻的《坤舆万国全图》、茅元仪的《武备志》等），其内容已经开始涉足和吸收彼时传入之西学[④]。二是严复为术语创制所拟定的“信、达、雅”翻译三原则[⑤]，自清末民初至今，仍被奉为经典。

就汉语术语的历时传统而言，近代汉语术语的创制是从古代描写性的字符中选择恰合近代语义关联的部分作为汉语术语最恰当命名的理据，也就是说，近代汉语术语的命名不能脱开古代业已形成的字符格局[⑥]，否则就是空中楼阁，是无

---

① “民族语言的大考”指近现代科技术语的大量创制，以及民族语言对其的接纳。

② 在这方面，中国的术语学研究者们也有初步的探索。如冯志伟就试图将中国的术语学从规定推进到描写，从共时推进到历时，从概念中心推进到知识中心。我们深以为然，只是仅从中国术语传统来看，传统的知识往往表现为博物学的传统。

③ 只是需要更长一些的时间，同时也可能走上与如今多少带有印欧化印记的道路所不同的“中国道路”。

④ 这些著作中的汉语术语体系是中国传统汉语术语体系的杰出代表。

⑤ 我们视之为严复有关术语创制的“中国方案”。

⑥ 汉语与印欧语适应术语冲击的方式有所不同。即使在近代术语的初期创制阶段，汉语的字符也是总体稳定的，时至今日，元素一类的造字也还是少数。然而，印欧语的早期术语创制是离不开词形变换的，即使词根不变，与之组合的前缀、后缀也会发生变化，生成的词在本质上都是一个全新的字符。

源之水，无本之木。这体现的就是历时研究的价值。西方术语学有没有历时的传统？也有。只是字母文字的语义传承性最终是基于西方新词与原有字形的造词关联，如采取词根、截取（类似于汉语的缩略）、词形变换等手段[①]，但很少能有更加长远、直达历史最深处的历时说解，其词汇语义的自洽性远不如汉语那么丰富。汉语自殷商甲骨文稳定发展而来，在历时语义层面，印欧语很难与之相提并论，其语义特色也远不如汉语的深邃和显著。从这个意义上说，意合型的汉语在术语领域更具潜力和张力，这也决定了汉语对近代术语“洪流”的极强适应性。尤其是当知识无限扩张，概念无限细化时，汉语所蕴含的字符之间和语义之间复杂的区别性和关联性会为术语词汇的命名提供丰富的资源宝库。这就是历时研究在汉语术语学研究中的价值。[②]

应该说，历时的传统和共时的追求共同成就了现代术语学的诞生。历时的传统赋予了术语求真的力量，共时的追求则直接引向了术语学的诞生。郑述谱曾引述李幼蒸等学者的话说：“几百年来的科学史正是一部科学话语表达方式不断更新的历史；自然科学的进步从形式上即表现为词语准确性和系统性的不断增强。而不断创新的自然科学也是在新的词语概念系统中重新组织和构建自己的思考方式和表达方式的。”“现代人文科学与自然科学的情况虽然有所不同，但自然科学词语表达系统的明确性对于人文科学话语的成效始终构成有力的挑战。人文科学家是无法拒绝话语表达系统精确化的理性要求的。特别是二次大战以后，1960年代以来，人文科学的‘科学化’全面加强，几乎一切学科中的人文话语都在经历着精确化的过程。”（郑述谱，2003）可见，语言系统的精确化是现实所需，体现在实践中就是追求术语的规范性。事实也的确如此，当古代术语是科学传统和语言传统的统一体时，术语的研究专注凸显在语言层面，而当近代术语的近代科学内容和汉语的语言传统发生背离时，语言的问题反而成为一个容易解决的问题（如翻译），而对科学类型的困惑则往往成为更重要的方面。正是由于术语系统源自语言传统的复杂性和源自近代科学传统的精确性，才催生了现代术语学的经典理论。

（二）继承描写传统，承接规范理论

西学发端于古希腊，是理性、自由的学术传统，为了学术而学术，科学探索超脱于具体的“物”，甚至竭力避免“沾染”具体的物象，多围绕抽象的概念、

① 实质上也不是延续传统，依然是要新造一个词，而且是以一种全新字符的形式存在，与汉语的缩略还不尽相同，汉语的缩略语至少不会新造汉字。

② 这一点也为普通术语学的未来发展提供了一个研究思路。

既定的公理展开，强调语义的概括性和抽象性。就科技而言，中国传统科学带有描述性和具象传统，有别于西学的规范性和抽象传统；就语言而言，汉语带有描写（确切地说，是语义、分类和概念相融合的“描写”）的传统，有别于西学的原始载体——印欧语所带有的规定性传统。

以中国古代的《九章算术》和西方的《几何原本》为例，两者虽然在很多层面上探讨的是一类问题，但从理念上是有很大不同的。《九章算术》对几何形状的命名大都是直接使用实物，如圭田（等腰三角形的田地）、直田（长方形的田地）、方田（正方形或长方形的田地）、邪田（直角梯形的田地）、箕田（等腰梯形的田地）、圆田（圆形的田地）、宛田（圆弧形的田地）、弧田（弓形的田地）、环田（圆环形的田地）等，分别对应《几何原本》中提到的等腰三角形、长方形、正方形或长方形、直角梯形、等腰梯形、圆形、圆弧、弓形、圆环形。中国算学从一开始就是从描写和解决生活中的问题开始的。作为西学载体的印欧语是表音文字则是规定性的[①]。基于规定性的印欧语术语，科技属性和语文属性相结合决定了印欧语术语总是讲求对万物规律的数学化、符号化，以数学、符号的唯一量纲来衡量世界上的知识，是 term（语源是“界线、规定”之义）的传统，以至于近代语言学家进行历史语言学研究时是通过对比来确定音位，从而确定不同语言的亲属关系的，这也说明语音的符号本身已不与事物发生直接的联系。[②]汉语术语则讲求“援物比类”，从实体的田到具有相同形状的田的“类”（如“环田”），再“比类取象”，从多块圆环类型的田地（即“类”）中，归纳出“环田”的概念，即“象”。术语表现出来依然是能再次进行“援物比类”，还原到同类事物中的，这就是“述”（术）的描述传统。

中国古代科技有博物的传统，以天、算、农、医四科为盛[③]。中国传统上有“史”与“志”两种记事类型，其中“史”书强调历时意义上的纵向发展，“志”书强调共时意义上的分门别类，所谓“史以时系事、志以类系事”，所谓“志经史纬”（吴国盛，2016a）。中国的传统科学的确在文本上多具有“史”和“志”

---

① 这里并不否认字母最早也有图画、象形这个阶段，就像 26 个字母，最早也是有具体指代的，只是与象形文字比起来，不仅不清晰而且也没有被后世把其理据融入印欧语的造词法，以至于如今印欧语是字母文字早已成为共识。

② 中国传统小学也曾有因声求义的历史，两者不同的是传统小学是通过语音来贯通意义的隔阂，“声”是手段而不是目的，而音位分析是居于语言和文字的区分，从声音中求得字母在规定字符中的分布及其意义，这种意义是用于归纳语音，由语音直达意义，并不是以语义为中心的。

③ 吴国盛认为是天、地、农、医四科，其实就发达程度和学界共识来看，天、算、农、医四科也并无不妥，只是算学中的博物成分并未引起学界的重视而已。

的特点[①]，语言载体是文言文，是意音汉字，从一开始就从字形上和事物发生直接的联系，描写性特点明显，同时汉语也带有从语义层面归纳语言的特点[②]，具有丰富的语义内涵。如汉字的六书[③]、早期的孳生造词[④]等，重视命名的理据性（从字形的理据性到词汇的理据性）。所以，汉语术语的科技属性和语文属性相结合，决定了汉语习惯用术语的量纲来衡量世界上的知识，是“名学”的传统，是自然至上、语言至上的描写传统。

无论古今中外，辞书都曾经是术语的载体。现代术语学十分强调将术语的意义通过释义的方式与术语刚性链接起来。中国古代术语其实也有释义的传统，只是它的释义是追求语言层面和科学层面的完美统一，如果解释得不好，“名”就是不“正”的。如果说印欧语术语的释义是刚性链接，那么汉语术语的释义则是血脉相通。但是如何恰当通过语言文字准确呈现科技知识，从规范性术语工作的实践来看，还是存在两个难点的：“一是科技概念本身不太明晰或稳固，无法用一两句话清楚表述，尤其是科技新词和人文社科类术语释义比较突出；二是科技概念涵盖的范围非常广，缺乏有效的归纳手段和方法。前者属于科学研究的范畴，概念自身内涵的不确定直接影响术语的释义；后者则属于语言文字研究的范畴，有限的语言形式无法对某些科技概念加以阐释。”（张晖，2016）因此，在科学或语言不完善的特定阶段上，源自印欧语的规范手段也是不可或缺的。

（三）继承博物传统，承接概念理论

如前文所述，中国自古以来就有博物的传统。中国的传统科学带有的混沌气质，讲求天人合一，汉语造词也是道法自然，给人类展示了自然界神奇的整体性关联，以及人类应该如何利用这种天然的“科学”来改进人类的生活（如农业、手工业）、治疗身体的疾病（如中医）等等。中国古代的博物传统中，博物所凝结的是知识，中国古代对知识的理解大都是整体性的，对知识的迁移也大都是整体性的，甚至还包括事物形态的直接迁移[⑤]。

近代科技知识总体上是概念性的，是体系建构（系统性）和微观解析性（科学性）相结合的，是对知识基于理性的重新组织，是再造的知识和重新解构的事

① 与事物本身紧密结合，尤其是分类学。

② 这也可以解释为什么“小学”在古代备受推崇。

③ 我们认为，“四体”中的“指事”是标记化，“象形”是形象化，“形声”是范畴化，“会意”是依存化。“二用”中的“转注”是符号化，“假借”是同形化。

④ 以区别性义符来实现对新事物的区别命名，带有很强的用文字符号描写事物的特点，如“驷”。

⑤ 中医有“以形补形”的特有说法，这本身就体现了对自然知识的遵从。

物和知识。近代科学意义上知识的组织离不开术语。自然语言处理和语义网络的研究实践表明，处于语义网络节点位置的不是别的，正是一个又一个术语（概念）。这一特点反映在语言文字层面，就是通过一个又一个术语（名称）来记录和传承。因此知识就像一个混沌体，是用类似神经网络才能模拟的复杂物象。

汉语用整体意向的汉语去表达具体意向的科技，运用的手段是通过挖掘多个整体意象之间的相互联系而非某个整体意象本身去对概念加以规定。因此，汉语的传承术语不仅仅是一个个名称而已，而是对具有天然和复杂属性的一个个具象事物（类似于模板）的表征，是对知识复杂性的原始记录。术语看起来是传承术语这一物象，但实际是传承着术语所包含的知识本身。

第二节 汉语术语学的逻辑：“得道”“取象”“器用”

如第三章第一节所述，先秦时期就产生了“名正言顺”的思想，中国古代哲人对名实关系的思考和实践是十分丰富的。那么，这类思考和实践对古代乃至近代汉语术语的创制有没有影响？汉语术语学研究能从中汲取什么样的哲学养分？这些都是汉语术语学研究需要思考的重大理论问题。

与近代西方科学观念相比，中国原生的科学哲学最突出的特点有四：道象器一体、包含与变在、比类取象与援物比类、体用合一。

一、“道”“象”“器”：三位一体

哲学是科学的科学，既是对科学思想的提炼，又是对科学思想的根本指引。因此，有什么样的哲学，科学就会呈现什么样的模样。中国古代阴阳学说是宇宙间相互关联的事物或现象对双方属性的概括，是古代科学观点之集大成者。其蕴含的自然哲学观点深深渗透在中国古代自然科学和中国传统文化的方方面面，是古人用以认识世界和解释世界的世界观和方法论。《老子·四十二章》曰“万物负阴而抱阳”，道家认为阴阳的自然法则存在于宇宙中的一切事物。《周易·说卦》曰：“是以立天之道曰阴与阳。”范文澜认为，“道”是从一切具体事物中抽象出来的自然法则或规律。

在古代哲学体系中，“道”“象”“器”三者不可分割。《周易》曰“形而上者谓之道，形而下者谓之器。化而裁之谓之变，推而行之谓之通……一阖一辟谓之变，往来不穷谓之通。见乃谓之象，形乃谓之器”，“道”“象”“器”形成三位一体的格局。阴阳作用在外是“象”，“道”在“象”背后起作用。朱熹也认为，太极是天地万物之理。《朱子语类》曰：“未有天地之先，毕竟也只有是理，有此理

便有此天地；若无此理便亦无天地，无人，无物，都无所载了。”（黎靖德，1997）因此太极、阴阳是在天地之先的“理”，是万物的来源。而《周易》把可见可证、有具体形态的实物研究归为“器”。“见乃谓之象，形乃谓之器。”综合起来，即是“道”驱动，“象”显现，“器”成形。《老子·四十二章》将其描述为“易有太极，是生两仪，两仪生四象，四象生八卦，八卦生万物”。《朱子语类》卷一曰：“阴阳是气，五行是质。有这质，所以做得物事出来。”因此，“道”之“体用不二”的一元特性，决定了“道”“象”“器”的不可分割性。在“变”与“通”中，人们按照“道”“象”“器”的标准对世间万物进行分类。总之，这种具有原生性的分类认识方法高度概括在“道”“象”“器”一体的阴阳哲学中，在古代科学中发挥了重要作用。

二、“得道”的逻辑：“包含、变在”的普遍性

“道”“象”“器”三位一体的自然哲学主要带来两个结果：

一是概念与概念之间普遍存在包含关系。沈家煊曾提出要从哲学层面简要阐述中国概念，择要有四点：天人合一、体用不二、有生于无、物犹事也。他认为，“天—人，人—圣，用—体，器—道，无—有，物—事，这些中国哲学最重要的成对概念，都是动态的、由一生二的‘甲乙包含’关系，在中国人的心目中，这种包含关系、变在关系是常态而不是非常态或过渡态，世界本来就是这个状态。”（沈家煊，2017）

二是“象”和“器”作为“道”的化身，是能为普天之下的凡人认识和了解的，人们认识“象”和“器”，不仅仅是在认识“象”和“器”这些表象的东西，而是通过这些表象的东西体悟“道”的本真。这种思维方式的直接结果就是，古代重视“象”和“器”，不是因为不重视“道”，而是“象”“器”“道”本为一体，只是“道”过于高深，未必人人可悟透，认识到“象”“器”就“得道”了。

三、“取象”的逻辑：“比类取象”与“援物比类”

中国古人的传统抽象思维里，“道”“象”“器”之“象”是在感性和理性特征上有共性的同一类事物。“象”既有表象义又有象征义，既有感性义又有理性义，既是实体范畴又是关系范畴。中国传统抽象思维所提出的概念范畴，如属于自然哲学概念范畴的“天、气、元、虚、神、物、易、命”，属于人文哲学概念范畴的“德、仁、中、心、情、意”，属于知识论概念范畴的“知、智、思、真、效、验”等（张岱年，1989），都是如此。这些概念范畴很难被赋予严格的

定义，而往往是通过“比类取象、援物比类”来实现，这也是中国传统思维处理概念范畴的经典做法。

中国传统文化中的“象”处于“道”与“器”之间，天然追求概念抽象实物和具象的完美统一，也就是古人讲的“立象以尽意”。而立“尽意”之“象”，主要分两步完成：首先是“比类取象”，对某一类实物具象的感性和理性成分进行浓缩和概括，提出概念抽象（即共同本质或特征）；其次是“援物比类”，通过选择一个其他实物具象来比喻前一步中从实物具象中提炼出的概念抽象。只有完成这两个环节，尤其是通过反复寻找恰当比喻的方式，“立象”才能“尽意”。放眼西方思维抽象过程也是分为两步完成的：首先是将完整的物象提纯为概念抽象，其次是通过对概念加以具体的规定来表达思维中的概念抽象。虽然从表面上看，中西思维的两步无非都是抽象出概念再还原概念，但实际上差别很大。中国传统思维是以“象”喻“象”，以“自然”释“自然”，避免分解或割裂所思考的对象本身，而西方抽象思维是对同一物象的先解剖后组装（王前和刘庚祥，1993），不追求其他具体物象参与后一步对概念的还原或表达。

中国传统思维过程的“比类取象、援物比类”能成立，其基础是作为本体的实物具象和作为喻体的实物具象，这两个“象”的大差异应该是事先为人们所熟知的，在直观上即可体会与把握，诸如“远取诸物、近取诸身”的说法。只要去掉两个“象”之间有差异的部分，剩下的自然就是有共性的部分。如果本体和喻体的差异足够大而两者共性足够小，那么这样的比喻就是最“尽意”、最精确的了。这种方式可以在不说出“象”的本质属性或特征的情况下，也能理解和把握概念的本质属性或特征，中国传统抽象思维的水平往往就取决于用比喻表述概念抽象的准确程度。中医所创造的理论体系之所以经久不衰，与其将天地万物的各种形态及其相互关系最终归结到人自身的亲身感悟和体验这一点，是分不开的。[①]

人们学习知识的过程就是寻找和体会类似的对应关系，一旦唤起共鸣，人们对知识的理解就能进入很深入的境界。正如《墨经》所言：“知，接也。……知，知也者，以其知遇物，而能貌之，若见。”这描述的就是这种物我交融的理想状态。朱熹在解释《大学章句》中的“格物致知”时也说：“是以《大学》始教，必使学者即凡天下之物，莫不因其已知之理而益穷之，以求至乎其极。至于用力之久，而一旦豁然贯通焉，则众物之表里精粗无不到；而吾心之全体大用无

① 这也是包括《周易》《黄帝内经》《老子》在内的著作成为中华思想文化经典的一个重要原因。其中显性或隐性的比喻达到了相当精辟的程度，因而足以体现中国传统思维的博大精深并为国人所深信。

不明矣。此谓格物，此谓知之至也。”“格致”（格物致知）在“科学”一词之前曾一度被用作 science 的译名，想必也与朱熹所点明的中国古代思维的这一独到之处脱不开关系。

四、“器用”的逻辑：“体用合一”的最终归宿

《周易·系辞上》：“形而上者谓之道，形而下者谓之器。”段玉裁《说文解字注》曰：“器，皿也。……皿，饭食之用器也。然则皿专谓食器。器乃凡器的统称。”社会生活既是社会现象也是文化现象（李长莉，1998），“器用”是人类生活中的器皿和用具。不同民族的器用也体现着本民族的差异和特点，形成独特的文化形态和民族传统。从先秦时期开始，就有人不断为“器用”创作赋体文学作品。荀卿《赋》篇最早以“赋”命篇，其中即有一篇是描写“针”这一“器用”的。该篇以当时流行的隐语形式，自设谜面，自揭谜底，是最早的器用赋（朱国伟，2008）。从《汉书》始，后世有关器用的赋更是不计其数，这也足见器用文化在中华传统文化中的特殊地位。古代借器用物品以表明哲理也是常见现象，《荀子·宥坐》就记载了孔子见到宗庙里的欹器，进而悟出“虚则敬，中则正，满则覆”的哲理。

在中华传统文化里，“器”与“用”也是变在、包含关系。“器”是人们日常所需，是“象”与“人”发生关系之后的直接产物，而“用”则是“象”与“器”发生关系的形式、行为，体现为人类适应和改造客观世界的手段。由“道”到“象”，再由“象”到“器”，缺一不可。“器”成为从“天”到“人”这一连串依存关系的最终落脚点，所以“器用”“体用”“体谓”等一系列概念在中国古代传统思维中显得尤为重要。“器用”的特殊地位也成为中国古代乃至近代科技传统中技术层面颇为发达的思想根源。

第三节 汉语术语学：一门关于“术语知识”的学问

一、汉语术语学的研究对象：“术语知识”

基于术语的二维属性理论，汉语术语学的研究对象应该是术语知识。从静态来看，术语知识包括术语本体（知识）、术语词汇（术语）两个存在包含关系的层面。而从动态来看，术语知识包含知识术语化和术语知识化两个变在的层面。包含和变在的术语和知识，凝结成汉语术语学的研究对象：术语知识。

（一）“术语”与“知识”的包含：静态的术语知识

从静态的角度，共时状态下的术语知识是静态的，体现的是事物的“类”与词汇的“价值”。就广义的知识而言，词汇本身的价值也是知识的一部分。如果知识是能结构化的，那么词汇一定是知识不可分割的组成部分。对于术语而言，术语的系统性植根于术语知识的系统性，植根于知识本体的系统性，也源于世间万物的有序性和人类认识的逻辑理性。

知识包含术语，那么术语是不是也包含知识呢？或者与知识有多大的交叉呢？静态意义上的术语，即使放到诸多应用场合，它更多地呈现出词汇属性，其内涵和外延是高度限定的，远不能涵盖知识的全部。当然，我们同时也要承认，术语在知识中往往具有牵一发而动全身的巨大价值，离开了术语，知识是散漫而缺乏脉络的。因而静态的术语知识是以术语词汇为节点的系统知识。

（二）“术语”与“知识”的变在：动态的术语知识

从动态的角度，术语本体与术语词汇通过知识术语化与术语知识化形成一个有机体，两者相互转化，相互影响。知识的术语化是从实物中提炼“类”化的范畴，用范畴对知识进行归类。术语学为这些系统化的知识命名，形成词汇，词汇遵循一般语言学和词汇学的基本规律，在词汇的符号体系中被赋予“价值”。而术语知识化是将事物重新“赋值”，使词汇的价值得以“延展”。由术语组成的文本成为知识的载体，人们通过术语了解事物被赋予的“值”，形成对万物及其规律的认知，术语的价值因此得以延展。

知识术语化和术语知识化是相互融合的两个过程，在特定的情况下彼此转化，深化术语知识的内涵，扩展术语知识的外延。一方面，当人类对事物的认知深化，就可能造成知识体系和词汇体系的重新调整。另一方面，如果术语表达的体系不够完备，造成对知识传递与表达的误导（如歧义），则可能需要对术语体系进行调整或者重新规定。知识决定术语的内涵，但是术语也能决定知识的表达。当术语知识的结果在受众中产生重大的认知偏差，也证明原有对知识的分类是不完备的，对知识的认知是不科学的，则反过来促进知识的重新术语化，最终形成知识术语化和术语知识化的闭环。

二、汉语术语学的研究内容：四位一体

术语知识主要包含知识本体、术语表达、知识传播、术语应用四个方面。其中，知识本体和术语表达是术语知识“体”的方面，知识传播和术语应用是术语

知识“用”的方面。

（一）知识本体：知识的类型、体系、演化

谈到知识（knowledge），不得不谈 ontology（“本体论”或“知识本体”）。计算机领域的 ontology 和哲学领域的 ontology 应分别命名为“知识本体”和“本体论”（冯志伟，2005）。在西方的哲学史上，古希腊时代的哲学家用朴素的本体论思维去看待事物的发展变化中的不变（如种子和树的本质一样，即使种子后来长成了树）。巴门尼德（Parmenides of Elea）认为从种子到树的变化只是人感官上的问题，亚里士多德则认为种子长成树只是树的存在形式发生了变化，从“潜在的树”变成了“实在的树”。[①]在中世纪，学者们研究事物本身和事物的名称之间的关系，分为唯实论（realism）和唯名论（nominalism）两派。唯实论主张事物的名称就是事物本身，而唯名论主张事物的名称只不过是引用事物的词而已。直到 1613 年，德国哲学家郭克兰纽（R. Goclenius）在用拉丁文编写《哲学辞典》时，把希腊语的 on（being 义）的复数形式 onta（beings 义）与 logos（“学问”义）结合在一起，创造了 ontologia 一词，即后来英语中的 ontology。1636 年，卡洛维（A. Calovius）在《神的形而上学》中，把本体论看成“形而上学”（metaphysica，英文为 metaphysics）的同义词，把 ontologia 与亚里士多德的“形而上学”紧密地联系起来，而笛卡儿更是明确地把研究本体的第一哲学叫作“形而上学的 ontologia”，ontologia 便成为形而上学的组成部分。莱布尼兹（Gottfriend Wilhelm Leibniz）和沃尔夫（C. Wolff）从学科分类的角度，把 ontologia 归属为形而上学的一个分支，使 ontologia 成为哲学中一个相对独立的分支学科。康德（Emmanuel Kant）在研究 ontology 时提出了人类心智对事物进行分类、获得外界知识的范畴框架（包含数量、质量、关系、模态等），为本体论的研究奠定了坚实的基础。

在 20 世纪末和 21 世纪初，ontology 在计算机科学中就引起了学者们的极大关注，通过重新定义，逐步成为计算机科学的一个重要研究领域。1991 年，尼彻斯（R. Niches）等提出构建一种包含“知识本体”（ontology）和“问题求解方法”（Problem Solving Method，PSM）两部分的智能知识库系统。该系统的核心就是“知识本体”，它是特定领域共有的知识结构，是静态的知识。“问题求解方法”使用“知识本体”推理相应领域的动态知识。此后，1993 年，格鲁伯（T.

---

① 亚里士多德为“存在”建立了一个范畴系统（system of categories），包含 substance（实体）、quality（质量）、quantity（数量）、relation（关系）、action（行动）、passion（感情）、place（空间）、time（时间）。

R. Gruber）将“知识本体”（ontology）定义为“概念体系的明确规范”（Gruber，1993）。1997 年，波尔斯特（W. N. Borst）将该定义修改为：“可以共享的概念体系的形式规范。”（Borst，1997）1998 年，施图德（R. Studer）等针对计算机科学的需要，将定义进一步完善为：“对概念体系的明确的、形式化的、可共享的规范。”（Studer et al.，1998）“概念体系”指描述现象的概念抽象模型，“明确”指对概念类型以及用法通过定义加以明确约束，“形式化”指机器可读或可循，“共享”指概念体系是群体共享而非个人专有。知识本体的目标是捕获相关领域的知识，提供对该领域知识的共同理解，确定该领域内共同认可的词汇，并从不同层次的形式化模式上给出这些词汇和词汇间相互关系的明确定义（邓志鸿等，2002）。

人们对知识本体的认识可能存在差别，因此在计算机科学中有不同类型的知识本体，主要包括通用知识本体、领域知识本体、语言知识本体、形式知识本体（冯志伟，2005）。通用知识本体（common ontology）从概念的根结点出发，是很抽象的。如 ONTOL-MT 通用知识本体的初始概念就有事物（entity）、时间（time）、空间（space）、数量（quantity）、行为状态（action-state）和属性（attribute）共六个可管辖不同层次的下位概念。领域知识本体（domain ontology）是对领域知识的抽象，概念明确，容易形式化和共享，如生物学领域知识本体、考古学领域知识本体。语言知识本体（language ontology）是一个词表，它描述了单词和术语之间的概念关系，如 WordNet。如果概念结点是专业术语就叫作术语知识本体（terminology ontology）。形式知识本体（formal ontology）对概念和术语的分类很严格，要按一定的原则和标准，明确地定义概念之间的显性和隐性关系，明确概念的约束和逻辑联系。领域知识本体或术语知识本体经过进一步的抽象和提炼，就可发展成形式知识本体。前三种知识本体可被自然人共享，而形式知识本体则主要是为计算机所共享的。虽然知识本体是计算机科学的重要概念，但从计算机科学对知识本体的研究成果来看，知识本体对术语学研究很有借鉴意义。

知识是有关人与自然关系的智慧积累，大体可以分为四类：一类是人类对自身的认识，一类是人类对自然的认识，一类是人类改造自然所形成的认识，一类是人类认识和改造活动的共性规律。不同类型的知识，其本质是有区别的。人对自然物质存在的认识体现为事物的标签。而人改造自然的认识则更多地体现为对活动的描述。不同时期积累的人类知识，只是知识内涵不同，但无外乎以上几种基本类型。在远古时代，人的生存是首要的，因此对生活必需和健康疾病的认知是首要的，体现为农业和医学。人在生存的同时，一直在追求对自然的解释，天文就是例子。而无论是解释天文现象，还是制造工具进行农业生产，算学又是重要的工具类型，那时的算学植根于人类生活实践。因此，近代以前的知识主要是围绕天、算、农、医四科展开的。而当历史步入近代尤其是西方文艺复兴之后的近代科学，从传统神学的束缚中解放出来，追求对事与物的形式逻辑与解释。亚里士多德的形式逻辑建立了一套独立于思维之外、唯一量纲的解释话语体系。以此为基础，天文学开始打破地心说，逐步走向数理逻辑，人类对自身及疾病的认识也倾向于从物质世界的生理解剖等出发，农学的发展也是逐步从依赖自然到研究农业生产的物质规律。时至如今，知识体系更加完善，人类对万物的认识深入到更加微观的层级，而对自然的改造也逐渐增多，知识门类不断拓展。

术语知识是术语学的研究对象，而术语正是知识本体的语言载体。与知识本体不同的是，术语知识不止于研究术语中“对概念体系的明确的、形式化的、可共享的规范”，还需要研究提炼这些规范的实体、规则。计算机科学所提到的术语知识本体是术语知识中至关重要的方面。

（二）术语表达：术语的创制、模式、变异

术语是知识的结晶。术语的内容来源于科技，而术语的形式来源于语言。术语的创制受到科技和语言两方面因素的影响。没有知识的演进，就不会诞生新的概念。而没有新词汇或词汇的新意义作为载体，也就无所谓新术语的诞生。

古往今来，汉语术语创制的历史主要包括原生和引进两种形式。古代汉语术语的创制受到外来文化的影响比较小，其词汇的演进和累积过程是清晰的。自近代以来，以西方科技为内核的近代术语主要是通过翻译的方式引进的，人们通过翻译完成了新词汇的累积和知识体系的建构，完成对外来知识的学习和吸收。从清末民初新词汇所带来的巨大冲击可以看出，近代术语的创制是近乎革命性的，但是回顾这一段历史，仍然有很多值得思考的内容。词汇的发展变化一般是有章可循的，尤其是像汉语这样拥有相当程度稳定性的语言文字，按照术语的二维属性论，术语的语言属性决定了术语的发展变化至少应该有一个源自语言本身的日积月累的过程，但事实上近代汉语术语的这段创制历史充满了偶然性。一方面是以西方传教士为主体的西儒通过英华词典等形式逐步完成了概念的初步转译和词汇的初始创制，另一方面是当时同在汉字文化圈的日语为国人提供了可以直接借用的术语形式，而且其数量巨大。但西儒和日语这两个因素都存在历史的偶然性，如果把偶然性完全排除，那么近代汉语术语的创制历史也可能被改写。尽管如此，原生和引进依然是可辨识的、对汉语曾经产生过深入影响的两种术语创制形式。

古代汉语术语具有明显的、汉语与生俱来的意合特征。近代经翻译抵达汉语的外来术语，其构词模式往往带有西化痕迹，摹形的比重较大。所谓摹形不仅仅体现在构词语素层面，还体现在汉语对印欧语术语曲折变化的适应过程中。张晖（2020a）对海峡两岸差异术语的分析表明：凡是两岸存在差异的术语，其汉语术语语素差异明显受到英语词形变换的影响（如英语的动名词、被动式等）。

术语生成后，总体是稳定的，但依然存在价值体系或词汇层面的变异。术语的表达尽管总被期望是单一的，但是其语言属性决定了在自然状态下，术语形式的单一性较难实现，尤其是在新概念诞生初期体现得尤为明显。如 Internet 在 1994 年被引进的最初两年内，就产生了国际互联网、全球互联网、交互网、网间网、网际网络、国际电脑网络等十多种表达方式。其后该词被全国科学技术名词审定委员会确定为“因特网”。然而，该词这些年在实际应用中，有逐步被“互联网”所取代的趋势。在这个实例中，我们可以总结三种变异：第一种产生于概念诞生之初，源于对概念的不同理解或词汇的不同表达（如国际互联网、全球互联网、交互网、网间网、网际网络、国际电脑网络等）；第二种是源于术语规范工作，如“因特网”；第三种则是源于大众的使用和约定俗成，如“互联网”。具体而言，因特网的定名最初是希望跟首字母小写的 internet 区分开来，以表示 Internet 是一种源于美国军方专用网络的国际互联网络（张伟，2007），而首字母小写的 internet 则是一个泛化的概念，包括了局域网这种具有相互连接属性的网络。尽管因特网定名理据充分，但是最终还是逐步被互联网所取代。究其原因，首字母大写和小写的两个概念的区分价值和意义因广域互联概念的强势和局域互联概念的弱势而被忽略，社会最终选择将泛化的 internet 用来表达 Internet 的专指意义。所以术语的变异往往不是偶然的，而是必然的，其根源在于术语概念体系的内在调整和社会对概念体系复杂程度的接受度。

（三）知识传播：知识的载体、解码、反馈

知识主要以术语为载体，但同时也不局限于有限的术语词汇。术语的创制凝结了大量节点性知识，是知识的核心载体。离开术语，知识的汇聚将不成系统，也缺乏直观性。然而，知识的传播往往是跟术语在自然语言环境下的使用紧密相关的，知识传播的核心在于准确地传达知识，显然仅靠术语很难实现，总需要自然语言要素的参与。大到科技论著、科学数据、科普文章等，小到定义、符号表达式、逻辑推理、语篇表达等，都是知识传播的现实载体。

在知识凝聚在特定的载体之后，信息发出者的工作即告完成。但是知识传播是一个连续的过程，不特定的接收者在接收到有关信息后，需要进行知识的解

码。因此知识的准确解码是知识得以准确传播的关键环节。在解码的过程中，最重要的信息依然来自两方面。首当其冲的是术语，术语词汇能否为接收者准确无误地获取，歧义或者模糊的语义可能会阻碍知识的顺利解码；其次是知识的文本组织方式，其逻辑是不是足够清晰，论述是否有力，概念关系的表达是否准确等。以上两点对知识的载体——术语及文本都提出了严苛的要求。一方面，术语的定名要符合业界共识，传递准确的概念所指；另一方面，基于术语的文本组织要与术语所表达的概念协调配合起来，传递准确术语词汇之外的潜在语义关系。

当知识解码完成后，基于解码后知识的反馈会跟进。这往往有两种可能性：一种是知识被准确解码，有益于新知识诞生的场景就出现了，思想的互动会产生新的知识；另一种是知识解码出现偏差，这类偏差要么集中于术语所表达的概念本身是否正确，要么集中于术语表达的概念关系与知识文本载体所表达的语义关系是否冲突。无论哪种偏差都与术语息息相关，要么术语表达产生了歧义，要么术语所表述概念的彼此关系在科学研究中发生了不能自动消解的歧点，需要就歧点进行交互，也可能需要对术语的定名或定义进行调整，让术语之间的关系发生变化，以适应科学研究的进展。

（四）术语应用：术语的用户、场景、技术

术语的应用范围广泛，这决定了术语学不是一门纯理论的科学，而是与实践息息相关的学问。术语的用户广泛，比如政府机关的政策制定者、教学科研单位的工作人员、作为生产经营主体的企事业单位，以及广大的新闻出版工作者等。

对于政府机构而言，政策制定离不开清晰的术语界定，比如政府工作报告、法律法规及部门规章、各类公文，都需要处理好语言文字领域的词汇规范使用问题，例如，《国务院关于公布天文学名词问题的批复》（国函〔1987〕142 号），国家科委、中国科学院、国家教委、新闻出版署《关于使用全国自然科学名词审定委员会公布的科技名词的通知》（〔90〕科发出字 0698 号），国务院办公厅秘书局《关于加强对行政机关公文中涉及字母词审核把关的通知》（国办密函〔2010〕14 号）等文件。对于教学科研单位而言，教师需要规范的术语来授业解惑，科研工作者需要共识的术语来推进新科学共识的形成，同时也需要及时命名新概念并提交学界交流。对于企事业单位而言，其内部的知识管理系统需要强大的术语支撑，其产品设计与宣介需要良好的术语保障，着眼于未来人工智能的业务更是离不开术语。对于新闻出版行业而言，知识传播是其核心职责，因而尽可能规范准确地使用术语是业务所需，同时通过跟踪新概念及其命名来提高科学研

究和科普工作的时效性和科学性也是应有之义。

若要更好地应用术语，则需要术语管理及相应的技术手段。自然语言处理、语料库、知识图谱、人工智能、神经网络等都是实现术语知识管理的有效技术手段。在 20 世纪 90 年代之前，世界上大部分术语数据存储在大型术语数据库（terminology database，TDB）中，主要提供有关术语的语言信息（如其他语言中的对等词、形态信息、样式标签），其概念信息是稀疏的（仅限于定义和上下文）、非结构化的。从 90 年代开始，越来越多的术语研究人员呼吁将术语数据库演化为以知识为基础的新一代术语知识库（terminology-based knowledge database，TKB）。TKB 与传统的 TDB 相比，至少在信息的显式编码、支持获取系统化信息、检索信息的设施三个方面存在优势（Ingrid et al.，1992）。首先，它允许概念关系的显式表示，上下级概念有继承关系，并利于知识结构的图形表示——知识图谱。其次，它允许通过知识结构进行类似超文本的“导航”，为新概念搜寻兼容的知识“空间”，帮助术语专家在整个获取过程中直接获取知识。最后，它可以通过任何概念特征访问其数据，以确定用户心中的概念是否已经有了名称，而非仅仅集中在词汇层面而导致同义词和准同义词的泛滥，给专业领域交流制造障碍。类似的研究在国外只有 20 多年的历史，尽管国内这方面的研究也很薄弱，但是集成了先进技术的 TKB 代表着未来发展方向，势必催生与适配未来更多的应用场景。

三、汉语术语学的研究领域：“理论”与“应用”

如本章第二节所述，按照中国古典逻辑，所有学科都是紧密围绕“道”“象”“器”展开的，解决的是以“认识和顺应自然，与自然和谐共生”为核心的人类认知和实践问题。所谓学科的分野，不大可能产生在“道”的层面，而是产生在“象”的层面，最终落脚点还是在不同的“器”与“用”层面，实用至上。“道”蕴含于“器”之中，“器”是“道”的载体，分支之学就是术语学的“器”，同时“器”的确定也要面向“用”，这是中国哲学的重要内容。因此，确定汉语术语学的研究领域，需要在“器”与“用”两个层面展开。

有鉴于此，汉语术语学的研究至少应该包含理论术语学和应用术语学两个类型。理论术语学主要研究什么是术语、术语学的研究对象与方法，以及术语学的理论逻辑。而应用术语学则面向术语行业的从业者（如词汇的生产者、使用者），探讨如何更好地生产术语，更好地管理术语，以及更好地通过技术手段挖掘术语的潜在价值。

（一）理论术语学：面向知识本体与知识表达

1. 源自历时传统的术语史学

术语史学研究，按照研究对象划分，可以分为术语史、术语工作史。按照历史时期划分，包括古代汉语术语创制史研究、近代汉语术语创制史研究。按照领域划分，包括自然科学、工程技术、社会科学、军事科学等各学科的学科术语专门史，如物理术语史、化学术语史、信息术语史、法学术语史等。术语史学还应该站在历史的肩膀上，以史为鉴，研究未来术语创制的基本规律，把握术语工作的发展趋势等。

2. 源自共时理论的术语语义学

世界范围内的语义学主要有三大流派，分别是结构语义学、生成语义学和认知语义学，都产生于 20 世纪。结构语义学是结构主义语言学的一个分支，也可称词汇语义学，主要研究词汇的词义和结构，比如说义素分析与词义场分析、词汇间的语义关系（如正称与异名、同义、反义、同音词等）与词义间的结构性关系等。生成语义学是生成语言学的一个分支，吸收结构语义学对义素分析法和生成音系学的音位区别特征理论，凭借句法变化和词汇变化的多种手段来实现表层的句子形式，来分析语言最深层的结构义素。尽管乔姆斯基后来对这一偏颇有所察觉，也将语义提到了一定的位置，但生成语言学仍认为语义只具解释性，不具生成性。不论是结构主义语言学还是生成语言学，都将语言作为一个封闭的系统来研究（周荐和曾柱，2011）。认知语义学是认知语言学的一个分支，主张词义是人类认知概念化的结果，通过词汇化、范畴化、隐喻与转喻以及语用推理等，探索词义的认知基础，概念结构与词义结构、句法的关系等。三个学派的共同特征就是围绕语言的意义研究，在义素、词义、短语、句子及语篇等层面都有涉及，以“语义学”统称。

汉语是语义型语言，如王宁所说：“汉语词汇语义学应当在自己的传统中总结，因为汉语研究的传统含有最全面的、最彻底的科学语义观，因而有可能产生最先进的方法。在语义研究上，全盘西化是舍本求末，舍近求远。”（王宁，2004）汉语术语语义学具有较好的研究基础，无论是古代汉语还是近代汉语，词汇语义研究都已经形成了一套比较成熟的理论和方法。汉语术语是汉语词汇的重要组成部分，汉语术语语义学的研究应该吸收汉语词汇语义学的已有成果，着眼于汉语自身特点，探索汉语术语知识的内涵及其语义结构，探索汉语术语的语义生成及其解析规律，将术语研究丰富成为术语知识的研究，成为具有丰富内涵的术语研究新生态。术语语义学重点研究术语的语义，包括语义的结构、层次，术语的理据、释义、术语语义学、歧义的来源等。

需要提出的是，由于汉语的历史悠久，汉字传承有序，语义演变也自有其规律，因而近代术语语义学研究不能只研究共时层面的近代术语，还应该通过研究词汇的历时演变规律（尤其是古代汉语词汇、近代早期汉语词汇等），为近代术语基本格局的形成提供历时的解释。这一点对于夯实汉语术语学的根基尤为重要。

3. 源自描写传统的描写术语学

汉语思维中对“象”尤为重视，那么“象”从何来？比“类”取“象”。墨辩逻辑中的“三物”之首就是“类”，“类”在汉语词汇的构成中非常重要。《说文解字》能以540部为纲，将汉代及先秦文字成功聚类，系统展示了汉字里的中国传统“类”思维。“援物比类”，从词汇层面来看，术语的构词理据往往与“比类”的“物”紧密相关，一旦要解析术语的构词理据，往往就需要从术语所援之“物”来进行分析。分析实体的物，描写是重要手段，没有细致的描写和细微的观察，不可能将汉语术语间的细微关系呈现出来。

对汉语术语的描写，应该围绕形、音、义三方面展开：对术语“形”的描写，包括术语的形制规律及其词长分布规律（词长分布）、构词法、术语缩略原则、语序特征（如逆序词）等；对术语“音”的描写，包括术语的同音现象、经典术语的语音分布和韵律特点等；对术语“义”的描写，包括从术语“比类”中提取“类物”的形态、质量、大小、性状，以及术语种属等等。

需要提出的是，近代以来的汉语词汇由于受到印欧语、日语等外来语的影响，在术语的“形”方面出现了受屈折语、黏着语影响的形式特征，如以语序特征来呈现屈折语的词性区分，出现了性、化、度等源自黏着语的词缀等。

4. 源自规范理论的规范术语学

规范是现代经典术语学的要义，是术语学最早独立成学的动因。在国际电工委员会、国际纯粹与应用化学联合会（International Union of Pure and Applied Chemistry，IUPAC）、世界卫生组织等为代表的国际组织所在领域，术语规范都是很重要的议题，在ISO TC37框架下，术语标准化更是一个核心话题，指导当今术语实践的主要还是规范理论。

中国术语规范工作有规范化与标准化之分。全国科学技术名词审定委员会在开展学科术语规范化工作，已建立覆盖基础科学、工程技术、农林医学、社会科学、军事科学等97个学科的分委员会，规范了超过140种60余万条学科名词术语，科研、教学、生产经营和新闻出版领域遵照使用；全国术语与语言内容资源标准化技术委员会主要对国家标准中的术语进行研究，标准中的术语是标准附带的组成要件，一般强调对本标准负责。

在术语史学中已经提到，中国古代、近代以来的术语工作实践都是术语学很重要的研究内容。除了术语工作实践，术语规范化与标准化工作理论是规范术语学更为基础的部分，其内容应当包括术语规范工作的原则与方法、术语标准化的原则性或引导性意见等。除此以外，对以往术语规范工作的得失进行总结，并提出未来术语规范工作的战略与策略，都是规范术语学的重要内容。

5. 源自博物传统的专名学

专名与通名相比，具有唯一性，其研究价值容易被忽视。但实际上，无论是从中国历史上看，还是从国际范围来看，术语与专名之间的界线都并不十分清晰，纠葛甚多，渊源共通。

在中国古代，由于浓厚的博物传统以及“援物比类”对“物”的倚重，专名自先秦时起一直就是汉语古代术语的重要组成部分。如《释名》《方言》《尔雅》等都收罗了大量专名，《本草纲目》等收录了大量草本植物的名称及性状特征。[①]

在国际上，与术语规范关系最为密切的是林奈的植物分类法，以及后来的动物分类法、化合物命名原则等。这些工作的研究对象都是自然界或科学研究中林林总总、不可计数的专名，属于科学博物的范畴。在历史学等社会科学领域，专名尤其占据重要地位，如人物名、事件名、地名、机构名、文献名等，在科学著作或其他文献中是不能回避的。

在术语实践中，还存在大量包含专名（如人名、地名等）的术语，对这些术语的研究不能忽视专名问题。此外，在汉语语境中，专名、术语、名词三者的关系也是值得深入研究的课题。

6. 源自概念理论的术语哲学

在语义三角中，“概念”本身就是一个重要的概念，是实体与术语的中介。

---

① 其实，很多近代意义上的通名在诞生之初本是专名。以“江”为例，在中国早期文献中特指今鲁西地区的东平湖—南阳湖—独山湖—昭阳湖—微山湖一线的河湖系统（李慧冬，2014）。如《殷本纪》引《汤诰》：“东为江，北为济，西为河，南为淮，四渎已修，万民乃有居。”所谓的“东为江”，是以商初的首都亳（今河南偃师）为原点，东边鲁西地区的五湖一线水系。

概念是一个哲学范畴，而哲学在术语研究中是十分重要的。无论是涉及科学技术的科技哲学，还是涉及语言文字的语言哲学，都与这些紧密相关。

在术语哲学的科技维度，需要研究科学背后的逻辑类型，对于属于不同类型的科学范畴，需要按照各自对应的逻辑思维去考虑各自的术语问题。以中医术语为例，如果希望用亚里士多德的演绎逻辑去进行评价，既是不合适的，也是不能取得好结果的。相应地，以近代物理学为例，如果试图用《周易》的逻辑去解释力的分解，难免会让人们感觉悬隔。因此，科技哲学层面的研究需要把不同类型的科学逻辑（如名辩逻辑的“类”“故”“理”与“宗”“因”“喻”，形式逻辑的“三段论”）统一起来，结合三者“论辩”的特点，将三者涉及的主要问题（如概念理论、证明理论、论式问题、谬误理论、思维规律等）协同考虑，挖掘和整理逻辑中有关科学的理论演进，寻找术语背后蕴含的科学逻辑普遍性和内在规律。

在术语哲学的语言维度，需要研究语言背后的逻辑类型。对于不同类型的术语语言文字类型，同样需要按照各自蕴含的逻辑思维去考虑术语相关问题。以汉语为例，希望用屈折语的形式逻辑去完全改造孤立语的汉语术语，显然也难以奏效。相应地，以汉语的语序特征去改造屈折语或者黏着语，显然也难以奏效。因此，语言哲学层面的研究要在不同语言类型及其类型之间发现跨越不同类型的共性特征，或者将不同类型语言的特征以某种形式对照起来，用以协调不同语言的术语交流。

（二）应用术语学：面向知识传播与知识应用

1. 面向跨语言交际的术语翻译学

术语所表述的概念和蕴含的知识是全人类的财富。科学无国界，越是民族的也越是世界的。无论何种科学，总有最初的发现者，可能是在欧美国家，可能是在日本，也有可能是在中国，还有可能是在印度或巴西，当人类的发现朝着共识迈进，那么对这种知识的分享无疑是十分重要的。在国际学术交流中，无论是书面的论文交流，还是面对面交流，只要有语言的不通，就可能产生障碍。随着国际交往越来越密切，语言智能技术不断发展，世界对知识分享的热情充满对无障碍的渴望。其中，日常生活语境的跨语言交际已经进展明显，但某些特殊领域依然存在较大困难，主要表现在：海量的术语是翻译工作者的巨大障碍；弱势语言的术语国际传播易因术语的准确性和系统性不足而在全球知识影响力竞争中处于不利地位。

为了解决这样的难题，术语应该关注术语翻译的学问，即术语翻译学。术语翻译学需要至少解决三类问题：①术语词汇翻译的原则。这是指导科技翻译实践的重中之重，也是试图作为世界学问的术语学所应该解决的首要问题。其包括术语翻译的基础理论、方法技巧以及主要工具。②科技语篇中的术语翻译。作为知识形态的术语，不仅仅是一个一个的词，而是从诞生开始就是语言中的真实存在。科技语篇中的术语翻译，不仅仅需要考虑词汇翻译的准确性，还要尽力研究语篇中术语歧义的产生与消除、语篇中与术语组织相关的语言形式与表达、术语翻译的真实语境（尤其是口语语篇中的术语组织形式）等等。③跨文化的术语翻译。科学的形态不应排除任何一种人类共同知识，无关乎其民族来源，无关乎其文化背景，因而跨文化的术语翻译问题必然是术语工作者需要着力解决的问题。以中国传统科技为例，众多中国特有词汇的翻译目前就面临很大的困难，其概念类型的差异直接导致现有翻译原则的不奏效，如中医的气、阴、阳，而且往往越是基础概念越难传神表达。因此，需要将跨文化术语翻译的重点放在构建基础术语的术语解析体系上。

2. 面向学习者的术语词典学

词汇学和词典学从来就是相伴而生，密不可分的。词汇是语言要素中最活跃的部分。术语词典首先是记录术语词汇的手段，其次反映术语词汇的发展。术语词典按照收词的时间范围，可以分为历时性术语词典和共时性术语词典。前者聚焦术语词汇的“过去”（如近代词源词典），后者聚焦词汇的“现在”（如新术语词典）。术语词典按照编纂目的，可以分为描写性术语词典和规范性术语词典。描写性术语词典广泛收集术语词汇，一般以字母或汉字音序排列，目的在于尽可能地收集所能收集到的术语词汇，以记录和查检为目的，如单一学科或者综合性的术语词典、专书的术语词典等。规范性术语词典则以概念为本体，区分同义术语、近义术语，给出推荐术语和非推荐术语（包括淘汰术语、已经淡化术语身份的词汇），提出使用建议和区分规则。如国家权威名词审定机构公布的规范术语、各类标准文件中明确的标准术语等。

除了区分共时性术语词典与历时性术语词典、规范性术语词典与描写性术语词典，还应尤其关注双语词典和专科词典。双语词典涉及两类，一类是双语术语词典，一类是语词类双语词典中的术语条目。前者是主体，其重要性自不必言；后者尤其需要重视，因为此类双语词典中的术语词条有可能一直是术语身份，但更多地会随着使用普及而成为日常语词，这是需要关注的重要语言现象，也是科学知识走向大众的必然。双语术语词典尤其需要关注术语的多语对照关系（尤其是“一词多义”“多义一词”现象的处理），给出术语的释义以及限定使用的建议，关注有必要提醒人们注意的特殊用法和使用例证等。

3. 面向知识库的术语管理学

信息技术的发展，一方面为开展有效的术语管理（包括储存、关联、调用等）提供了技术条件，另一方面也对术语管理提出了更高的要求。突出的表现就是，术语的管理不仅仅局限于建造一个术语数据库，进行基本的维护和查询服务，而是需要对术语进行知识化的扩展，以达到知识服务的目的。在当前的术语用户中，有不少企业用户和个人用户，他们是标准的使用者和执行者，这方面的需求尤其迫切。企业用户需要获取可靠的知识来指导生产实践，对接市场需求，以获取最大利润，减少不必要的损失和沟通成本。个人用户则主要出于学习知识的需要，他们关注术语：一方面是查检的需要，要判断术语的内容、形式是否正确、权威或者与自己的预期是否一致；另一方面则是希望进一步了解术语背景知识，获得必要的知识扩展。

面对上述需求，术语管理学至少要做好三方面的研究：①术语知识库的构建与场景应用，包括需求分析、结构设计、知识关联，以及存储技术、场景应用等。②企业术语管理。如今大型的跨国企业都有对术语管理的迫切需求，如何搭建适合本企业的术语库，是企业关注的问题。③知识库的迭代更新。比如，面对信息处理技术的不断迭代更新，如何支撑相关产品设计和应用场景设计，是可能面临的现实课题。

4. 面向人工智能的计算术语学

人工智能是未来技术发展中不可逆转的大趋势。人工智能技术的突出特点就是高性能计算能使传统意义上不能很快做出的判断或决策在瞬间做出，传统意义上需要逻辑推理才能给出的精准决策通过大数据统计的方法就能做出。而术语在其中发挥的作用是至关重要的，人工智能技术的底层依然离不开关键知识结点的设定和关联，关键结点的选择、关键算法的导入都成为制约人工智能技术发展的决定性因素，因此计算术语学越到未来，越是大有可为。

面向人工智能的计算术语学需要研究三类问题：一是术语知识网络的技术优化研究。无论是来自统计的技术优化，还是来自规则的技术优化，或者两者兼有的技术优化，都是人工智能发展所必需的。二是神经网络与自然语言处理研究。目前这项研究是学科前沿，受到脑科学研究启发，需要探索神经网络的工作机制、运行规则，更重要的是研究将自然语言处理过程逐步发展成一个有自主思考和生命力的过程。三是术语人工智能的场景应用研究。人工智能的突出特点是与应用场景高度结合，所以术语在人工智能场景中的作用不可能是单一的，而是内涵丰富的，需要与场景紧密结合，具备适配性，模型的建立也要有扩展性。

第五章　汉语术语学的未来展望："时"与"势"

术语有科学技术和语言文字的双重属性，展望汉语术语和汉语术语学的未来，势必要认清中国的科技地位和汉语的语言态势。蓬勃发展的术语理论必然是跟蓬勃发展的科技、健康发展的语言休戚相关的。中国的科技实力在逐步增强，未来势必成为世界科学中心之一。汉语使用人口众多，中国本土以外学习汉语的人口也在大幅增加，汉语所蕴含的传统文化和思维方式正吸引着全世界的目光。这些都是开展汉语术语研究比较有利的外部条件。

第一节　科技位势：科学中心三足鼎立

一、中国古代科学的主要成就

2013 年 8 月，中国科学院自然科学史研究所成立"重要发明创造"研究组，经过集体调研、学科召集人推选备选条目、广泛征求国内外科技史界意见等程序，于 2015 年公布了"中国古代重要科技发明创造"85 项（参见中国科学院自然科学史研究所"发明创造"研究组，2015a），大致分为科学发现与创造、技术发明与工程成就①三类（表 5.1）。

表 5.1　中国古代重要发明创造及其年代

序号	创造或成就	年代	类别
1	干支	商代有干支纪日，春秋以后有干支纪年，汉代以后有干支纪月	科学发现与创造
2	杂种优势利用	不晚于东周	
3	圭表	不晚于西周	
4	阴阳合历	商代后期	
5	筹算	春秋时期	

① 其中，工程成就体现出古人创造和利用先进技术的非凡能力，涉及冶铸、水利、建筑、园林、航海等技术门类。

续表

序号	创造或成就	年代	类别
6	小孔成像	公元前 4 世纪	科学发现与创造
7	二十四节气	起源于战国，成熟于西汉初期	
8	马王堆地图	不晚于公元前 2 世纪	
9	经脉学说	汉代	
10	四诊法	汉代	
11	本草学	东汉初期	
12	方剂学	汉代	
13	盈不足术	不晚于公元前 3 世纪	
14	勾股容圆	不晚于东汉前期	
15	方程术	不晚于东汉前期	
16	天象记录	汉代已较为系统	
17	制图六体	不晚于 3 世纪	
18	律管管口校正	3 世纪	
19	物不知数（中国剩余定理）	不晚于 4 世纪	
20	敦煌星图	8 世纪初	
21	潮汐表	始见于 8 世纪后半叶	
22	法医学体系	1247 年	
23	正负开方术	1247 年	
24	天元术	1248 年	
25	垛积术	1261 年	
26	四元术	1303 年	
27	《本草纲目》分类体系	1578 年	
28	等程律（十二平均律）	1581 年	
29	系统的岩溶地貌考察	1613—1639 年	
30	水稻栽培	距今不少于 10 000 年	技术发明
31	猪的驯化	距今约 8 500 年	
32	粟的栽培	距今约 8 000 年	
33	含酒精饮料的酿造	距今约 8 000 年	
34	髹漆	距今约 8 000 年	

续表

序号	创造或成就	年代	类别
35	养蚕	距今5 000多年	
36	缫丝	距今5 000多年	
37	大豆栽培	距今约4 000—5 000年	
38	块范法	约公元前17世纪	
39	竹子栽培	不晚于商代	
40	茶树栽培	周代	
41	柑橘栽培	不晚于东周	
42	以生铁为本的钢铁冶炼技术	春秋早期	
43	分行栽培（垄作法）	春秋时期	
44	青铜弩机	不晚于战国初期	
45	叠铸法	战国时期	
46	多熟种植	战国晚期	
47	造纸术	西汉初期	
48	胸带式系驾法	西汉	
49	温室栽培	不晚于公元前1世纪	技术发明
50	提花机	不晚于公元前1世纪	
51	指南车	西汉	
52	水碓	西汉	
53	针灸	汉代	
54	新莽铜卡尺	公元9年	
55	风扇车	不晚于1世纪	
56	地动仪	132年	
57	翻车（龙骨车）	2世纪	
58	水排	东汉	
59	瓷器	成熟于东汉晚期	
60	马镫	不晚于4世纪初	
61	雕版印刷术	7世纪	
62	转轴舵	不晚于8世纪	
63	水密舱壁	不晚于唐代	

续表

序号	创造或成就	年代	类别
64	火药	约 9 世纪	技术发明
65	罗盘（指南针）	不晚于 10 世纪	
66	顿钻（井盐深钻汲制技艺）	不晚于 11 世纪	
67	活字印刷术	11 世纪	
68	水运仪象台	建成于 1092 年	
69	活塞式风箱	不晚于宋代	
70	火箭	不晚于南宋	
71	火铳（管形火器）	不晚于 13 世纪末	
72	人痘接种术	不晚于 16 世纪	
73	曾侯乙编钟	战国早期	工程成就
74	都江堰	前 256—前 251 年	
75	长城	始建于战国后期，秦代形成"万里长城"	
76	灵渠	前 221—前 214 年	
77	秦陵铜车马	秦代	
78	安济桥（敞肩式石拱桥）	7 世纪初期	
79	布达拉宫	始建于 631 年，重修于 17 世纪中叶	
80	大运河	隋唐大运河于 7 世纪初贯通；京杭大运河于 1293 年贯通	
81	苏州园林	四大名园之沧浪亭始建于 910 年前后	
82	沧州铁狮	953 年	
83	应县木塔	1056 年	
84	紫禁城	建成于 1420 年	
85	郑和航海	1405—1433 年	

李约瑟在《中国科学技术史》首卷（中文译本）和末卷（英文原版）分别列了一张表格（表 5.2），总结了在 1—18 世纪机械以及其他技术传播到西方，进入欧洲的大量新发明，表中还提示了欧洲落后的时间。①这也很好地说明了古代中国在机械和其他技术的不少方面领先于同时代的欧洲。这一点对李约瑟提出科学

① 这还不包括纸币的使用、算盘的使用以及煤炭作为燃料的使用等。

"五阶段论"的论断也至关重要。

表 5.2 由中国传到西方的机械和其他技术

名目		中国领先欧洲/年
英文名称	中文名称	
square-pallet chain-pump	龙骨车	1500
edge-runner mill	碾	1300
edge-runner mill with application of water power	水碾	900
metallurgical blowing engines, water power	水排	1100
rotary fan and rotary winnowing machine	风扇车	1400
piston bellows	活塞风箱	1400
draw-loom	提花机	400
silk-handling machinery (a form of flyer for laying thread evenly on reels appears around the 11th century and water power is applied to spinning mills in the 14th century)	缫丝机（锭翼式）	300—1300
wheelbarrow	独轮车	900—1000
sailing carriage	风帆车（加帆手推车）	1100
wagon mill	舂车	1200
efficient harness for draught-animals: breast strap (postilion); collar	胸带式系驾	800
efficient harness for draught-animals: collar	颈带式系驾	600
crossbow (as an individual arm)	弩	1300
kite	风筝	1200
helicopter top (spun by a cord)	竹蜻蜓	1400
zoetrope (moved by ascending hot-air current)	走马灯	1000
deep drilling	顿钻	1100
cast iron	铸铁	1000—1200
cardan suspension	常平悬架（如被中香炉）	800—900
segmental arch bridge	敞肩拱桥（如赵州桥）	700
iron-chain suspension bridge	铁索吊桥	1000—1300
canal lock-gates	河渠闸门	700—1700
nautical construction principles (including watertight compartments, aerodynamically efficient sails and fore-and-aft rigging)	造船与航运原理（包括水密隔舱、高效风帆和前后索具）	1000
stern-post rudder	舵	400
gunpowder	火药	500—600
gunpowder for military use	军用火药	400
magnetic compass (lodestone spoon)	司南	1100

续表

名目		中国领先欧洲/年
英文名称	中文名称	
magnetic compass with needle	指南针	400
magnetic compass used for navigation	航海罗盘	200
paper	纸	1000
printing (block)	雕版印刷术	600
printing (movable type)	活字印刷术	400
printing (metal movable type)	金属活字印刷术	100
Porcelain	瓷器	1100—1300

二、近代世界科学中心的变迁

日本汤浅光朝借鉴英国贝尔纳（John Desmond Bernal）的研究，用定量的方式描述了 16—20 世纪世界科学活动中心的转移情况。他认为，如果一个国家的科学成果超过全世界总数的 25%，则该国可称为世界科学中心。该国成果超过25%所持续的时间，称为科学兴隆期（Yuasa，1962）。按照该定义和不同的科学史年表可以得出世界科学中心转移的情况。近代世界科学中心转移的顺序大致是意大利（1540—1610 年）—英国（1660—1730 年）—法国（1770—1830 年）—德国（1810—1920 年）—美国（1920 年至今）。每个国家的科学兴隆期平均为 80 年左右（潘教峰等，2019）。

早在 13 世纪末 14 世纪初，意大利部分地区在欧洲最早产生资本主义萌芽，如佛罗伦萨、热那亚、威尼斯等地。16 世纪中期的人文主义促进了思想解放，激发了当时人们探究自然的兴趣，技术的进步使实验科学成为可能，意大利部分城邦中出现了一批重要的自然哲学家，使意大利成为近代第一个科学活动中心（1540—1610 年），集中在天文学、解剖学、力学、数学、博物学等领域。这与中国历史明末清初传入的西学著作是基本契合的。16—17 世纪，英国涌现了吉尔伯特（William Gilbert）、玻意耳（Robert Boyle）、牛顿（Isaac Newton）、胡克（Robert Hooke）、哈雷（Edmond Halley）、布拉德雷（James Bradley）等各领域内的大师，开辟了力学、化学、生理学等多个现代学科，牛顿完成自然哲学的综合并对其他学科产生密切影响，清教运动也发生在这一历史时期，英国成为世界上第二个科学中心。18—19 世纪，法国涌现出了达朗伯（Jean le Rond d'Alembert）、萨迪·卡诺（Nicolas Léonard Sadi Carnot）、拉普拉斯（Pierre Simon Laplace）、布丰（G. Buffon）等伟大科学家，法国自由理智主义传统推动了怀疑主义、逻辑主义方法论的发展。法国积极推进理工学院的建设，确立了技术发明的个人财产权，不仅在自然科学、数学和工程技术的不同层面建立了稳固的联系，促进了科学技术的职业化，而且极大提升了人们致力于技术发明的热情，大批科学家在热力学、化学、天体力学等学科领域作出突出贡献，为后来的内燃机革命及化学革命提供了理论基础，成为世界上第三个科学中心。19—20世纪，德国涌现了尤斯图斯·冯·李比希（Justus von Liebig）、维勒（Friedrich Wöhler）、施莱登（Matthias Jakob Schleiden）和施旺（Theodor Schwann）、爱因斯坦（Albert Einstein）、普朗克（Max Karl Ernst Ludwig Planck）、伦琴（Wilhelm Röntgen）等科学家，分别创立或发现了有机化学、合成尿素、细胞学说、相对论、量子论、X 射线，实用主义文化通过工业实验室把科学与企业结合起来，有力地推动了德国的有机化学、量子力学等学科成为当时引领世界科学发展的带头学科。德国因此成为世界上第四个科学中心。20 世纪 20 年代初，美国通过人才引进等外源性措施，形成了良性的“工业支持科学、科学界反哺工业”的传统，抓住了量子力学革命及信息技术革命的机遇，迅速站在世界科学前沿，成为世界上第五个科学中心（潘教峰等，2019）。

三、世界科学中心的三足鼎立

根据中国（上海）国际技术进出口交易会组委会、上海商务发展研究中心等组编的《2016 技术贸易发展报告》，随着世界经济产业分工调整、科技创新格局变革，中国、印度等新兴经济体成为科技创新的活跃地带。白春礼院士表示，目前，美国的科技创新实力依然处于全面领先地位，德国、日本、英国、法国处于第二方阵并在一些重点领域保持国际领先水平，我国的排名在第 20—30 位。但随着我国在科技创新方面的迅速崛起，这一格局正在发生新变化，东亚在全球科技创新中的竞争力、影响力、吸引力不断提升，北美、欧洲、东亚三足鼎立将在未来一个时期重新标注全球创新格局（白春礼，2017）。美国国家科学基金会（National Science Foundation，NSF）发布的《2016 科学与工程指标》（*2016 Science and Engineering Indicators*）显示，全球研发支出集中在北美、欧洲、东亚和东南亚地区。

关于影响科学中心形成的要素，潘教峰等提出了包含经济繁荣、思想解放、教育兴盛、政府有力支持、科技革命在内的“五要素钻石模型”（潘教峰等，2019）。虽然美国仍然是全球科技投入最多的国家，占全球研发经费总数的27%，但中国近几年大幅增加研发投入，以 20%的研发投资比例紧随其后，在研发投入、高科技制造增加值等方面居世界第二。《2016 技术贸易发展报告》还指出，中国技术引进方式从传统的以成套设备、关键设备和生产线引进为主，转为以专业技术许可、核心关键技术咨询、技术服务为主的方式。根据国家统计局2018年发布的《科技进步日新月异 创新驱动成效——突出改革开放40年经济社会发展成就系列报告之十五》报告，改革开放以来，中国在基础科学研究（973计划）、高技术研究（863计划）、科技基础条件建设、科技成果转化等多个方面顺利实施一系列发展计划，改善科研基础条件，形成了包括大科学装置和仪器、国家重点实验室、科学数据库文献库、行业技术平台、企业技术中心等较完备的科研条件。截至2017年底，累计建设国家重点实验室503个、国家工程研究中心131个、国家工程实验室217个、国家级企业技术中心1276家（国家统计局社科文司，2018）。由上千名两院院士、中高级专家、中青年学者群体组成的科研人才梯队也已基本形成，以量子通信、高铁技术、超高压输电、核电技术、移动支付为代表的部分创新领域研究水平居世界前列。随着中国国内生产总值跃居世界第二位，中国日渐成为世界科技创新的生力军，因此有必要为中国将来的科技腾飞做好必要的术语储备。

第二节 语言位势：汉语的国际地位日渐提升

一、近代术语创制的翻译烙印

术语所表达的科学概念往往是跨越国界的，但由于不同民族的语言不同，大都存在话语转换的问题，因此术语翻译往往是民族语术语生成的主要途径。在中国，大陆和台湾地区同根同源，都使用以方块字为特征的汉字。由于特殊的历史原因，两岸隔绝多年，语言文字除了简化字与繁体字的差异以外，词汇的差异更显现。张晖（2020a）尝试以两岸术语的差异词汇为例证，从《两岸科学技术名词差异手册》①抽取了881组差异术语，来考察翻译对汉语术语的创制究竟起到了多大的作用。经初步统计，汉语术语比英文术语更长，汉语术语比典型的近代汉语词汇更长，如图5.1所示。近代汉语术语以四字格为典型长度，以五字格、六字格和三字格为次典型长度。

① 2015年由大连理工大学出版社出版。该书对全国科学技术名词审定委员会已公布出版的25个学科的两岸术语对照单行本157 461组术语中的58 837组差异术语进行了整理，收录了41 595组典型差异术语，列出“大陆名”“台湾名”“英文名”“学科”等内容，是研究两岸术语差异的权威数据。以58 837组差异术语计算，两岸术语的定名一致率约为62.63%，差异率达37.37%。

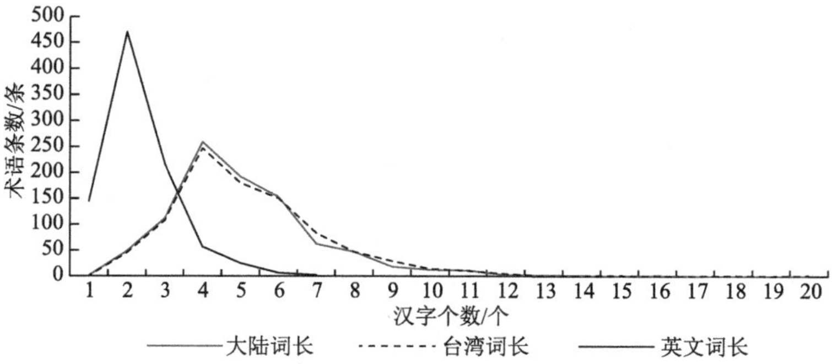

图 5.1 《两岸科学技术名词差异手册》样本术语的词长统计图

该研究分三个步骤进行。首先是确定英文语素。以 881 条英文术语的 2076 个英文词（重复例计算在内，下同）为起点进行语素初步划分，同时根据寻找英汉术语最小对比单位的需要，将极少部分（约 9.34%）的英文单词拆解为词根或词缀等，得到英文语素 2270 个。之后，切分汉语语素。以 2270 个英文语素为基础，在英文术语和汉语术语之间（包括大陆术语、台湾术语），以语义对等为原则，切分出汉语语素。其中，大陆语素 2339 个，台湾语素 2391 个。至此，共切分得到英文、汉语语素共计 7000 个。最后，生成语素对照组。在英文语素和大陆语素之间、英文语素和台湾语素之间进行逐一匹配后，在三者间求得最大公约数。结果显示，该研究共形成了 2211 组完美对照语素组（perfect-match morpheme，PMM），仅余 59 个英文语素、128 个大陆语素和 180 个台湾语素不能形成三者的语义对照。完美对照语素组各涉及英文语素、大陆语素、台湾语素 2211 个，其语素总和（6633 个）占三类语素总数（7000 个）的 94.76%。以英文语素为参照标准，在大陆语素和台湾语素之间显现了接近 95%的语义对照关系。此外，还有 236 个语素能形成英文语素、大陆语素和台湾语素之间两两的语义对照关系（共 118 组）。

这充分说明，无论是大陆使用的汉语术语，还是台湾使用的汉语术语，都基本以翻译为主。其一，术语的翻译在语素层级和词汇层级都体现得十分明显。术语翻译是民族术语生成的主要途径，而语素的对译是主要的实现方式之一。其二，术语构词的复合化。随着科学研究的深化、交叉与融合，大量新概念的产生源于原有概念的精细化、交叉化与复合化，造成新概念的词型往往越来越长，由两个或两个以上概念或语素复合构成的词汇大量出现。其三，术语复音化依然是主流。

二、影响日益增长的现代汉语

社会学家塞缪尔·亨廷顿（Samuel P. Huntington）提到了世界上的七八个人

类主要文明，即中华文明、日本文明、印度文明、伊斯兰文明、西方文明、东正教文明、拉美文明，以及还有可能存在的非洲文明（亨廷顿，1998）。各文明使用的语言分别是汉语、日语、印地语、阿拉伯语、英语-法语-德语、俄语、西班牙语、斯瓦希里语-豪萨语。根据黄长著的介绍，多林·金德斯莱（Dorling Kindersley）1997 年所编的《千年纪家庭百科全书》（*Millennium Family Encyclopedia*）的说法，全世界有一半人左右使用最为通行的 8 种语言，分别是汉语（使用人口约 12 亿）、英语（约 4.78 亿）、印地语（约 4.37 亿）、西班牙语（约 3.92 亿）、俄语（约 2.84 亿）、阿拉伯语（约 2.25 亿）、葡萄牙语（约 1.84 亿）和法语（约 1.25 亿）。若加上作为第二语言的使用者人数，那么单是英语和印地语的使用人口就会大幅度增加（英语人口将增加到 10 亿以上，而印地语人口也可达 9 亿）（黄长著，2009）。Graddol（2004）对 2050 年世界主要语言 15—24 岁全球母语的数量进行的估测显示，汉语以 1.66 亿居于首位，印地语/乌尔都语（0.737 亿）、阿拉伯语（0.722 亿）、英语（0.65 亿）分列 2—4 位。截至 2020 年 3 月，在互联网虚拟空间，英语使用人口 11.9 亿排首位，汉语 8.9 亿排第二，西班牙语 3.6 亿排第三。[①]由此可见，无论是从文化类型、母语人口、二语人口、网民人数等方面，中国的汉语都是影响实际语言格局的重要力量。

不容否认，英语有着十分深厚的语言基础。英语属于印欧语系，同语系的语言众多。如古希腊语、拉丁语、意大利语、俄语、德语、法语、西班牙语等，都是英语词汇十分重要的语源。古希腊语的科学、数学、哲学、政治学、诗学、建筑的积淀，古拉丁语的医学、神学、生物学、法学的积淀，意大利语的文学、艺术积淀，俄语、德语、法语、西班牙语的数学、物理、化学、科技哲学积淀等，都是大量英语词汇的最初来源。

汉语则属于汉藏语系，同为汉藏语系的藏语有一定的佛教、传统医学积淀，彝语有一定的传统医学、天文学积淀，缅语有一定的佛教积淀等，但是在科技方面可资借鉴的内容还是不足的（陈保亚，2016）。但我们要认识到近代以来，早期在传教士、本土士人和日本兰学传统的影响下，在各类科学共同体和现实的战争压力的推动下，汉语幸运地完成了对自然科学领域和军事、医学、人文社会科学等领域基础译语的储备，民国时期民间及官办译名协调机构积极工作，进一步补齐了自然科学领域的术语储备，这些汉语术语大多是后来复合词的根词，是复合造词和派生造词的重要基础。新中国在建立初期，就在社会主义阵营开展了卓有成效的国际合作，主要从苏联引进了体系相对完整的工业技术及工程技术术

① 参见 http://www.internetworldstats.com/stats7.htm。

语，在自力更生阶段也未曾停止自主造词的努力。尤其是在改革开放以后，中国从包括欧美在内的全世界各国接收了大量新概念并实现了本土翻译，至今已形成了海量的汉语术语储备。以上基础使得作为联合国工作语言之一的汉语，在科技语言的竞争中具备了一定的有利条件，能在全世界范围内的语言竞争中获得有利地位。

第三节　汉语术语学的先行者：钱学森的“中国味”

历史上曾有一个特殊的群体，在特定的时代和人生经历下，他们不自觉地从事着汉语术语的创制工作，实践着自己朴素的汉语术语学思想。他们中的典型代表有着共同的特征：在清末民初的第二次西学东渐前后的变革年代出生，在当时的旧式私塾或新式学堂接受过基础教育，语言文字和国学功底扎实；其后公派留学前往欧美或日本等发达国家接受西方科学教育，在自己的领域从事科研工作，达到世界先进水平或成为顶尖科学家，掌握世界最前沿的科学技术；最后选择在学成后归国投身祖国建设。他们不仅汉语和外文水平好，同时还置身科技前沿，在从事知识创造和传播时，术语问题自然成为他们十分关心的话题，其思考尤其执着和深刻。钱学森就是其中的杰出代表。

一、钱学森其人及其术语创制

享誉世界的著名科学家，被誉为“中国航天之父”的钱学森，祖籍浙江杭州，1911 年生于上海，1914 年随父从上海来到北京①。1917 年，钱学森进入国立北京女子高等师范学校附属小学校。1923 年考入国立北京师范大学附属中学校（今北京师范大学附属中学）。据钱学森（1986）在《关于思维科学》中的回忆：“这个学校（指师大附中）的教学内容很深刻和现代化。”②钱学森将北京师

① 先住在西四附近的口袋底胡同，后搬到宣武门内大街的西绒线胡同定居。

② 他介绍说：“我在理工部学习，正课和选修课有大代数、解析几何、微积分、非欧几何；物理学用美国当时的大学一年级课本；还有无机化学、有机化学、工业化学；到了高二要学第二外语，设有德语、法语；伦理学是由校长林砺儒先生教。此外，音乐、美术课学校也是重视的，我们的美术老师就是国画大师高希舜先生。”“当时附中高中有些课用英文讲，我上到了高中二年级选修了德语。外语要情景教学，创造语言环境，初中学了的东西，高中就要用。”而北京师范大学附属中学当年的必修课门类和今天的几乎相同，只少一门现代才发展起来的信息技术。学校的选修课丰富多彩。高中文、理科讲授很多大学知识，数学、物理一般使用英文原版教材，英语之外，开设德语、日语、法语等第二外语。这样的课程设置既满足了学生的兴趣需要，也适合学生的能力发展。现代世界流行的大学先修课程，八九十年前在师大附中已经实现了（参见王莉萍和刘沪，2016；王霜霜，2012）。

范大学附属中学的这段经历与后来在加州理工学院的经历，并称为他人生的两次高峰。1935 年，他进入美国麻省理工学院航空系学习，获得航空硕士学位后转向航空工程理论——应用力学的学习，师从加州理工学院著名应用力学大师冯·卡门（Theodore von Kármán）。在冯·卡门的指导下，钱学森深刻领悟应用力学学派的思想精髓，在固体力学、流体力学、气体动力学等方向上取得了许多重要成就。他在留美期间还参与了美国空军发展战略规划的编制，积累了丰厚的理论和应用经验。

（一）《工程控制论》与钱学森的科学观

《工程控制论》（*Engineering Cybernetics*）是钱学森于 1954 年在美国加州理工学院喷气推进中心任教时用英文发表的一本专著，被公认为是自动控制领域的经典著作之一，至今也是全世界范围内该领域中引用率最高的文献之一。该书以学术思想的前瞻性而闻名于世，美国斯坦福大学的伦伯格（D. G. Luenberger）及哈佛大学的何毓琦（Y. C. Ho）等认为，《工程控制论》的学术思想在科学界超前 5—10 年，开辟了一系列控制方面的新方向。苏联的伊万赫年科等则陆续发表了同名的专著，并明确地介绍这是中国钱学森开创的新领域（戴汝为，2005）。

工程控制论是一种新兴的科学，在当时的自然科学中是"没有祖先的"（戴汝为，2005）。虽然在当时的科学界看来，工程控制论是一个全新理论，但它不是凭空诞生的，他在钱学森的科学技术体系中具有重要位置，其学科地位也是创新性的。1947 年，钱学森回到祖国探亲，先后在浙江大学、清华大学等高校做了题为"Engineering and Engineering Sciences"的学术报告，首次提出了存在"基础科学—技术科学—工程技术"三个层次结构的观点，并引申出整个自然科学的知识体系。他认为，"自然科学""技术科学""工程技术"构成一个体系，之间是紧密的反馈关系。自然科学不可能把工程技术完全包括进去，但技术科学却能把工程技术的经验和理论提炼成普遍规律。工程控制论显然是技术科学的一部分。倘若与大自然的控制论（生物学）相结合，还能形成更加广泛的控制论。10 年之后，回国刚一年多的钱学森在全国首届力学学术会议上做了《论技术科学》的主题报告，系统论述了技术科学的基本性质、形成过程、学科地位、研究方法和发展方向，由此形成了关于技术科学的完整观点。

在钱学森的科学技术体系里，"科学大厦"的那部分是由自然科学、人体科学、社会科学、思维科学、数学科学、系统科学、文艺理论、军事科学和行为科学等九大部门组成的一个整体。现代数学和计算机技术为系统科学和系统工程提供了发展条件，同时系统工程又在自然科学、工程技术与社会科学之间构筑起一座桥梁，使社会科学走向社会技术，在行为科学的技术科学层次以心理学为指导，而心理学又处在人体科学中。思维科学与人体科学、行为科学相互交叉。几大部门最后构成了一个完整的科学技术体系（王长伟，2010）。

此外，钱学森把“工程技术”列为“科学技术体系”中的重要组成部分，发展了科学技术分类理论，尤其把系统科学提高到了一个十分显著的位置，深刻影响着中国科学技术的总体布局。钱学森不仅大力介绍和传播他的技术科学思想，而且还主动争取将其落实到国家科学发展规划和科学人才培养之中。得益于此，新中国最终在贫苦和饥困中，在关键技术攻关过程中采用技术科学的研究与组织管理方法，发挥举国体制优势，成功地突破了大量重大关键技术，成就了以“两弹一星”为代表、安邦定国的伟业，至今仍然影响着中国航天工程的发展，造福了一代又一代中国人。

（二）汉语术语专家的经典汉语译名

钱老不仅是一位科学家，也是一位非常关注术语译名的大家。据统计，钱老创造和译定的科技名词就有 20 多个，包括制导（guidance）、导弹（guided missile）、激光（laser）、航天（interplanetary flight）、航宇（interstellar flight）、遥感（remote sensing）、航天员（astronaut）、系统学（systematology）、高超声速（hypersonic）、工程控制论（engineering cybernetics）、自动控制（cybernetics）等。对于钱老创造和译定的译名，他自己是这样评价的：“外文名词中译，的确要慎重，总该从中显示出中华几千年的文化。我在这方面是在不断努力，有成功的，如：激光、航天、航天飞机、空天飞机，也有失败的，如我原建议‘黑洞 Black Hole’译为‘陷光星’。”（转引自张晖，2020b）

《工程控制论》（钱学森，1958）的中文译本中有一份汉英索引术语表，收录词条 382 条。除去其中的 86 条人名，收录术语 296 条。本书仅挑选其中的二字词 40 个，如表 5.3 所示。

表 5.3 《工程控制论》汉语二字格术语

汉语术语	英文术语	汉语术语	英文术语
反馈	feedback	共振	resonance
反应	response equation	尾流	wake
分析	analysis	阻抗	impedance
分贝	decibel	系集	assembly
正弧	positive arc	放大	gain
冲量	impulse	奇点	singular point

续表

汉语术语	英文术语	汉语术语	英文术语
洗流	down-wash	源点	source
信息	information	陲点	sink
负弧	negative arc	极点	pole
时滞	time lag	准则	criterion
特解	particular integral	模拟	analog
起伏	fluctuation	输入	input
脉冲	pulse	输出	output
流线	stream line	噪声	noise
结点	node	阈限	threshold
焦点	focus point	导弹	guided missile
湍流	turbulance	扰动	disturbance
隅角	corner	关车	cut-off
众数	mode	稳态	steady state
载波	carrier	颤震	chattering

从这些译词中可以管窥钱老对术语命名及术语选用的偏好，他十分看重汉语的表达习惯，强调意合（如颤震），强调推敲用字（如导弹、隅角、湍流），强调简洁（字数越少越好，如"稳态"），强调系统性（如结点、焦点、源点、陲点、极点）。虽然不同语言在命名术语时都会从系统性、简明性等角度考虑，但是总体而言，钱老更强调的是汉语术语定名的"中国味"，"灵境"（virtual reality）就是这样一个生动的例子。

二、"灵境"：钱学森眼里的"中国味"①

在众多英文概念中，钱学森对一个词的译名情有独钟，那就是 virtual reality。全国科学技术名词审定委员会最新审定公布的《计算机名词（第三版）》将其定名为"虚拟现实"，指"利用计算机模拟产生一个三维空间的虚拟世界的技术。提供使用者关于视觉、听觉、触觉等感官的模拟，让使用者如同身历其境，可以及时、没有限制地观察三维空间内的事物"。钱老在从 1991 年 1 月至 1998 年 6 月的 8 年多里写下多达 13 封书信，谈到他对 virtual reality 的译词——"灵境"。根据致函对象的不同，分为五类。

① 本节内容参见（张晖，2020b）。有关书信均来自（涂元季，2007）。

第一类是致函科技战略制定者，包括致朱光亚院士 1 封、汪成为院士 3 封、戴汝为院士 2 封（其中 1 封同时致函汪、戴）。1993 年 8 月 23 日致函朱："译词应汉语化，带点中国味。即：virtual reality 灵境、teleoperation 遥作……" 1994 年 5 月致函汪："以前人们直译为'虚拟现实'，太没有中国文化味了，所以我建议用带诗意的'灵境'。我现在想这又可能太'文'了点。附文是《科技日报》的，用了'临境'音同'灵境'，但更通俗易懂，有其优越性。译者刘亚东同志的创造比我的如何？" 同年 9 月 21 日再次致函汪："……您赞成用'灵境'，这使我高兴。……我们是爱国的呀！" 1995 年 2 月 20 日致函戴、汪："关于中文名词，有关……新词的 virtual reality 似宜仍用'灵境'；……二位以为如何？" 最后，1997 年 9 月 4 日致函戴："您的文章……在'大成智慧'那一章中，您把 virtual reality 称为'临境'，而汪成为同志的专著和我的文章中用'灵境技术'，一字之差！原因是 virtual reality 不是实际事物的观察，而是虚拟的、想象的，所以用我国古语的'灵境'更确切。"

第二类是致函专业期刊作者及编辑部。1993 年 8 月 16 日致函北京控制工程研究所黄玉明："我近读您写的《遥科学——提高空间技术效益的新途径》(《863 航天技术通讯》1993 年第 5 期)，……virtual reality 的概念很重要，汉语化为'灵境'，这我前年就建议过了。多年来我这个人就爱把洋人的话汉语化，……中国国有文化还不能丢呵！" 1994 年 1 月 12 日又致函上述期刊编辑部："译技术文件也不容易，用词要审慎。……我也建议 virtual reality 译名应是'灵境'。此外一门新技术 telescience，译名不应是'遥科学'，应是遥作技术……。这一建议我已告 502 所的黄玉明同志，他已表示同意。我以上这些话的意思都是科学技术名词的翻译要慎重，既要科学又要不背离中国文化传统。"

第三类是致函翻译学家、语言文字工作者。1991 年 1 月 1 日致函翻译家资民筠："virtual reality 的汉语词可用'灵境'。这不是带点中国味吗？" 1994 年 11 月 1 日致函淮南师范专科学校中文系杨春鼎："此外还有一项灵境技术，英语是 virtual reality……有人中译为'虚拟的现实'，或'临境'，我认为不如用我国自己的词为好。这将大大开拓文艺创作，也必将深刻影响美学、文艺理论工作。……又：我总认为我们国家是有自己的文化传统的，译外文名词，不能直译，那就没有中国味，要中国化！"

第四类是致函科技名词审定机构。1998 年 6 月 18 日致函全国科学技术名词审定委员会办公室时："我对 virtual reality 的定名遵嘱再写了几句，现附上请审阅。" 以下为随信所附短文：

用"灵境"是实事求是的

virtual reality 是指用科学技术手段向接受的人输送视觉的、听觉的、触觉的以至嗅觉的信息，使接受者感到如亲身临境。这里要特别指出：这临境感不是真的亲临其境，而是感受而已；所以是虚的。这是矛盾。

而我们传统文化正好有一个表达这种情况的词："灵境"；这比"临境"好，因为这个境是虚的，不是实的。所以用"灵境"才是实事求是的。

钱学森

1998.6.18

第五类是致函自己的家人。1991 年 12 月 24 日致函自己的胞妹、中国人民大学教授钱学敏："信息技术还会改变人接受客观世界的途径，大大扩展了，出现所谓 virtual reality，我称之为'灵境'。"1993 年 8 月 20 日再次致函钱学敏："附上一个刊物（内部）讲人远离现场也能如亲临其境一样工作；人在地上也能如在卫星飞船上一样操作卫星飞船上的设备仪器；人在北京工作室里也能如在南极洲一样现实勘探南极洲，……。这是在发展中的一项技术。请读刊物。我对作者的译词有意见，不够汉语化。如应该用下列译名，除 virtual reality 为'灵境'外，teleoperation 当作遥作……。中国人不能丢了中国文化嘛！"

毫无疑问，"灵境"应该是钱老认为有"中国味"的词。但是这个"中国味"该如何理解？就 virtual reality 而言，怎么翻译就是没有中国味呢？钱老认为，"以前人们直译为'虚拟现实'"，就"太没有中国文化味了"。"虚拟现实"是 virtual（虚拟）和 reality（现实）的直译，是词对词简单的对译，不是概念层面的词汇择定，没有考虑中国文化有没有更合适的词。

钱老提到"传统文化正好有一个表达这种情况的词"，那就是古语的"灵境"。据笔者考察，从词义上讲，汉字文献确可提供三种解释。其一指"奇妙的境界"，见唐代柳宗元《界围岩水帘》"灵境不可状，鬼工谅难求"，形容鬼斧神工的瀑布风光；其二指"虚幻的境界"，如纪晓岚《阅微草堂笔记》提到《纪梦十首》中有"灵境在何处，梦游今几回"（因此诗来历存疑，也可能指山西五台山灵境寺）；其三指"少人的境界"，如日本圆仁《入唐求法巡礼行记》曾描绘唐武宗会昌四年（844 年）毁佛后寺庙门可罗雀的凋敝景象："四处灵境，绝人往来，无人送供。"从钱老的论述来看，他并非锁定了某一种解释，而是选取了"灵境"中"灵"字的"虚拟、空灵"的含义。"灵境"是二字格复合词，是汉字词汇的典型形式。"灵"的"虚拟、空灵"义与 virtual 的"虚拟"义恰合，而

“境”的“环境、地方”义又与 reality 的“实际、实境”义恰合，因而“灵境”完美对应了 virtual reality，而且二字格还符合术语构词的经济性原则，是朗朗上口的叠韵构词，因而可能成为钱老心中 virtual reality 译词的不二之选。

值得注意的是，钱老 1994 年 5 月注意到译名“临境”，并认为灵境“可能太‘文’了点。‘临境’音同‘灵境’，但更通俗易懂，有其优越性”，并就此诚恳地听取汪成为的意见，虽然汪的回信不得而知，但从钱老 9 月 21 日的回函可以推知，汪显然给了钱老信心，认为“灵境”优于“临境”，因此钱老称“高兴”。以至于对戴汝为在文章中使用了“临境”（非他与汪成为共识的“灵境”）还专门于 1997 年 9 月去信表达不同意见。直到 1998 年给全国科学技术名词审定委员会办公室写信，他特别阐述了“灵境”比“临境”的优胜之处：“这临境感不是真的亲临其境，而是感受而已；所以是虚的……”的确，VR 技术最显著的特点就是虚拟和现实的结合，能使人在虚拟世界里获得如临现实的真切感受。因此，“灵境”要比一字之差的“临境”更为确切。

也许是因为“临境”也语出经典（如成语“身临其境”），同时也是典型的二字格，还符合术语构词的经济率，所以钱老虽然没有最终选择“临境”，但显然也没有将其归为没有“中国味”的词，这也使得“临境”与“灵境”的对决颇有瑜亮之争的味道。虽然两者都含“境”字，但“灵”与“境”构成偏正结构，语义上一虚一实，构词巧妙；而“临”是“靠近”义，不如“灵”的“虚拟、空灵”义能令译名的语义丰富饱满。

钱老所说的科技译名的“中国味”，与我国科技名词审定原则中的“中文特性”原则不谋而合。科技名词审定工作所贯彻的“中文特性”原则，位列“单义性、科学性、系统性、协调性”等原则之后，其核心要义就是指科技名词定名要符合汉语的特点，对中华传统文化有所观照。例如天文学专家将 Venus、Jupiter 定名为“金星”“木星”，而不是直译“爱神”“大力神”。钱老主张的译名“灵境”也是用中华文化和汉语自身的内容来恰如其分地表达科技概念。

术语有着科学技术和语言文字的双重属性，科技的发展水平和语言的表达能力共同决定科技术语的国际地位。钱老对一个汉语术语的定名如此孜孜以求，给科研工作者、翻译工作者、术语工作者带来这样的启示：一方面，要认识到中国的一些科技领域正从“跟跑”变为“并跑”或“领跑”，除了外来的科技概念能第一时间为国人所获知，在中国大地上也越来越多地涌现领先全球的新科技。另一方面，还要认识到汉语术语能在科技大潮中闪耀至今并非偶然，是中华民族无比深厚的文化根基和汉语言文字得天独厚的语义优势成就了这一点。因此，讲好中国术语的故事、展现汉语术语的魅力、增强中华科技文化的自信、推动中国术语走出去，进而掌握世界科技的话语权，是新时代科研工作者、翻译工作者、术语工作者需要共同承担的历史责任和现实课题，也是汉语术语学理论建设的时代呼声。

结　语

本书首先从中国古代天学、算学、农学、中医科学文献中人工抽取并分析术语，史论结合，证明了虽然古代中国有无科学存有争议，但汉语术语却是真实且海量存在的客观事实，并认为古代汉语术语创制是基于本土原生科学的词汇演化，关注描写、历时、博物。其后从清末民初天文学、数学、农学、医学文献中收集早期术语词表，史论结合，回溯近代西学东渐以来双语词典中术语的翻译与定型过程，展现了汉语是如何成功应对近代印欧语术语“洪流”的，认为近代汉语术语创制是基于双语词典的翻译定名，关注规定、共时、概念。最后在回顾了古今以来的术语理论后，基于术语科技与语文二维属性论，提出了术语学的“汉语纲领”，并充分重视“道”“象”“器”的逻辑价值，以“包含、变在”的“术语知识”为研究对象，继承古代术语传统与承接近代术语理论，提出理论、应用一体的研究框架，更好地顺应科技与汉语的“时”与“势”（张晖，2020c）。

如导言所述，国内术语学界的不少专家在许多不同的场合都提出建立“中国特色的术语学”。近年来，得益于中国术语工作及相关理论探索所取得的成就，学界提出术语学实践与理论研究的“中国学派”。这一方面说明中国术语学的理论研究还不够，研究特点缺乏系统总结或还不够突出，另一方面也反映出中国的术语学研究大有可为。结合起来看，汉语术语学是“中国特色的术语学”和术语学“中国学派”的题中要义。

由于近代科技出现在西方，国际上的科技交流较多地使用英语，前沿领域欧美等发达国家也普遍领先。科技新概念在发源地诞生伊始，即被赋予特定的术语作为代称，而后通过科学传播为世界其他民族语言文字所引入。但是欧美国家以印欧语系为主，印欧语是屈折语，汉语是孤立语，这也决定了在语言文字层面，印欧语的术语研究和汉语的术语研究是会有明显差异的。印欧语系的特点是丰富的形态变化，概念的差异可以通过词尾变化等形态手段来实现统一术语的目的（如化合物命名、拉丁语动植物命名体系等）。而汉语是表意的方块字，虽然在先秦时期人们通过同源别义造字能达到跟印欧语曲折变化造词一样的目的，但在汉语词汇走向复音化、汉字规模基本稳定后，已基本抛弃了造新字的术语创制方式（元素造字是极少数个案）。如今越来越依靠字和字的组合来创制新术语，但是由表意汉字复合而成的汉语，无法简单地从形式上决定词汇的单义性，而多义现象又是现代西方术语学想极力避免的问题，这就使得用西方术语学理论来评判汉语术语有很大困难，也就自然造成人们对新造术语的优劣评价不太一致，难以取舍。

维斯特的主张虽然本身具有很强的统一世界技术语言的倾向性，但其晚年巨著的标题用的学科题名仍然选择了“普通术语学”，足见不同类型的术语和术语学有单独研究的必要。印欧语和汉语的使用人数都是巨大的。正如李约瑟在《中国科学技术史》导论有一小节谈到“激发性传播”理论。他说：“在讨论古代和中古代一种文明对另一种文明发生影响的种种可能性时，应该认识到完全没有必要去假设，一种文明会全盘接受另一种文明的思想体系或模式结构，因为有时只要有一点点暗示，只要受到某种思想的隐约启发，就足以引起一连串的发展。”（李约瑟，1990）他还举了现代实验胚胎学的例子，“在进行异种移植时（例如在青蛙和蝾螈之间进行这样移植时），一片诱导体的组织在正常条件下本应刺激它所作用的组织，并使它产生角状颚，可是如果相应组织受到刺激时是由牙作出通常反应的话，那末，这一诱导体组织作用的结果将是产生牙。刺激并不具有物种特定性，对应的组织是‘根据它自己的传统’作出反应的，也就是说，将根据它自己的遗传学机制而作出反应。同样，在社会进化的进程中，在技术史上一定也曾经多次发生过同样的情况——一种概念传入后，所发生的反应的性质取决于当地文化的特征”（李约瑟，1990）。的确，术语在印欧语不同语族之间出现的问题，在不同语系之间往往会更加突出而且性质应该有别（比如印欧语和汉语）。因此，普通术语学要观照印欧语的术语学，也要观照汉语的术语学。

能够会通汉语术语实践的汉语术语学理论，应该将汉语术语古往今来的历史贯通起来，将古今中外的研究结合起来。自古中国有多元文化传统，有孕育汉语术语的原生哲学。健康成熟的汉语术语学应该从古代术语及其学问中继承中国古代科技的、汉语的传统，同时也要从现代术语学研究成果中承接来自近代西方科技的、印欧语术语的理论。继承怎样的术语传统，就该有怎样的术语学传统本色；承接什么样的理论，就该有怎样的术语学时代特色。

术语具有科学技术和语言文字双重属性。以术语的语文属性为例，不同的语言文字类型背后蕴含着不同的逻辑范畴、思维方式和研究手段。那么如何认识和解决近代术语问题，如何挖掘汉语术语的深刻传统，把握当今世界科技的大势，分析汉语中“术语”与“知识”的“包含”与“变在”关系是很好的切入点。中国古代汉语术语是带着万千的术语和术语之间深藏的描写性语义联系（知识）进入近代的[①]。科技博物传统所产出和累积的是“名词”[②]宝库。如果将时间进程推进到近代，汉语在术语学上最大的优势也依然是运用字符描写的传统来表达概念的规定性。汉语在表达现代科技概念时，可以有万千不同的选择，通过不同汉字的组合及其字符本源之间的语义联系，来反馈西方术语的规定性。[③]汉语词汇描写的细致性为一个概念提供了无数可以入手的关联角度，只是取决于科学家、词汇学家、术语学家在创制术语时从哪一个角度去运用而已。正是得益于此，汉语所拥有的可资术语创制挖掘的庞大语言资源，才足以确保近现代汉语的早期创制者们能从容地生产术语，以应对疾风骤雨般降临的外来科技冲击。

面向未来的术语知识化，原有固化的知识需要不断被动态和趋向性的认识所替代。科技概念不断更新，术语的体系也得以重新构建。而对于用整体意向去表达重新解构和重建过的整体知识而言，汉语更具有优越性[④]。大量原本用于表达一个个微观概念的名词，可能将被整体用于表达具有相似特点、相同原理的复杂科技。面对大数据、人工智能的挑战，继承汉语术语所蕴含的博物传统及其哲学内涵，以此通过术语的表达来链接现有对概念的认知和物象化表达，将是应对未来挑战的不二法宝。因此，科技界要着力推进原创科技成果母语发布，争取科学研究的国际话语权，同时汉语术语学研究要更加注重挖掘中华传统哲学与科学文化，为世界科技贡献中国智慧。

最后，虽然本书试图解开论文开篇所概括的两个历史谜题，并期望为一个“现实所需”带来一家之言，但仅仅只是解答两三个问题，也已涉及大量的历史叙事，跨越术语与术语学、理论与实践，印欧语与汉语在有限的篇幅内谈深、谈透的难度很大。客观而言，本书只是站在多位学界前辈的肩膀上，循着他们指引的方向，管窥到了汉语术语学的冰山一角。愿就此拙著就教于方家，以期抛砖引玉，在交流和探讨中共同开创属于汉语术语学的美好未来。

---

① 很多古代传统科技词汇至今也是现代术语体系的有机组成部分，甚至是最为基础的部分（参见张晖，2018）。

② 这里的“名词”自然不是与“动词”相对的名词，而是更接近于名称的“名字”概念。

③ 这也可能是以语素分析为特色的语义学科在现代汉语语言学里能贯通古今、独树一帜、获得深刻发展的原因之一，因为汉语的历时发展提供了最好的研究土壤。

④ 可以预见，汉语术语的隐喻化倾向将更加明显。

附　　录

附录 A　古代天学术语

一、《三统历谱》

辰、晨、夕、弦、望、法、实、纪、季、中（仲）、孟、夕见、月食、赢缩、策余、次余、月余、大余、中余、小余、朔余、闰余、闰分、积中、积日、朔日、至日、会月、积月、统月、元月、元法、统法、日法、闰法、通法、弦法、月法、岁中、统中、元中、中部、中法、中气、中数、中央、大周、小周、月周、周天、周至、章岁、章月、章中、入章、大终、三终、元终、五行、五星、六物、八节、九道、九会、九终、晨见、合晨、冲辰、天正、地正、入正、岁星、太白、荧惑、牵牛、冬至、上元、定次、积次、岁数、次数、会数、分母、分子、积度、全度、宿度、纪母、加时、相乘、星纪、玄枵、诹訾、降娄、大梁、实沈、鹑首、鹑火、鹑尾、寿星、大火、析木、合晨度、晨闰分、夕闰分、晨中分、夕中分、见中分、后见月、后见中、后月余、后中余、星见月、积月余、见复余、见闰分、见中法、见月法、盈日法、盈统法、九章岁、至日数、次初数、行度数、入月数、太岁日、月元余、月小余、中元余、正月朔、太极上元、二十四气、回合周期、日月元统、朔望之会、定见复数、入统岁数、入月日数、见月日法、见中日法、星见中次、九道小终、大终见复数、入中次度数、合晨所在星、会余岁积月、星所见中次、日夜半所在星、月夜半所在星、入中次日度数

二、《授时历谱》

望、积差、前合、疾历、迟历、初限、中星、泛积、泛差、定积、定差、立差、日差、晨分、昼刻、度率、差率、没日、复圆、昏分、食甚、食既、灭日、距差、末限、策数、策余、初亏、总差、闰积、闰余、中积、距算、朔积、平合、行差、夜刻、点数、更数、点法、点率、后合、生光、常积、昏转、通积、平差、次气、时差、更法、更率、日周、弦策、气应、闰应、没限、气盈、朔

虚、旬周、纪法、岁实、通余、朔实、通闰、岁周、朔策、气策、望策、月闰、辰法、刻法、周天、象限、岁差、周应、上弦、下弦、转应、转终、转中、初限、中限、周限、转差、昏明、中交、后准、前准、交终、交中、交差、交望、交应、正交、定法、历度、伏见、段日、平度、限度、历中、历策、周率、周日、历率、度率、合应、历应、行积度、加减差、初末限、带食差、距中度、距中分、定积度、定积日、定象度、定限度、行定度、定用分、交定度、交常度、相距日、昼夜差、相距度、交后度、交前度、损益率、距后度、盈缩积、盈缩差、日下分、增减差、内外度、内外差、平行度、行定度、既内分、既外分、去极度、转积度、转定度、迟疾度、迟疾差、至差刻、正积度、日出分、日入分、更差度、白道积、土王策、半辰法、周天分、半周天、半岁周、转终分、月平行、交终分、月食限、初行率、弦望次朔、诸段入历、入盈缩历、平合入历、诸段中星、定积日辰、定合日辰、诸段定星、每日积差、每日行度、诸段日率、朔后平交、诸段度率、月食所起、日食所起、所在辰刻、入次时刻、东西泛差、东西定差、食甚定分、黄道积度、所入更点、赤道积度、初日行分、月食五限、中交限度、距合差日、距合差度、末日行分、宿黄道度、星行宿次、距午定分、天正经朔、晨昏转度、加时转度、夜半入转、南北泛差、南北定差、正交日辰、正交限度、冬至正度、夏昼东夜、月食三限、日食三限、东昼夏夜、黄赤道差、冬至去极、夏至去极、盈缩立差、盈缩平差、盈缩定差、半交后积度、中交后积度、正交后积度、晨昏定积度、夜半定积度、定合定积日、定合定星度、定朔弦望日、入定限行度、每日行定度、阳历交后度、阳历交前度、阴历交后度、阴历交前度、中气去经朔、初末日行分、土始用事日、月食之分秒、入月经朔日、日半昼夜分、日食之分秒、四正定气日、日出如辰刻、天正冬至日、盈初缩末限、缩初盈末限、日食阳历限、日食阴历限、定朔弦望日辰、食甚入盈缩率、定见定伏日辰、定合伏退定日、夜半入交泛日、次朔夜半入交、日月食甚宿次、诸段所在日月、晨昏月离宿度、夜半月离宿度、月离白道宿次、夏至前后去极、午中黄道日度、四正赤道宿度、朔后平交入转、天正经朔入转、更点所在辰刻、带食所见之分、大都北极出地、冬至昼夏至夜、夏至昼冬至夜、定弦望加时日度、定见定伏定积日、定见伏定定积日、次朔望入交泛日、弦望次朔入转日、定朔望夜半入交、四正每日行度率、出入赤道内外度、昏中星所临宿次、月离白道定积度、赤道加时定积度、二至后黄道积度、四正后赤道宿积度、定弦望月行定积度、定朔望加时入交日、定合所躔黄道宿度、食甚入盈缩历定度、天正经朔入交泛日、每日午中赤道日度、其段加时所在宿度、逐更及晓中星宿度、月离赤道正交宿度、定朔弦望加时入转、正交在二至后初限、正交在二至后末限、诸段初日晨前夜半星、每日月离白道去极度、每日晨前夜半黄日度、春夏秋正日所在宿度、定弦望加时赤道月度、定弦望加时黄道月度、五星平和见伏入盈缩历、正交加时月离黄道宿度、每日晨昏月离白道宿次、天正冬至加时黄道日度、四正定气加时黄道宿度、天正冬至加时日躔赤道宿度、定朔弦望加时月离白道宿度、月离赤道后半交白道出入赤道内外度

附录B 古代算学术语

一、岳麓秦简《数》

今（有）、藉、欲、问（或得，或当，或为，或今）……几何、（其）（得）曰、（其，或为之，或一）述（或术）（曰）、如法成（或得）一、N 而（或成）一、M 分 N、除、并、共、合、从、赢、益、同、凡、除、余、不足、减、少、乘、倍、积、复、人、室、乡、束、钱、围、寸、尺、丈、里、步、亩、顷、尺、升、斗、甬（桶）、般（鞶）、垂、朱（铢）、两、斤、钧、石、牛、羊、田、人、爵、走马、钱、赎耐、赀一甲、提封、周田、方田、里田、箕田（舌、踵）、陲宇、城止、述、术、實、法、复、相乘、互乘、左置

二、张家山汉简《算数书》

（无）、（取）程、（今）有、（欲）（求）、几何、（得）（曰）、术（術，述）曰、如（或令）……而一（或得一）、b 分（之）a、m 尺（有，通“又”）b 分（之）a、法、实、合分、里田、石率、径分、子、母、启广、启纵、增分、减分、复、除、积、加、约分、少广、方田

三、刘徽注《九章算术》

今有、问……几何、问几何……、答曰、术曰、实如法而一、实如法得一（尺）、b 分之 a、m 尺 b 分尺之 a、算、术、合、并、除、减、全、分、幂、齐、同、辈、率、法、实、从、广、袤、势、矢、尺、步、亩、表、景、规、矩、弦、句、股、城、垣、堤、沟、堑、渠、舌、踵、径、圜、周、浑、质、阬、仓、正从、相并、景差、表间、报除、相与、合分、减分、课分、平分、经分、经术、乘分、规矩、累矩、重表、两邪、三望、四望、少半、太半、日中、地中、股率、句率、差实、平实、列实、列数、等数、方田、圭田、直田、邪田、箕田、圆田、宛田、弧田、环田、密率、徽术、一面、立幂、差幂、庣旁、

余径、角径、面径、经率、户率、日率、差率、下率、上率、其率、衰分、衰别、返衰、法集、定法、少广、开方、方锥、圆锥、中周、外周、立圆、圆困、阳马、长邪、商功、中方、中锥、刍甍、外锥、半锥、均输、设差、益疾、残分、减迟、方程、直除、同名、异名、下实、句股、方幂、矩幂、方法、从法、中弦、上径、下径、方亭、堑堵、圆亭、鳖臑、羡除、曲池、刍童、盘池、冥谷、大方、大广田、立圆径、上下径、日去地、日去人、正面邪、锥行衰、反其率、所有率、所求率、所有数、所求数、所出率、断上方、断上幂、立方棋、方垛垛、圆垛垛、重有分、重今有、盈不足、重差术、今有术、开圆术、正负术、两盈术、其一术、句幂之矩、大股之句、更相减损、以盈补虚、粟米之法、牟合方盖、损广益狭、中平之广、冬程人功、相当之率、各当之率、出入相外、句中容方、方程新术、开立圆术、盈适足术、两不足术、句中容圆、不足适足术、圆中容六觚、僦一里一钱、周三径一为率、列置日数及满数、不盈不朒之正数、损之曰益、益之曰损

附录C 古代农学术语

一、《王祯农书》

土、地、田、垡、田畴、土壤、畦畛、高田、良田、薄田、上地、中地、下地、熟地、熟田、美田、熟泥、白背、阳地、阴地、白地、废地、闲地、实地、白土、轻土、弱土、宿土、油土、代田、土头、黄场、荒地、耤田、太社、国社、民社、井田、区田、圃田、围田、柜田、架田、梯田、涂田、沙田、麻、禾、稷、谷、秫、粱、黍、稻、粳、牟、来、麦、菽、荅、豆、大麻、麻子、胡麻、油麻、脂麻、芝麻、粳稻、水稻、旱稻、大麦、小麦、旋麦、冬麦、青稞麦、荞麦、大豆、小豆、赤豆、胡豆、豍豆、绿豆、豇豆、黑豆、白豆、黄豆、豌豆、蚕豆、耕、灾、垦、犁、耦、耩、塌、转、锋、劚、耧、耙、耰、摩、镉、䥽、盖、耖、劳、挞、开荒、垦辟、燎荒、烧荒、熟耕、耕犁、开垦、耕垦、秋耕、转地、转耕、耦耕、垦耕、垦化、耕地、耕耘、耕畬、稀青、芟夷、盖磨、暵地、仰垡、耒、耜、钁、臿、杴、鑱、铧、鐴、铲、劐、耒耜、碾碡、砺礋、耕盘、牛轭、长鑱、铁搭、播、种、洮、下、掷、撒、纳、布、树、植、莳、栽、别、徙、移、艺、科、秧、劙、插、嫁、接、签、淘汰、溲种、漫撒、畦种、漫种、点种、区种、粪种、撮种、春种、播种、漫掷、漫散、耧种、瓠种、杀种、种植、移植、移栽、移种、种艺、种莳、栽培、栽植、培植、树艺、

栽莳、培养、插秧、滋培、栽种、栽插、间种、掇栽、种树、插接、接换、接博、腰接、根接、身接、皮接、枝接、靥接、搭接、嫁接、转盘、压枝、压条、耧车、批契、种箪、砘车、秧马、秧弹、薅、耘、芟、耨、饮、粪、茇、锄、培、壅、镞、复、决、培壅、培根、平垄、撮苗、锄耘、耕耨、除草、春锄、起地、添功、锄治、耘除、上粪、下粪、粪壤、耘治、料理、钱、镈、杷、朳、耰锄、耧锄、蹬锄、耘荡、耘爪、薅马、平板、田荡、辊轴、刮板、劐刀、耕索、呼鞭、牛衣、灌、溉、汲、浚、浇、遏、泄、沟、渠、灌注、浇灌、灌溉、溉灌、浇溉、汲引、陂堨、陂塘、水塘、圳堰、阴沟、浚渠、挹水、上水、车水、下水、挈水、泄水、撤水、潴蓄、水栅、堤埧、洿池、水筹、瓦窦、水闸、缶、绠、连筒、架槽、戽斗、刮车、桔槔、辘轳、浚铧、石笼、龙骨车、翻车、函管、沟洫、畎浍、暗渠、陂栅、踏车、筒车、上水轮、牛转翻车、人踏翻车、水转翻车、水转高车、水转筒车、流水筒轮、卫转筒车、高转筒车、穑、铚、艾、采、收、摘、获、割、刈、敛、摘取、采摘、摘青、劁刈、采沐、收割、割刈、收刈、获刈、刈获、收取、芟取、收敛、收获、镰、锲、铍、杈、笐、推镰、粟鉴、乔扦、禾钩、搭爪、禾櫓、麦笼、麦钐、麦绰、捃刀、拖杷、抄竿、积苫、箕、碓、帚、筛、砻、辗、磨、箵、杵臼、堈碓、砻磨、辊碾、扬扇、连磨、油榨、筛谷箉、扬篮、晒盘、筛子、连耞、水磨、水砻、水碾、槽碓、机碓、掼稻簟、水轮三事、水转连磨、水击面罗、水转大纺车、窖、窨、窖藏、收积、收贮、收藏、委积、蓄积、仓、庾、莜、蒉、筐、筥、畚、囤、篅、箩、莟、儋、篮、廪、困、京、窦、升、斗、斛、概、谷盅、甾庶、谷匣

二、《农政全书》

白地、白土、废地、碱地、黑地、黑土、粟土、沃土、位土、蒠土、壤土、中土、忞土、纻土、坚土、剽土、沙土、下土、犹土、弘土、觳土、凫土、白背、白壤、黑坟、涂泥、赤埴、埴垆、青黎、脯田、下田、脂田、灶地、区田、圃田、围田、圩田、架田、柜田、坝田、梯田、涂田、淤田、沙田、禾、麻、粟、麦、豆、黍、稷、稻、粱、苽、菽、秫、穜、秬、秠、稑、穄、籼、粳、稌、虋、芑、稗、稊、荅、粺、秝、茡、葛、苎、枲、大豆、小豆、赤黍、白黍、黄黍、牛黍、燕颔、马革、驴皮、稻尾、湿屯、黄田、坥云、莺鸽、含黄、白蓝、头青、白逯、麦擢、石精、狗蹯、朱谷、下竹、堕车、悬蛇、赤尾、龙虎、黄雀、民溱、山鹾、米谷、阿返、明粢、黄米、常秫、秫稻、箭子、红莲、赤米、矮白、细白、大白、铁梗、香秔、香子、金钗、籼糯、矮糯、旱稻、大稻、水稻、贝粱、黄粱、白粱、青粱、胡秫、秫秔、蓟秫、玉麦、御豆、场豆、

青豆、黄豆、黑豆、白豆、长稍、牛践、燕豆、豍豆、梅豆、戎菽、荏菽、菉豆、赤豆、豇豆、蚕豆、留豆、官绿、油绿、摘绿、拔绿、豌豆、毕豆、刀豆、黎豆、狸豆、虎豆、藟豆、大麦、小麦、稅麦、旋麦、穬麦、落麦、雀麦、燕麦、荞麦、莜麦、乌麦、宿麦、瞿麦、二麦、早麻、晚麻、藤弘、脂麻、巨胜、方茎、狗虱、油麻、大麻、枲麻、牡麻、苴麻、火麻、黄麻、汉麻、苘麻、黄斤、鹿藿、鸡齐、莔麻、白胡麻、春大麦、青稞麦、赤小麦、黑积麦、虏水麦、挟剑豆、青斑豆、黄穇谷、大黑黍、张公斑、苍背稷、雪白粟、高居黄、刘猪獬、道愍黄、聒谷黄、雀懊黄、续命黄、百日粮、起妇黄、辱稻粮、奴子场、焦金黄、下马看、白群羊、马泄缰、刘猪赤、李谷黄、河摩粮、东海黄、陌南木、隈堤黄、指张黄、兔胠青、惠日黄、写风赤、一睍黄、顿党黄、宝珠黄、张邻黄、白鹾谷、钩干黄、张蚁白、耿虎黄、都奴赤、茄芦黄、熏猪赤、魏爽黄、白茎青、竹根青、调母梁、磊碨黄、刘沙白、僧延黄、赤粱谷、灵忽黄、獭尾青、续得黄、得客青、孙延黄、猪矢青、烟熏黄、乐婢青、平寿黄、鹿橛白、鹾折作、阿居黄、赤巴粱、鹿蹄黄、钺狗苍、可怜黄、鹿橛青、竹叶青、石柳阅、水黑谷、忽泥青、冲天棒、雉子青、鸱脚谷、雁颈青、揽堆黄、青子规、虎掌稻、紫芒稻、赤芒稻、蝉鸣稻、青芋稻、累子稻、白漠稻、黄陆稻、青稗稻、尾紫稻、青杖稻、飞青稻、赤甲稻、乌陵稻、大香稻、小香稻、白地稻、菰灰稻、九格秫、雉木秫、大黄秫、马牙秫、长江秫、惠成秫、黄般秫、百满秫、虎皮秫、荟柰秫、金城稻、胜红莲、雪里拣、师姑秔、芦花白、麦争场、乌口稻、冷水结、中秋稻、早中秋、闪西风、羊脂糯、胭脂糯、朱砂糯、虎皮糯、赶陈糯、雀不觉、青秆糯、芦黄糯、秋风糯、瞒官糯、冷粒糯、小娘糯、乌香糯、百日赤、百日籼、赤红籼、占城稻、再熟稻、三穗子、黄穇稻、赤白粱、桑根秫、玉藟秫、黄落豆、赤粟白茎、黑格雀粟、稉黄瓮稻、盖下白稻、豫章青稻、赤马鬃糯、六十日糯、八十日稻、六十日籼、八十日籼、晚禾解粱、辽东赤粱、黄粱谷秫、黑高丽豆、穗天培秫、回鹘国豆、山堤小麦、半夏小麦、秃芒大麦、八棱胡麻、起、耕、转、耙、菑、垡、生、熟、塌、耕莳、耦耕、浮疄、缴耕、垦斸、耕地、转耕、翻耕、稚覆、镢、耒、耜、臿、削、鏈、锸、锹、铧、钵、枭、锋、耖、锄、耰、挞、钼、劳、摩、盖、杴、镵、镲、刬、镑、钱、镈、定、铲、牛犁、耧犁、耕犁、蔚犁、锗斫、鲁斫、渠疏、长镵、辊子、铁搭、斫斸、耰钼、镢锄、耧锄、劐子、镫锄、耘荡、耘爪、薅马、平板、田荡、辊轴、雁翅、秧弹、船牵、刮板、足耘、砺碎、择、簸、淘、种、下、撒、耩、栽、莳、秧、插、接、耰、蔺、践、散、掷、耧、剢、髡、沐、择种、导择、择取、简择、簸扬、淘汰、区种、畦种、穴种、撮种、点种、翻种、杂种、下子、下种、撒子、撒种、漫散、漫撒、栽种、种莳、插莳、移栽、移植、移种、分栽、分植、分种、扦插、压条、衬青、就节、对缝、漫种、耧种、瓠种、芽种、漫掷、盖磨、接博、身接、根接、皮接、枝接、靥接、搭接、柞渍种、劐、莜、箪、篓、耧车、耩子、砘车、秧马、种箪、窍瓠、喷壶、水斗、沃、粪、壅、培、耘、薙、芟、镞、布、拥、复、薅、耨、芟、劚、芟夷、遥润、遥肥、粪种、耘耔、锄芸、耘锄、壅培、壅灌、培壅、车戽、上粪、下粪、浇、灌、溉、唧、戽、挈、灌溉、浇水、浇灌、陂、川、堨、防、沟、浍、渠、遂、洫、井、缶、绠、水栅、陂栅、陂塘、水塘、槽架、翻车、沟渠、瓦窦、石笼、浚渠、阴沟、水闸、水藏、塘堰、桔槔、辘轳、连筒、筒轮、筒车、戽斗、刮车、水簩、浚铧、水库、龙尾车、玉衡车、恒升车、驴转筒车、高转筒车、水转筒车、水转翻车、牛转翻车、收、刈、获、割、剬、繫、粝、粲、毇、收割、采摘、采掇、铚、艾、铝、锅、钩、镰、锲、钹、杷、杋、杈、笐、棓、柍、悖、拂、笼、锴镰、粟鉴、弯刀、钐刃、乔扦、禾钩、手梿、搭爪、禾担、连耞、摄殳、麦笼、腰笼、麦钐、麦绰、捃刀、拖杷、抄竿、拾麦刀、蒉推镰、梴、砻、辗、木、磨、硙、礳礴、碌轴、杵臼、堈碓、浙碓、木礌、砻磨、石碢、辊辗、连磨、扬扇、填磨、硐磨、油榨、石木礌、礌谷器、海青辗、窖藏、筐、筥、箕、箪、囤、篷、篅、箩、儋、罂、罃、篮、簩、筬、箕、帚、筛、窖、窦、仓、廪、庾、困、窨、京、鼎、釜、甑、升、斗、斛、气笼、牛筐、注箕、栲栳、笭箵、扫帚、独帚、饭帚、筛谷簩、扬篮、晒盘、概谷盅、掼稻簟

附录D　古代医学术语

（眼科病症）

一、《秘传眼科龙木论》

圆翳内障、冰翳内障、滑翳内障、涩翳内障、散翳内障、浮翳内障、沉翳内障、横翳内障、偃月翳内障、枣花翳内障、白翳黄心内障、黑花凝翳内障、胎患内障、风变内障、雷头风内障、惊振内障、绿风内障、乌风内障、黑风内障、青风内障、肝虚雀目内障、高风雀目内障、肝风目暗内障、肝虚积热外障、伤寒热病后患目外障、混睛外障、肉侵睛外障、两睑粘睛外障、膜入水轮外障、钉翳根深外障、黑翳如珠外障、花翳白陷外障、冰瑕翳深外障、玉翳浮满外障、因他病后生翳外障、逆顺生翳外障、鸡冠蚬肉外障、睑生风粟外障、胞肉胶凝外障、漏

睛脓出外障、蟹睛疼痛外障、突起睛高外障、风牵偏外障、倒睫拳毛外障、风牵睑出外障、神祟疼痛外障、旋螺尖起外障、鹘眼凝睛外障、辘轳转关外障、偶被物撞破外障、撞刺生翳外障、血灌瞳人外障、眯目飞尘外障、天行后赤眼外障、暴赤眼后急生翳外障、胎风赤烂外障、风赤疮痍外障、冲风泪出外障、暴风客热外障、睑硬睛痛外障、眼痛如针刺外障、眼痒极难忍外障、眼坐起生花外障、瞳人干缺外障、眼黄膜上冲外障、眼赤膜下垂外障、眼小赤脉外障、小儿通睛外障、小儿斑疮入眼外障、小儿睑中生赘外障、小儿疳眼外障、小儿青盲外障

二、《银海精微》

大赤脉传睛、小赤脉传睛、肉攀睛、鸡冠蚬肉、两睑粘睛、眵泪粘浓、眵泪净明、蝇翅黑花、目暗生花、热极眵睛、胞肉胶凝、胞肉生疮、睑生风粟、天行赤眼、大患后生翳、暴露赤眼生翳、暴风客热、痛如神祟、痛如针刺、伤寒热病后外障、风牵出睑、风牵斜、被物撞破、撞刺生翳、血灌瞳人、血翳包睛、睑生偷针、黑翳如珠、蟹睛疼痛、旋螺尖起、突起睛高、硬睑硬睛、白陷鱼鳞、花翳白陷、冰虾翳深、玉翳浮瞒、膜入水轮、风轮钉翳、黄膜下垂、赤膜下垂、逆顺生翳、漏眼脓血、飞尘入眼、拳毛倒睫、充风泪出、肝风积热、坐起生花、黄昏不见、瞳人干缺、痒极难忍、眼内风痒、垂帘翳、鹘眼凝睛、辘轳展开、小儿通睛、小儿疹痘、小儿眼生翳、痘疹入眼、小儿雀目、胎风赤烂、小儿疳伤、风弦赤眼、肝风目暗疼痛、迎风洒泪症、红霞映日、早晨疼痛、午后疼痛、痛极憎寒、睑停瘀血、不赤而痛、赤而不痛、左赤传右、右赤传左、胞肿如桃、视物不真、室女逆经、血室涩痛、白睛黄赤、患眼头痛、眼能远视不能近视、能近视不能远视、治小儿疳伤

三、《审视瑶函》

天行赤热症、暴风客热症、火胀大头症、怕日羞明症、睑硬睛疼症、赤痛如邪症、痛如针刺症、大小雷头风症、左右偏头风症、阴邪风症、阳邪风症、瘀血灌睛症、血灌瞳神症、色似胭脂症、赤丝虬脉症、白涩症、白珠俱青症、痒如虫行症、肿胀如杯症、状若鱼胞症、鹘眼凝睛症、旋胪泛起症、珠突出眶症、垂帘障症、黄膜上冲症、赤膜下垂症、凝脂翳症、花翳白陷症、蟹睛症、冰瑕翳症、阴阳翳症、玛瑙内伤症、聚星障症、垂帘障症、逆顺障症、混睛障症、胬肉攀睛症、鸡冠蚬肉症、鱼子石榴症、实热生疮症、椒疮症、粟疮症、睥生痰核症、木疳症、火疳症、土疳症、金疳症、水疳症、大眦漏症、小眦漏症、阴漏症、阳漏症、倒睫拳毛症、皮急紧小症、睥翻粘睑症、睥轮振跳症、睥虚如球症、兼胎

症、为产症、浊害清和症、瘠眼症、辘轳转关症、双目睛通症、瞻视昏渺症、睛黄视渺症、干涩昏花症、坐起生花症、云雾移睛症、萤星满目症、神光自现症、黑夜睛明症、视正反斜症、视定反动症、视物颠倒症、视一为二症、视赤如白症、瞳神散大症、瞳神缩小症、能远怯近症、能近怯远症、神水将枯症、聚开障症、枣花障症、圆翳障症、水晶障翳症、剑脊翳症、鱼鳞障症、暴盲症、青盲症、高风障症、青风障症、绿风障症、乌风障症、偃月障症、如银障症、瞳神欹侧症、瞳神反背症、迎风冷泪症、迎风热泪症、无时冷泪症、无时热泪症、眦帷赤烂症、迎风赤烂症、因风症、因毒症、因他症、物损真睛症、迷目飞扬症、飞丝入目症、时复症

四、《目经大成》

天行气运、暴风客热、火胀大头、大小雷头风、左右偏头风、阴阳邪风、辘轳自转、瞳神反背、春水扬波、鱼睛不夜、凝脂翳变、星月翳蚀、花白翳陷、蟹睛横出、长虹贯日、彩云捧日、目血、瘀血灌睛、垂帘障、白膜蔽睛、聚星障、目疡、黄液上冲、色疡、睛漏、帏赤烂、目瞤、悬球、覆杯、蚌合、肉攀睛、鸡冠蚬肉、鱼子石榴、椒粟、痰核、倒睫、皮急、睑靥、地倾、眵泪不禁、气轮枯落、黑白通、气胀、血翳包睛、火天夺日、流金凌木、天气昏黄、迎风落泪、无时泪下、瞳神散大、瞳神缩小、近视、远视、神水变色、神气枯瘁、阴风障、内障、时复、逆顺障、混睛障、浮萍障、黑翳如珠、物损真睛、飞尘眯目、睑废、风引斜、睛凸、疔翳、气翳、暴盲、偃月障、瞳神欹侧、天旋、阴阳圈、冰壶秋月、虚潭呈月、醯螺出壳、剑横秋水、玛瑙内伤、青盲、风变

附录E　近代传教士数学译著目录

一、《代微积拾级》目录

卷次	英文目录	今译名	《代微积拾级》译名
第一部分	Analytical Geometry	解析几何	代数几何
卷一	Application of Algebra to Geometry	代数在几何中的应用	代数几何一：以代数推几何
卷二	Construction of Equations	方程的结构	代数几何二：做方程图法
卷三	On the Point and Straight Line	点和直线	代数几何三：论点、论线、易纵横轴法
卷四	On the Circle	论圆	代数几何四：论圆

续表

卷次	英文目录	今译名	《代微积拾级》译名
卷五	On the Parabola	论抛物线	代数几何五：论抛物线
卷六	On the Ellipse	论椭圆	代数几何六：论椭圆
卷七	On the Hyperbola	论双曲线	代数几何七：论双曲线
卷八	Classification of Algebraic Curves	代数曲线的分类	代数几何八：论曲线依代数式分类
卷九	Transcendental Curves	超越曲线	代数几何九：论越曲线、摆线、对数曲线、螺线、亚奇默德曲线、双曲线螺线、对数螺线
第二部分	Differential Calculus	微分学	微分
卷十	Definitions and First Principles—Differential of Algebraic Functions	定义与第一原理——代数函数的微分	微分一：例、论函数微分
卷十一	Successive Differentials-Maclaurin's Theorem-Taylor's Theorem-Functions of Several Independent Variables	多阶微分、马克劳林定理、泰勒定理、多变量函数	微分二：叠微分、马氏捷术、戴氏新术、诸自变数之函数
卷十二	Signification of the First Differential Coefficient-Maxima and Minima of functions	一阶微分系数的意义、函数的极大极小值	微分三：第一次微系数解、论函数极大极小、求函数极大极小捷法
卷十三	Transcendental Functions	超越函数	微分四：越函数、指数函数微分、对数函数微分、圆函数微分
卷十四	Application of the Differential Calculus to the Theory of Curves	微分在曲线论中的应用	微分五：曲线义、用微分推曲线之四法、论极曲线之次切线、切线、论曲线及曲线之面积、曲线之体积诸微分、论极曲线及其面积之微分、论曲线之渐进线
卷十五	Radius of Curvature-Evolutes of Curves	曲率半径、渐屈线	微分六：曲率半径、渐伸线、渐伸线诸例、摆线理
卷十六	Analysis of Curve lines	曲线分析	微分七：论一切曲线中诸理
第三部分	Integral Calculus	积分学	积分
卷十七	Integral of Monomial Differentials of Binomial Differentials of the Differential of Circular Arcs	单项式微分的积分、二项式微分的积分、圆弧微分的积分	积分一：总论、论各微分之积分、用级数求积分法、论弧线微分之积分、论合名微分之积分
卷十八	Applications of the Integral Calculus	积分的应用	积分二：用积分术令曲线改直线之理、求曲线面积、求曲面积、求曲线体积

二、《代数学》目录

卷首　纲领
卷一　论一次方程
卷二　论代数与数学之记号不同
卷三　论多元一次方程
卷四　论指数及代数式渐变之理
卷五　论一次二次式之义及二次方程之数学解
卷六　论限及变数
卷七　论代数式之诸类并约法
卷八　论级数及未定之系数
卷九　论代数与数学之相等不同
卷十　论纪函数法
卷十一　论合名法
卷十二　论指数对数之级数
卷十三　论用对数为算术之捷法

三、《代数术》目录

卷首　释号
卷一　论代数起首之法
卷二　论代数诸分之法
卷三　论代数之诸乘方
卷四　论无理之根式（分指数化法）
卷五　论代数之比例（比例之法）
卷六　论变清独元之一次方程式（独元一次式）
卷七　论变清多元之一次方程式（多元一次式解法）
卷八　论一次式各题之解法（解一次式各题）
卷九　论二次之正杂各方式解法（二次式解法）
卷十　论各次式之总理（总论各次式）
卷十一　论三次之正杂各方式解法（三次式）
卷十二　论四次式之解法（四次式）
卷十三　论等职各次式之解法（等职各次式）
卷十四　论等根各次式之解法（等根各次式）

卷十五　论有实根之各次式解法（求实根之法）
卷十六　论求略近之根数（求略近之根）
卷十七　论无穷之级数（无穷级数）
卷十八　论对数与指数之式（论对数）
卷十九　论生息计利（计息法）
卷二十　论连分数（连分数）

附录F　日本东来“訳語”

一、自然科学术语“訳語”（涵盖数学、物理、化学、天文、地理、生物、医学、交通等学科）

因子、吋、概算、仮分数、距離、瓩、粁、組合、瓦、係数、恒等式、才、三角、三角法、算術、集合、数学、数量、清算、糎、総計、台、対応、対称、代数、体積、単位、町、直径、坪、展開、統計、得数、噸、半径、微積分、呎、平面、方程式、哩、未知数、粍、目、米、碼、累減、累進；亜鉛、味之素、圧延、圧延機、安置母尼、陰極、液体、科学、科学化、科学的、拡散、瓦斯、可鍛鋳鉄、幹線、機械、機械工学、機械工作法、技師、牽引車、気体、気密、脚光、強化、共鳴、下水工学、下水道、原子、原子時代、元素、幻灯、原動力、検波器、研磨機、高圧、高温、硬化、高周波、光線、酵素、光年、効率、交流、高炉、弧光、故障、固体、混凝土、金剛石、採光、材料、紫外線、軸継手、紙型、刺激、試験、施工、自然科学、自然的、質量、自動化、指標、弱化、周期性、重曹、重点、周波、消音器、昇華、浄化、消火器、消火栓、蒸気、上水道、焦点、蒸発、使用率、蒸留、触媒、燭光、真空管、信号、侵蝕、水準、水素、水密、静態、静力、性能、成分、石油、繊維、尖端、銑鉄、旋盤、蒼鉛、曹達、速度、組成、探海灯、炭酸瓦斯、炭酸加里、探照灯、短波、蓄電池、窒素、調製、超短波、長波、直流、低圧、低温、抵抗、停止、低周波、電気化、電気通信学、電業、電子、電信、電池、電波、伝播、電報、電流、電力、転炉、電話、丁幾、投影、謄写版、導体、動態、導電体、動力、動力学、軟化、能率、配電盤、博物、波長、白金、発明、反響、番地、非金属、比重、標準型、品位、輻射、複写、復水器、複製、附着、物質、物理、物理学、分解、分子、分析、分析法、変圧器、放射、放射性、放射線、放送、放送局、飽和、密度、脈動、無機、冶金学、有機、遊離、油槽車、陽極、沃素、溶体、沃度、溶媒、力学、流線型、流体、流動式、量子、冷蔵、冷蔵庫、瀝青；大熊座、温室、温床、温度、海抜、火成岩、河川工学、環球、環境、間歇泉、観測、寒帯、寒流、急行券、銀翼、小熊座、水成岩、大気、探険、暖流、地下水、地質、地質学、地上水、熱帯、白夜、標高、風位、雰囲気、緑化、運転手、交通、交通線、三輪車、支線、乗客、乗務員、人力車、汽船、汽笛、台車、鉄道、電車、満員、列車、悪感、暗示、胃炎、胃潰瘍、医学、異化作用、遺伝、異物、隠花植物、衛生、衛生学、営養、疫痢、外分泌、解剖、解剖学、潰瘍、仮死、化石、加答児、金糸雀、化膿、癌、間歇熱、看護婦、感受性、関節炎、記憶力、気管炎、基質、規那、規尼涅、気分、緊張、緊張感、結核、血色素、血栓、顕花植物、健質亜那、懸壅垂、好感、交感神経、甲状腺、膠着、坑木、古柯、古加乙涅、黒死病、虎列刺、細胞、催眠、催眠術、錯覚、座薬、自然淘汰、実感、住血吸虫、消化、情感、猩紅熱、症状、情操、消毒、進化、進化論、神経、神経過敏、神経衰弱、心臓内膜炎、心理、心理学、心理作用、膵臓、性感、精神作用、生態学、生物学、静脈、生命線、生理、生理学、摂護腺、腺、双子葉、促成、素質、退化、太陽燈、単子葉、蛋白質、膣、窒扶斯、注射、腸炎、調節、直覚、低能、低能児、伝染病、同化作用、同情、動脈、動脈硬化、内服、内分泌、内用、輸尿管、脳炎、能力、肺炎、媒質、白熱、反応、反感、反射、百日咳、病虫害、標本、病理学、敏感、服用、併発症、法医学、保健、母体、毛細管、野兎病、優越感、優生学、予後、理智、流感、流行性感冒、流行病、僂麻質斯、臨床、淋巴、肋膜炎

二、社会科学类术语“訳語”（涵盖经济、政治、法律、社会、军事、语言、哲学、宗教、文化、文学、艺术、建筑、教育等学科）

一覧表、会計、会社、貸方、株式会社、可変資本、借方、企業、飢饉線、供給、業務、金額、金庫、銀行、緊縮、金融、金融界、組合、倶楽部、計画、景気、軽工業、経済、経済学、経済恐慌、経費、経理、系列、決算、現金、公営、交易、交換、交換価値、工業、工業化、広告、公債、興信所、高利貸、公立、国税、国庫、国立、固定資本、債権、財政、財政学、財团、財閥、債務、財務、市場、指数、実業、支店、地主、資本、資本家、事務員、週期、重工業、手工業、出荷、出超、出張、使用価値、証券、商業、消費、消費力、商品、剰余価値、職員、所得税、私立、信託、信用、生産、生産関係、生産手

段、生産率、生産力、銭、専売、隊商、単利、貯蔵、貯蓄、通貨収縮、通貨膨張、定額、伝票、投機、動産、投資、独占、入超、農作物、配給、舶来品、破産、服務、不景気、不動産、不変資本、分配、簿記学、保険、見習、明細表、目標、有価証券、郵便、輸出、輸入、予算、流通資本、労作、労働、労働者、労働組合、労働力；印鑑、右翼、演説、覚書、階級、外勤、改造、会談、介入、解放、改良、革命、可決、仮釈、活動、寡頭政治、幹事、看守、管制、鑑定、幹部、管理、議案、議院、議員、議会、機関、議決、規則、規範、軌範、義務、旧石器時代、協会、協議、共産主義、共産主義社会、強制、行政、協定、共和、巨頭、金石併用時代、勤務、訓令、警官、警察、刑法、権威、権益、権限、原始共産社会、原則、原則性、現代、現代化、憲法、権利、故意、雇員、公開、公開的、抗議、公式化、交渉、公証、公証人、公訴、公認、公判、公報、公僕、公民、拘留、綱領、国際、国際公法、国事犯、国体、互恵、最恵国、最後通牒、財団法人、策動、左翼、時効、支持、時事、自治、自治領、市長、実権、失効、執行、地主階級、支配、自白、支部、私法、司法界、資本社会、資本主義、社会、社会学、社会主義、社会問題、社交、社交的、社団、社団法人、自由、住所、集団、就任、主権、主席、手段、出席、出訴、出廷、主任、承認、商法、処刑、所得権、初夜権、所有権、人格、人権、人口問題、申請、新石器時代、人選、人道、審判、審問、訊問、随員、成員、請願、請求、制御器、制限、制裁、政策、政治、政党、政府、制約、選挙、宣誓、総動員、総理、総領事、組閣、訴権、組織、即決、代議士、大局、代言人、代表、代理、但書、脱党、断交、談判、治外法権、仲裁、仲裁人、寵児、調整、提案、帝国主義、敵視、鉄器時代、手続、動員、等外、登記、銅器時代、動議、投票、同盟、同盟罷工、独裁、特約、土地問題、特許、特権、取消、取締、奴隷社会、内閣、内勤、認可、任命、農民、農民階級、陪審員、迫害、派遣、覇権、派出所、反革命、半旗、判決、反対、反動、引渡、否決、秘密的、表決、標語、風雲児、封鎖、弁護士、編制、法科、法学、封建、封建社会、封建主義、方針、法人、法則、法定、法廷、法律、保釈、保証、本質、身分、民主、民族、民族化、民族学、民族的、民族問題、民法、無産階級、無産者、免許、免除、目的物、有産階級、予約、落選、理事、立憲、領域、領海、領空、領土、倫理、倫理学、例会、例外、歴史、歴史的、労農政府、安打、意匠、意味、意訳、印刷品、印象、浮世絵、運動場、影像、園芸、園芸学、演出、演奏、遠足、燕尾服、音程、改訂、改編、概略、会話、雅楽、学位、学士、学府、学齢、学歴、歌劇、片艶、学会、学期、課程、仮名、歌舞伎、科目、画廊、観照、喜劇、記号、気質、擬人法、基調、脚本、弓道、教育、教育界、教育学、教科書、競技、狂言、教授、教養、巨匠、巨星、虚無主義、記録、金牌、銀幕、訓育、訓話、芸術、芸術界、劇場、原作、幻想曲、建築、建築学、講演、効果、号外、講義、交響楽、校訓、工芸美術学、口語化、講座、講師、講習、構造、講談、膠着語、高潮、語源学、索引、作者、作品、作物、座談、雑誌、茶道、小夜曲、猿楽、参考書、参照、三味線、思潮、指導、柔術、終点、柔道、主催、主人公、出発点、出版、出版界、出版物、主筆、象徴、浄瑠璃、序曲、処女作、処女地、初歩、序幕、資料、進度、審美、新聞、新聞界、新聞記者、人文主義、進歩、図案、図案画、世紀、製版、西洋式、説教、宣伝、創作、創造性、素材、速記、速成式、素描、体育、大衆化、大衆的、大正琴、体操、単元、単行本、注意点、低潮、典型、伝統、伝統性、展覧会、道具、登載、闘争、徳育、読後感、特徴、読本、図書館、土木工学、土木工程、二重奏、日本式、入場券、能楽、背景、博士、博覧会、場面、版画、美化、美学、美感、悲劇、美術、美濃紙、批評、表演、評価、表現法、表現力、表情、平仮名、広場、風琴、風刺、複式、副手、復習、武士道、舞台、文化、文学、文学界、文庫、文法、文明、報告、母校、漫画、漫談、漫筆、黙劇、黙示、物語、問答式、読物、領会、連歌、浪漫、浪漫主義、論戦、論壇、論文、和声学、話題、和文、意志、意識、意識形態、一元化、一元論、一般化、宇宙観、運動、演繹、演繹法、概括、外在、概念、概論、科学観、仮設、仮説、仮想、仮定、過渡、可能性、関係、感性、間接、観点、観念、基準、帰納、帰納法、客体、客観、狭義、基督、基督教、空間、偶然、偶然性、偶然的、具体、契機、経験、形而上学、系統、結論、原罪、現実、現実性、現実主義、現象、原理、広義、肯定、広汎性、悟性、国教、個別、根本的、作用、時間、自然、自然主義、思想、思想界、使徒、自発的、宗教、主観、主義、宿命論、主体、主動、受難、止揚、消極、条件、常識、自律、人為的、人生観、進展、推論、清教徒、精神、世界観、積極、絶対、説明、前提、総合、総合法、想像、想像力、相対、総体、体験、対象、対照、対比、多元化、立場、他律、断定、知識、抽象、直接、直観、定義、哲学、天主、動機、特殊、特殊化、内在、内容、認識論、能動、場合、破門、反映、汎神論、汎心論、判断、範疇、悲観、必然、必然性、必然的、必要、必要性、否定、被動、否認、批判、表現、表象、日和見主義、弁証法、傍証、方法、方法論、無神論、命題、目的、唯一、唯我論、唯心、唯心論、唯神論、唯物、唯物史論、唯物論、唯理論、揚棄、要素、要点、楽観、理性、理想、理想化、理念、理論、類型、連想、論理学、尉官、演習、海事、仮想敵、加農砲、機関砲、騎士、旗手、基地、休戦、空襲警報、駆逐艦、軍国主義、軍事、軍需品、軍籍、軍部、現役、元帥、憲兵、航空母艦、高射砲、攻守同盟、交戦団体、催涙弾、作戦、死角、士官、事変、集結、手榴弾、巡洋艦、少尉、少将、常備兵、消防、情報、侵犯、陣容、侵略、前衛、戦線、宣戦、前線、尖兵、退役、退却、大本営、中将、偵察、停戦、鉄血、灯火管制、導火線、特務、突撃隊、内幕、肉弾、迫撃砲、白旗、番号、復員、服従、副官、防空演習、冒進、命令、遊撃、遊撃戦、遊撃隊、遊弋、要衝、予備役、冷戦

参考文献

《中华思想文化术语》编委会. 2015. 中华思想文化术语 1. 北京: 外语教学与研究出版社.

安志伟. 2012. 试论汉语音译外来词用字的表义性特征. 乐山师范学院学报, 27(1): 45-48.

白春礼. 2017-05-31. 科学谋划和加快建设世界科技强国. 人民日报, 7.

白于蓝. 2008. 简牍帛书通假字字典. 福州: 福建人民出版社.

白云. 2015. 科技术语与语言哲学问题. 科学技术哲学研究, 32(4): 55-59.

薄树人. 1983. 试探三统历和太初历的不同点. 自然科学史研究, 2(2): 133-138.

北京师范学院中文系汉语教研组. 1959. 五四以来汉语书面语言的变迁和发展. 北京: 商务印书馆.

伯纳德·科姆里. 1989. 语言共性和语言类型. 沈家煊译. 北京: 华夏出版社.

陈保亚. 2016. 语势: 汉语国际化的语言条件——语言接触中的通用语形成过程分析. 语言战略研究, 1(2): 68-76.

陈丽云, 严世芸. 2011. "和"的追求: 传统哲学视域中的中医学理. 华东师范大学学报(哲学社会科学版), 43(2): 29-36.

陈鹏, 蔡志书. 2014-03-26. 改写中国科教史的一项发现. 大众日报, 11.

陈崎, 汪惠民. 2015. 科技术语在语文词典中的收录与处理原则. 中国科技术语, 17(5): 9-14.

陈雪. 2017. 认知术语学概论. 北京: 商务印书馆.

代晓明. 2009. 谈术语应用教育. 中国科技术语, 11(6): 30-34.

戴汝为. 2005. 从工程控制论到综合集成研讨厅体系——纪念钱学森先生归国 50 周年. 自然杂志, (6): 366-370.

邓志鸿, 唐世渭, 张铭, 等. 2002. Ontology 研究综述. 北京大学学报(自然科学版), (5): 730-738.

迪毕克. 1990. 应用术语学. 张一德译. 北京: 科学出版社.

丁福保, 周云青. 1957. 四部总录算法编. 北京: 商务印书馆.

董秀芳. 2017. 汉语词汇化研究的意义、存在的疑问以及新的研究课题. 历史语言学研究, (1): 266-277.

杜翔, 李志江. 2015. 科技名词汉语拼音难点探析——以《两岸科技常用词典》为例. 中国科技术语, 17(5): 20-25.

杜翔. 2020. 《现代汉语词典》的规范性与语言规范. 语言规划学研究, (1): 4-14.

樊静, 冯立昇. 2007. 晚清天文学译著《谈天》版本考. 内蒙古师范大学学报(自然科学汉文版), (6): 694-700.

方梅, 李先银, 谢心阳. 2018. 互动语言学与互动视角的汉语研究. 语言教学与研究, (3): 1-16.

冯海霞, 赵越. 2010. 植物词条在语文词典中的释义和义项排列. 辞书研究, (2): 21-28.

冯天瑜. 2004. 新语探源——近代中西日的互动和术语的生成. 北京: 中华书局.

冯志伟. 1989. 现代术语学的产生和发展. 语文建设, (4): 47-52.

冯志伟. 2005. 关于术语 ontology 的中文译名——"本体论"与"知识本体"//厦门大学. 第六届汉

语词汇语义学研讨会论文集. 厦门大学: 福建省语言学会: 67-69.
冯志伟. 2007. 术语学与语言学的关系. 中国科技术语, (3): 11-15.
冯志伟. 2011. 现代术语学引论(增订本). 北京: 商务印书馆.
傅兰雅. 1957. 江南制造总局翻译西书事略//张静庐辑注. 中国近代出版史料初编. 北京: 中华书局: 9-28.
傅兰雅. 2009. 科学术语: 目前的分歧与走向统一的途径. 孙青, 海晓芳译. 或问, 16: 117-135.
高亨, 董治安. 1989. 古字通假会典. 济南: 齐鲁书社.
高晞. 2008. "解剖学"中文译名的由来与确定: 以德贞《全体通考》为中心. 历史研究, (6): 80-104.
高永伟. 2018. 罗存德词典科技术语收录研究. 中国科技术语, 20(1): 28-33.
格里尼奥夫. 2011. 术语学. 郑述谱, 吴丽坤, 孟令霞译. 北京: 商务印书馆.
耿立波, 鄄格斐, 詹卫东, 等. 2021. 中国计算语言学研究现状与展望. 语言科学, 20(5): 491-499.
龚益. 2009. 社科术语工作的原则与方法. 北京: 商务印书馆.
郭沫若. 2008. 中国古代社会研究. 北京: 中国华侨出版社.
郭书春. 2003. 试论《筭数书》的数学表达方式. 中国历史文物, (3): 28-38.
国家统计局社科文司. 2018-09-13. 科技进步日新月异 创新驱动成效突出. 中国信息报, 1.
贺友龄. 2001. 汉字与文化. 北京: 警官教育出版社.
赫尔穆特・费尔伯. 2011. 术语学、知识论和知识技术. 邱碧华译. 北京: 商务印书馆.
赫士口译, 刘永贵笔述. 1897. 热学揭要. 登州: 山东登州文会馆.
赫士口译, 周文源笔述. 1891. 天文揭要. 登州: 山东登州文会馆.
赫士口译, 朱宝琛笔述. 1898. 光学揭要. 登州: 山东登州文会馆.
赫士口译, 朱宝琛笔述. 1898. 声学揭要. 登州: 山东登州文会馆.
赫胥黎. 1981. 天演论. 严复译. 北京: 商务印书馆.
亨廷顿. 1998. 文明的冲突与世界秩序的重建. 周琪, 刘绯, 张立平, 等译. 北京: 新华出版社.
胡范铸. 2018. 目标驱动下的"中国话语体系建设"三问. 外国语(上海外国语大学学报), 41(4): 4-6.
胡适. 1916. 通信(独秀先生足下). 新青年, 2(2): 82-88.
胡适. 1919. 中国哲学史大纲. 卷上. 上海: 商务印书馆.
黄兵. 2016. 英语术语的汉语定名研究. 华中师范大学博士学位论文.
黄长著. 2009. 全球化背景下的世界诸语言: 使用及分布格局的变化. 国外社会科学, (6): 4-17.
黄行. 2016. 文化术语传播与语言相对性. 文化软实力研究, 1(1): 87-96.
黄河清. 2001. 近现代汉语新词词源词典. 上海: 汉语大词典出版社.
黄河清. 2010. 近现代辞源. 上海: 上海辞书出版社.
黄河清. 2020. 近现代汉语辞源. 上海: 上海辞书出版社.
黄克武. 2000. 自由的所以然. 上海: 上海书店出版社.
黄忠廉. 2010. 我国外语界术语学研究综述. 辞书研究, (2): 100-110.
加林斯基, 内多比蒂, 邓蕾, 等. 1988. 术语数据库用作管理工具. 情报理论与实践, (4): 36-39.
江南机器制造总局. 1884. 化学材料中西名目表. 国家图书馆藏本.
蒋文凭. 2008. 英汉语文词典文化史. 西南大学硕士学位论文.
蒋文凭. 2010. 词典的社会文化史观. 现代语文(语言研究版), (7): 9-10.

黎锦熙. 1992. 新著国语文法. 北京: 商务印书馆.
黎靖德编. 1997. 朱子语类. 杨绳其, 周娴君校点. 长沙: 岳麓书社.
李长莉, 闵杰, 罗检秋. 1998. 近代中国社会文化变迁录(全三卷). 杭州: 浙江人民出版社.
李红, 衣保中. 2011. 日本明治时期农业科技近代化及其启示. 现代日本经济, (3): 55-61.
李慧冬. 2014. 海岱地区先秦时期贝类资源的开发利用研究. 山东大学博士学位论文.
李楠楠. 2012. 19 世纪末 20 世纪初日本教科书的汉译与传播. 南京航空航天大学硕士学位论文
李瑞鹏. 2016. 登州文会馆天文教育及其教材《天文揭要》研究. 东华大学硕士学位论文.
李亚舒, 黎难秋. 2000. 中国科学翻译史. 长沙: 湖南教育出版社.
李俨, 钱宝琮. 1998. 李俨钱宝琮科学史全集(第 10 卷). 沈阳: 辽宁教育出版社.
李宇明. 2003. 术语论. 语言科学, (2): 3-12.
李宇明. 2007. 谈术语本土化、规范化与国际化. 中国科技术语, (4): 5-10.
李宇明. 2017. 术语规范与术语立法. 中国科技术语, 19(1): 5-6.
李约瑟. 1976. 中国科学技术史(第五卷第一分册). 北京: 科学出版社.
李约瑟. 1990. 中国科学技术史. 北京: 科学出版社, 上海: 上海古籍出版社.
李约瑟. 2003. 中国科学技术史(第四卷第一分册). 北京: 科学出版社.
李智初. 2021. 不同类型词典专科条目的释义差别. 辞书研究, (4): 8-14.
梁爱林. 2006. 论国外术语学研究的新趋向. 外语学刊, (3): 55-59.
梁启超. 1921. 墨子学案. 北京: 商务印书馆.
梁启超. 2005. 梁启超说佛. 北京: 中国青年出版社.
林更生. 1989. 《农学丛书》的特点与价值. 中国农史, (1): 108-110.
林乐知, 范祎. 1904. 新名词之辨惑. 万国公报, 184: 24-25.
刘静静, 徐时仪. 2017. 论"语""词"的分与合. 上海师范大学学报(哲学社会科学版), 46(6): 106-114.
刘力力, 王育林, 马燕冬. 2011. 从"大机里尔"到"胰"——荷兰语医学名词"alvleesklier"汉译探微. 中西医结合学报, 9(10): 1158-1160.
刘宓庆. 1992. 汉英对比与翻译(修订本). 南昌: 江西教育出版社.
刘青. 2007. 关于加强术语学建设工作的几点意见. 中国科技术语, (5): 5-9.
刘青. 2008. 在大学开设术语学课程的探讨. 中国科技术语, 10(6): 5-7.
刘青. 2010. 中国术语学研究与探索. 北京: 商务印书馆.
刘青. 2015. 中国术语学概论. 北京: 商务印书馆.
刘小珊. 2004. 兰学・洋学——日本人实理实用精神的启蒙. 广东外语外贸大学学报, (4): 37-40.
刘小珊. 2010. 日欧跨文化交流中的荷兰语翻译考述. 广东外语外贸大学学报, 21(2): 71-74.
刘正埮, 高名凯, 麦永乾, 等. 1984. 汉语外来词词典. 上海: 上海辞书出版社.
刘志成. 2003. 文化文字学. 成都: 巴蜀书社.
隆多. 1985. 术语学概论. 刘刚, 刘健译. 北京: 科学出版社.
陆俭明. 2021. 汉语研究的未来走向. 汉语学报, (1): 2-7.
陆宗达, 王宁. 1996. 训诂与训诂学. 太原: 山西教育出版社.
罗见今. 1985. 清末数学家华衡芳//吴文俊. 中国数学史论文集(一). 济南: 山东教育出版社: 109-120.

吕叔湘. 1980. 语文常谈. 北京: 生活·读书·新知三联书店.
吕叔湘. 1983. 文言与白话//吕叔湘. 吕叔湘语文论集. 北京: 商务印书馆: 60-78.
吕叔湘. 1985. 近代汉语指代词. 江蓝生补. 上海: 学林出版社.
马敏. 1998. 马希曼、拉沙与早期的《圣经》中译. 历史研究, (4): 45-56.
马西尼. 1997. 现代汉语词汇的形成——19 世纪汉语外来词研究. 黄河清译. 上海: 汉语大词典出版社.
莫鹏燕. 2016. 中国古代农书编辑实践研究. 武汉大学博士学位论文.
穆勒. 1931. 穆勒名学. 严复译. 北京: 商务印书馆.
牛仰山. 2002. 天演之声: 严复文选. 天津: 百花文艺出版社.
欧根·维斯特. 2011. 普通术语学和术语词典编纂学导论. 3 版. 邱碧华译. 冯志伟审校. 北京: 商务印书馆.
潘教峰, 刘益东, 陈光华, 等. 2019. 世界科技中心转移的钻石模型——基于经济繁荣、思想解放、教育兴盛、政府支持、科技革命的历史分析与前瞻. 中国科学院院刊, 34(1): 10-21.
潘书祥. 2005. 关于加强我国术语学建设的几点思考. 科技术语研究, (1): 4-9.
裴亚军. 2018a. 创新组织方法, 推动科技名词审定工作可持续发展. 中国科技术语, 20(5): 5-8.
裴亚军. 2018b. 创新开展新时期科技名词规范化工作, 努力发挥支撑服务作用. 中国科技术语, 20(3): 7-10.
裴亚军. 2020. 科技名词审定工作的性质、任务和组织. 中国科技术语, 22(1): 5-8.
彭漪涟, 马钦荣. 2004. 逻辑学大辞典. 上海: 上海辞书出版社.
钱宝琮. 1983. 《九章算术》及其刘徽注与哲学思想的关系//中国科学院自然科学史研究所. 钱宝琮科学史论文选集. 北京: 科学出版社: 597-607.
钱学森. 1958. 工程控制论. 戴汝为, 何善译. 北京: 科学出版社.
钱学森. 1986. 关于思维科学. 上海: 上海人民出版社.
情报科学编辑部. 1982. 国际术语学情报中心(Infoterm)简介. 情报科学, (6): 73-75.
邱碧华. 2013. 浅析布拉格术语学派. 中国科技术语, 15(4): 5-7.
邱碧华. 2015a. 试论术语学的建构是一种“科学研究纲领”的思想——兼评“交流(交际)术语学”在术语学发展中的作用. 中国科技术语, 17(6): 18-22.
邱碧华. 2015b. 浅评日本学者术语学之作《术语动力学: 论术语构成和术语增长的描述性理论》. 中国科技术语, 17(3): 18-22.
邱碧华. 2016a. 简评 R. 泰默尔曼的《走向术语描述的新道路: 社会认知方法》. 中国科技术语, 18(1): 22-25.
邱碧华. 2016b. 本体术语学: 把术语和知识本体统一起来的范式. 中国科技术语, 18(3): 20-25.
邱碧华. 2018. 话“术语哲学”. 中国科技术语, 20(6): 22-27.
邱碧华. 2019. 术语本体编纂学: 本体建造和术语描述的社会认知方法. 中国科技术语, 21(4): 24-29.
邱碧华. 2020. 基于框架术语学理论的北约术语管理. 中国科技术语, 22(3): 33-39.
曲安京. 2005. 中国历法与数学. 北京: 科学出版社.
申报. 1904-11-29. 说学. 申报, 1.
沈国威. 2008a. “一名之立、旬月踟蹰”之前之后—严译与新国语的呼唤. 東アジア文化交涉研究, 1: 311-335.

沈国威. 2008b. 汉语的近代新词与中日词汇交流——兼论现代汉语词汇体系的形成. 南开语言学刊, (1): 72-88, 167.
沈国威. 2010. 近代中日词汇交流研究: 汉字新词的创制、容受与共享. 北京: 中华书局.
沈国威. 2012. 近代英华华英辞典解题. 大阪: 关西大学出版部.
沈国威. 2020. 新语往还: 中日近代语言交涉史. 北京: 社会科学文献出版社.
沈家煊. 2014. 汉语的逻辑这个样, 汉语是这样的——为赵元任先生诞辰 120 周年而作之二. 语言教学与研究, (2): 1-10.
沈家煊. 2016. 名词和动词. 北京: 商务印书馆.
沈家煊. 2017. 从语言看中西方的范畴观. 中国社会科学, (7): 131-143.
实藤惠秀. 1983. 中国人日本留学史. 谭汝谦, 林启彦译. 上海: 三联书店.
释法云. 1990. 翻译名义集. 扬州: 江苏广陵古籍刻印社.
束定芳. 2018. 认知语言学在中国: 引进与发展. 外语教学与研究, 50(6): 820-822.
斯大林. 1953. 马克思主义与语言学问题. 北京: 人民出版社.
孙常叙. 1956. 汉语词汇. 长春:吉林人民出版社.
孙寰. 2011. 术语的功能与术语在使用中的变异性. 北京: 商务印书馆.
索绪尔. 1980. 普通语言学教程. 高名凯译. 北京: 商务印书馆.
谭介甫. 2004. 墨辩发微. 北京: 中华书局.
唐绪军. 2019. 新闻学与传播学名词规范化研究. 北京: 科学出版社.
涂元季. 2007. 钱学森书信. 北京: 国防工业出版社.
汪惠民. 2020. 现代汉语词汇"寒武纪"的精彩世界——黄河清《近现代汉语辞源》评介. 辞书研究, (5): 119-124.
王长伟. 2010. 钱学森科学学思想研究. 南京农业大学硕士学位论文.
王存忠, 张斌. 2009. 《台风名词探源及其命名原则》补正. 中国科技术语, 11(3): 34-37.
王存忠. 2006. 台风名词探源及其命名原则. 科技术语研究, (2): 58-63.
王东海, 张晖, 张志毅. 2014. 辞书强国梦正圆——谈新辞书规划的推进措施. 中国编辑, (5): 90-92.
王东海. 2014a. 法律术语"术语价"研究. 同济大学学报(社会科学版), 25(4): 108-117.
王东海. 2014b. 简化术语, 走出"术语丛林"——谈法律文本的亲民化. 语言文字应用, (2): 66-73.
王广超. 2016. 赫士译编《光学揭要》初步研究. 或问, 29: 53-68.
王国维. 1905. 论新学语之输入. 教育世界, 96: 1-5.
王宏印. 2003. 中国传统译论经典诠释——从道安到傅雷. 武汉: 湖北教育出版社.
王华树, 冷冰冰. 2017. 术语管理概论. 北京: 外文出版社.
王华树, 王少爽. 2017. 术语管理指南. 北京: 外文出版社.
王了一. 1957. 汉语语法纲要. 北京: 新知识出版社.
王力. 1951. 中国语法理论. 北京: 中华书局.
王力. 2000. 中国文法学初探//王力. 王力语言学论文集. 北京: 商务印书馆: 332.
王力. 2003. 汉语史稿. 北京: 中华书局.
王立非, 王铭玉, 沈骑, 等. 2020. "应急语言问题"多人谈. 语言战略研究, 5(3): 75-79.
王莉萍, 刘沪. 2016. "钱学森的中学时代"给我们怎样的启示. 人民教育, (15): 52-55.
王敏, 刘朋建. 2014. 外语中文译写规范工作的原则与方法——兼及新时期国家语言文字规范服务工作的特点. 语言文字应用, (3): 12-19.
王宁. 1995. 汉语词源的探求与阐释. 中国社会科学, (2): 167-178.
王宁. 2004. 汉语词汇语义学的重建与完善. 宁夏大学学报(人文社会科学版), (4): 26-29.
王琪. 2019. 中国 20 世纪 50 年代名词规范化组织工作概况. 中国科技术语, 21(3): 64-73.
王前, 刘庚祥. 1993. 从中医取“象”看中国传统抽象思维. 哲学研究, (4): 45-50.
王荣彬. 1998. 《九章算术》专门术语研究与校勘. 自然辩证法通讯, (1): 48-53.
王石, 曹存根, 裴亚军, 等. 2013. 一种基于搭配的中文词汇语义相似度计算方法. 中文信息学报, 27(1): 7-14.
王栻. 1986. 严复集. 北京: 中华书局.
王树槐. 1969. 清末翻译名词的统一问题. “中央研究院”近代史研究所集刊, (1): 51.
王霜霜. 2012. 不玩到天黑不回家——钱学森一辈子忘不了的学生时代. 辅导员, (2): 9-11.
王英鹏. 2012. 跨文化传播视域下的翻译功能研究. 上海外国语大学博士学位论文.
王治心. 2011. 中国基督教史纲. 上海: 上海古籍出版社.
魏向清, 杨平. 2019. 中国特色话语对外传播与术语翻译标准化. 中国翻译, 40(1): 91-97.
魏向清. 2005. 双语词典译义研究. 上海: 上海译文出版社.
魏亚坤. 2006. “和製漢語”的形成与发展——从近代中日词汇交流史角度分析幕末、明治时期的翻译词. 对外经济贸易大学硕士学位论文.
温昌斌. 2008. 近代以来的汉语术语学研究. 中国科技术语, (1): 7-13.
温昌斌. 2011. 民国科技译名统一工作实践与理论. 北京: 商务印书馆.
吴凤鸣. 1985. 我国自然科学名词术语研究的历史回顾和现状. 自然科学术语研究, (1): 40-46.
吴国盛. 2016a. 什么是科学. 广州: 广东人民出版社.
吴国盛. 2016b. 自然史还是博物学? 读书, (1): 89-95.
吴国盛. 2016c. 追问“什么是科学”的当下意义. 民主与科学, (5): 42-43.
吴丽坤. 2007. 术语学的研究对象、宗旨和任务. 中国科技术语, (1): 5-8.
吴丽坤. 2009. 俄罗斯术语学探究. 北京: 商务印书馆.
吴文俊, 李迪. 1998. 中国数学史大系(第一卷). 北京: 北京师范大学出版社.
吴文俊, 沈康身. 1998. 中国数学史大系・第二卷. 北京: 北京师范大学出版社.
吴文俊. 1982. 《九章算术》与刘徽. 北京: 北京师范大学出版社.
夏晶. 2011. 傅兰雅和狄考文——西学译介的两种态度. 武汉大学学报(人文科学版), 64(6): 52-56.
夏晶. 2012. 晚清科技术语的翻译——以傅兰雅为中心. 武汉大学博士学位论文.
谢坤. 2014. 岳麓书院藏秦简《数》校理及数学专门用语研究. 西南大学硕士学位论文.
徐通锵. 1997. 语言论——语义型语言的结构原理和研究方法. 长春: 东北师范大学出版社.
许道胜, 李薇. 2010. 从用语“術”字的多样表达看岳麓书院秦简《数》书的性质. 史学集刊, (4): 21-28.
严世芸. 2010-03-10. 中医学的思想原则——和. 中国中医药报, 3.
燕学敏. 2006. 晚清数学翻译的特点——以李善兰、华蘅芳译书为例. 内蒙古大学学报(自然科学版), (3): 356-360.
杨鸿. 2010. 《眼科龙木论》学术源流研究. 成都中医药大学博士学位论文.
杨鲁. 2020. 军事术语规范化研究. 北京: 科学出版社.

杨平. 2003. 对当前中国翻译研究的思考. 中国翻译, (1): 5-7.
杨直民. 1984. 中国传统农学与实验农学的重要交汇——就清末《农学丛书》谈起. 农业考古, (1): 19-29.
叶其松. 2007. 俄国术语学研究综观. 中国科技术语, (2): 7-12.
叶其松. 2010a. 术语学核心术语研究. 黑龙江大学博士学位论文.
叶其松. 2010b. 术语、专业词汇与词典. 辞书研究, (2): 124-130.
殷健, 刘润泽, 冯志伟. 2018. 面向翻译的术语研究: "中国学派"的实践特征和理论探索——冯志伟教授访谈录. 中国翻译, 39(3): 74-79.
于欣丽. 1999. 术语工作原则与方法. 术语标准化与信息技术, (2): 3-5.
余桂林. 2006. 关于字母词的几个问题——兼评两本字母词词典. 辞书研究, (3): 150-160.
翟锦程. 1995. 比较逻辑研究的几个问题. 内蒙古大学学报(哲学社会科学版), (4): 113-120.
张博. 2019. 汉语外来词的界定原则与判定方法. 汉语学报, (3): 67-77.
张岱年. 1989. 中国古典哲学概念范畴要论. 北京: 中国社会科学出版社.
张晖, 李志江. 2014-01-02. 写对"妆奁", 为何写错"矢量"? 光明日报, 16.
张晖. 2014-07-03. 科技新词, 就在你身边. 光明日报, 16.
张晖. 2016. 术语的生成与解析初论. 中国科技术语, 18(1): 19-21.
张晖. 2018. 常见字入术语典的词类考察——从《澄衷蒙学堂字课图说》的"类字"谈起. 中国科技术语, 20(2): 56-61.
张晖. 2020a. 两岸术语词之微差异语素: 类型、分布及成因. 宁夏大学学报(人文社会科学版), 42(4): 28-37.
张晖. 2020b. 从钱学森对 VR 的译名看科技译名的"中国味". 中国科技翻译, 33(1): 9-12.
张晖. 2020c. 从术语词语的创制到术语学的创立——汉语术语学的历史、现状及趋势. 南开大学博士学位论文.
张家山二四七号汉墓竹简整理小组. 2006. 张家山汉墓竹简(二四七号墓). 北京: 文物出版社.
张蕾, 刘青, 温昌斌, 等. 2010-07-06. 科技术语字母词汉化之路. 光明日报, 12.
张鹏. 2011. 交际术语学理论(TCT 理论)对普通术语学理论(TGT 理论)的批判. 中国科技术语, 13(2): 15-21.
张伟. 2007. Internet 的定名问题. 中国科技术语, (2): 64.
张学锋. 2013. 清末《笔算数学》的内容、传播及其影响. 中国科技史杂志, 34(3): 316-329.
张艳, 宗成庆, 徐波. 2003. 汉语术语定义的结构分析和提取. 中文信息学报, (6): 9-16.
张一德. 1987. 法国术语学词典的几条自我规定. 外语教学与研究, (3): 73-74.
张照旭. 2011. 源自近代西洋译语的汉语词汇. 吉林大学硕士学位论文.
张忠义. 2007. 论逻辑的缘起//中国社会科学院哲学研究所, 燕山大学. 2007 年全国哲学学科建设论坛论文集. 秦皇岛: 燕山大学: 42-46.
章士钊. 1959. 逻辑指要. 北京: 生活·读书·新知三联书店.
章太炎. 1934. 与余云岫论脾脏书//章次公, 徐衡之. 宋元明清名医类案(四)附录: 章太炎先生论医集. 上海: 上海三民图书公司: 38.
赵栓林. 2005. 对《代数学》和《代数术》术语翻译的研究. 内蒙古师范大学硕士学位论文.
赵栓林. 2017. 晚清代数学术语的翻译及其影响. 内蒙古师范大学学报(自然科学汉文版), 46(6): 916-920.

赵修. 2004. 从张家山汉简《算数书》数学用语看两大语文辞书的收词释义. 宜宾学院学报, (3): 137-139, 141.
赵越. 2017. 天工开物词汇研究. 长春: 吉林大学出版社.
郑东晓, 杜敏. 2020. 疫情信息传播中的语言素养. 青年记者, (23): 63-64.
郑述谱, 梁爱林. 2009. 国外术语学研究概观(二). 俄语语言文学研究, 25(3): 91-96.
郑述谱, 梁爱林. 2010. 国外术语学研究现状概观. 辞书研究, (2): 86-99.
郑述谱, 叶其松. 2015. 术语编纂论. 上海: 上海辞书出版社.
郑述谱. 1999. 俄国术语学研究掠影. 科技术语研究, (3): 4.
郑述谱. 2003. 科学与语言并行发展的历史轨迹——术语学读书笔记(2). 术语标准化与信息技术, (4): 26-32.
郑述谱. 2004. 词典・词汇・术语. 哈尔滨: 黑龙江人民出版社.
郑述谱. 2008. "术语学派"的提法值得商讨. 中国科技术语, (5): 10-12.
郑述谱. 2014. 术语学论集. 北京: 商务印书馆.
郑哲敏. 2017-12-27. 从钱学森的技术科学思想谈起. 学习时报, 5.
中国科学院自然科学史研究所"发明创造"研究组. 2015a. 85 项"中国古代重要科技发明创造"清单出炉. http://www.ihns.ac.cn/xwzx/zhxw/201501/t20150128_4306268.html[2021-10-11].
中国科学院自然科学史研究所"发明创造"研究组. 2015b. 中国古代重要科技发明创造纵览. 决策与信息, (8): 63-65.
周洪波. 2005. 努力提高汉语新词语研究的水准. 语言文字应用, (3): 42-43.
周荐, 曾柱. 2011-11-08. 汉语认知词汇学: 认知视阈中的词汇研究. 中国社会科学报, 15.
周荐, 李璐溪. 2021. 漫谈汉语词汇研究的理论和方法——周荐先生答客问. 鲁东大学学报(哲学社会科学版), 38(4): 91-96.
周荐. 1995. 汉语词汇研究史纲. 北京: 语文出版社.
周荐. 2004. 熟语分类论//周荐. 词汇学词典学研究. 北京: 商务印书馆: 263.
周荐. 2017. 术语创制与词汇学学科发展. 汉语学报, (2): 67-72, 96.
周荐. 2020. 清末大变局背景下的近代新词——以郑观应诗文为考察对象//马毛朋, 李斐. 博学近思 知行兼举——田小琳先生八秩荣庆文集. 香港: 和平图书有限公司: 12.
周庆生. 2005. 国外语言规划理论流派和思想. 世界民族, (4): 53-63.
周霄汉. 2014. 《数》《算数书》与《九章算术》的比较研究. 上海交通大学硕士学位论文.
周有光. 1991. 文化传播和术语翻译. 语文建设通讯, (34):10.
周云之. 1995. "名辩学"之名的由来及其约定俗成过程//中国逻辑学会. 理有固然——纪念金岳霖先生百年诞辰. 北京: 社会科学文献出版社: 148-165.
朱国伟. 2008. 唐代器用赋研究. 南京师范大学硕士学位论文.
朱建平, 王永炎, 梁菊生. 2007. 中药名考证与规范. 北京: 中医古籍出版社.
朱建平, 王永炎. 2005. 加强中国术语学学科建设之我见. 科技术语研究, (1): 16-19.
朱建平. 2016. 中医药学名词术语规范化研究. 北京: 中医古籍出版社.
朱建平. 2021. 中医名词考证与规范. 上海: 上海科学技术出版社.
朱京伟. 1999. "和制汉语"的结构分析和语义分析. 日语学习与研究, (4): 20-30.
朱伟华. 1990. 捷克斯洛伐克术语学家霍莱茨基. 国外语言学, (1): 44-48.
朱晓农. 2015. 语言限制逻辑再限制科学: 为什么中国产生不了科学? 华东师范大学学报(哲学

社会科学版), 47(6): 10-28.

朱志凯. 1984. 《墨经》中逻辑学说的特征. 哲学研究, (7): 57-64.

朱志凯. 1988. 墨经中的逻辑学说. 成都: 四川人民出版社.

邹大海. 2004. 从《算数书》与《九章算术》的关系看算法式数学文献在上古时代的流传. 赣南师范学院学报, (6): 6-10.

邹树明. 1987. 国外术语学与辞书编纂概况——兼述《现代术语学与辞书编纂》. 辞书研究, (6): 118-124.

邹振环. 2011. 晚明汉文西学经典: 编译、诠释、流传与影响. 上海: 复旦大学出版社.

邹振环. 2012. 西学在华传播的三个堆积层与晚明、晚清的关联//中国中外关系史学会, 华侨大学华人华侨研究院. 中外关系史论丛第 19 辑——多元宗教文化视野下的中外关系史. 兰州: 甘肃人民出版社: 288.

山田孝雄. 1940. 国語の中における漢語の研究. 東京: 東京宝文館.

杉田玄白. 1774. 解体新書. 版本. 東武: 須原屋市兵衛.

杉田玄白. 1826. 重訂解体新書. 版本. 大槻玄沢校. 京都: 植村藤右衛门.

杉田玄白. 1890. 蘭学事始. 東京: 林茂春.

沈国威. 1994. 近代日中語彙交流史: 新漢語の生成と受容. 東京: 笠間書院.

Borst, W. N. 1997. Construction of engineering ontologies for Knowledge Sharing and Reuse. Enschede: University of Twente.

Fryer, J. 1890. Scientific terminology: Present discrepancies and means of securing uniformity. In The General Conference of the Protestant Missionaries of China (Ed.), *Records of the General Conference of the Protestant Missionaries of 1890* (pp. 538-546). Shanghai: American Presbyterian Mission Press.

Graddol, D. 2004. The future of language. *Science*, 303(5662): 1329-1331.

Gruber, T. R. 1993. A translation approach to portable ontology specifications. *Knowledge Acquisition*, 5(2): 199-220.

Hauser, M., Chomsky, N., and Fitch, W. T. 2002. The language faculty: What is it, who has it, and how did it evolve? *Science*, (298): 1569-1579.

Ingram, J. H. 1914. Open letter to Chinese graduates in medicine who have qualified in foreign universities. *The China Medical Journal*, (1): 129-130.

Joos, M. 1957. *Readings in Linguistics: The Development of Descriptive Linguistics in America Since 1925*. Chicago: University of Chicago Press.

Lanchon, B. 2004. Report on the second international terminology conference-CIT 2003. *Terminology*, (2): 337-340.

Mateer, C. W. 1877. School books for China. *The Chinese Recorder*, Sep-Oct: 427-429.

Meyer, I., Skuce, D. R., Bowker, L., et al. 1992. Towards a new generation of terminological resources: An experiment in building a terminological knowledge base. *COLING'92: Proceedings of the 14th Conference on Computational Linguistics*, (3): 956-960.

Needham, J. 1994. *Science and Civilisation in China. Volume VII (2): Part II: General Conclusions and Reflections*. Cambridge: Cambridge University Press.

Studer, R., Benjiamins, V. R., and Fensel, D. 1998. Knowledge engineering: Principle and methods.

Data & Knowledge Engineering, (25): 161-197.

Willianson, A. 1890. *Preliminary resolutions.* In The General Conference of the Protestant Missionaries of China (Ed.), *Records of the General Conference of the Protestant Missionaries of 1890* (p. 14). Shanghai: American Presbyterian Mission Press.

Yuasa, M. 1962. Center of Scientific activity: Its shift from the 16th to the 20th century. *Japanese Studies in the History of Science*, 1 (1): 57-75.

跋

拙作付梓，我既感如释重负，又觉如履薄冰。我是 2006 年进入全国科学技术名词审定委员会工作的，15 年来徜徉于名词术语的海洋，感受着术语规范实践的如火如荼和术语学理论研究的方兴未艾。同时，我也逐步认识到术语的“西学”在中土也有不能自洽、水土不服之处，汉语术语问题似乎很难用既有的理论加以系统解决。我想，这应该就是术语学界的前辈们提出“中国特色的术语学”、术语学的“中国学派”等美好愿景的出发点吧！我认为，科学研究始于好奇与问题。没有好奇，就没有科学探索的动力；没有问题，就缺少科学研究的起点。

术语“二维属性论”的基本观点，发端于我在全国科学技术名词审定委员会工作期间遇到的诸多现实困惑。第一次将这一观点以论文的形式发表出来，是在 2016 年第 1 期的《中国科技术语》的《术语的生成与解析初论》一文。我在南开大学跟随导师周荐教授的博士求学过程中，在他确定的“从术语词语的创制到术语学的创立——汉语术语学的历史、现状及趋势”的研究主题和“史论结合”的叮嘱下，循着“汉语术语学”的主线，尝试从古籍与经典中寻找灵感，进一步深化了术语二维属性论的有关论述，其间还受到沈家煊、徐通锵、周荐、朱晓农等诸位先生“名动包含”“援物比类”“词汇描写”“语言影响科学”等学术观点的深层次启发，最终引入统合“二维属性”的“第三维”——“哲学之维”，归纳出大体自洽的“术语知识”理论和“汉语纲领”，至此我才隐约感觉自己离汉语术语学的真谛越来越近。如今想来，这一理论蓝图在我的脑海中已萦绕了十年之久，也算念念不忘，必有回响。如今该研究成果的主体内容应出版的要求和专家的建议，以《汉语术语学引论》为书名出版，更属幸运。我资质驽钝，又转换于文理之间，幸而喜爱挑战，坐得冷板凳，才有如今这本小书，能就教于方家。

如果拙作代表着此时我学术的温度，那么感恩则代表着此刻我对母校内心的温度！感谢我京、津、鄂三地母校的培养！北京航空航天大学、湖北工业大学以理工科见长，让我对科学技术进步保持着相当的敏感度，而南开大学厚重的人文积淀则让我的科研风格趋于成熟，完成了文理结合的关键一步。

感谢我的博士生导师、汉语词汇学专家周荐教授！他学识渊博、治学严谨、著作等身，为人处事细腻果敢、历史眼光深邃广博、人文情怀浓厚温情、治学功力抓铁留痕。周师严师，像一盏指路明灯，引导我拨开汉语术语学的云雾，走上一条宽阔大道；周师亦友，让我感觉亲近，既能辩学问也能侃大山。难忘他在我略微懈怠时即要求我以每周一篇万字读书心得的节奏迅速获得论文开题的灵感，难忘他在京城茶舍里为我郑重写下论文的题目，并在写作时定下“古、今、中、外”的四字方针……往事历历，恍然如昨！也难忘南开大学诸位教授的教益：王红旗教授在时间有限的课堂上多次重点“关照”我，点我上台答题，让我不敢有丝毫懈怠；孔祥卿教授在她的办公室为我和她的博士生王雅静开小班讲授段玉裁注《说文解字》；曾晓渝教授逐一纠正每个学生粤语数字发音的调值；谷峰老师讲授古汉语时总能感受到他的潇洒谈吐和渊博学识；潘家荣老师讲授语言调查方法时课堂气氛总是十分活跃……

感谢全国科学技术名词审定委员会的培养！如果没有进入这样国家级的工作平台，我便很难广泛了解和熟悉各科名词术语并从中发现问题，更难有自信对其开展深入研究。感谢事务中心两任领导刘青、裴亚军主任在委我重任的同时，在我学业上也尽可能给我大力支持，让我能尽可能心无旁骛地做研究，尽早推出研究成果！感谢全国科学技术名词审定委员会各位同事无私地以各种方式支持我顺利完成学业！

在博士答辩及拙作出版过程中，感谢冯志伟、郑述谱、刘青、朱建平、魏向清、赵蓉晖、王仁强、王红旗、孔祥卿、蒋玉斌、李志江等诸位先生参与评阅和指导！例如，冯志伟先生在学位答辩中肯定本书的若干有益探索，并指出诸如正名论、佛经翻译等尚待强调或提及之处；郑述谱先生为我写下数千字的书面评阅加以褒奖，并动情地提出术语学研究应该“各美其美，美美与共”的期许，与众弟子分享我的书稿……

感谢刘静静小师姐帮我在南开大学西南门租房备考并给予学业指导，严世焕、徐小波、刘静静、兰英、杨娟、李璐溪等在校同门在学习与生活上给予我照拂，陈茜师姐担任答辩秘书，已经离校的多位师兄师姐也时常督促与指点……感谢以“群贤居”为代表、天南海北的挚友惦念与鼓励……

如今回想博士一年级每周 2—3 天凌晨 4 点从北京出发赶赴天津早 8 点的南开课堂，其后又为了大、小论文通宵挑灯、两鬓生华……往事历历，多有不易！特别感谢我的父母对我的生活给予无微不至的照料，感谢我的妻儿在北京与我共度难得的求学与工作时光！

因为这一切，我始终未觉得做学问是一场孤独的修行。

最后感谢周荐师、刘青先生欣然应允为本书作序！感谢全国科学技术名词审定委员会和国家语言文字工作委员会的科研支持！感谢丛书编委会、科学出版社领导的信任，以及语言分社社长张宁全程把关、冯丽萍编辑和张翠霞编辑耐心细致地编校，使拙作减少了讹误，日臻完善！

学界虽屡有错爱，但我深知汉语术语学的深邃已远超出我的个人认知，更何况自己用功不够，书稿中资料繁多，部分内容在新冠肺炎疫情期间也不便查访、复核，再加上自己专业知识的局限，未深入之研究更是比比皆是，不足之处恐在所难免，敬请大家批评指正。

俗话说，行百里者，半九十。我愿用余生继续完善汉语术语学的理论构想，更盼与同道中人齐心协力，深耕术语沃土，孕育新枝！

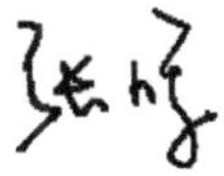

2021 年秋于北京东城郎家胡同